中华文脉
SINIC CONTEXT

从中原到中国

王战营 / 主编

中华文脉
SINIC CONTEXT

从中原到中国
王战营 / 主编

客家非客

王东　李瑞璞　著

中原出版传媒集团
中原传媒股份公司
河南科学技术出版社

图书在版编目（CIP）数据
客家非客 / 王东，李瑞璞著. -- 郑州 : 河南科学技术出版社，2025. 4. -- ISBN 978-7-5725-2044-0
Ⅰ. K281.1
中国国家版本馆CIP数据核字第2025JK5693号

出版发行：河南科学技术出版社
地　　址：郑州市郑东新区祥盛街 27 号　　**邮编**：450016
电　　话：（0371）65788613　65788686
网　　址：www.hnstp.cn

出 版 人：乔　辉
总 策 划：赖谦进
策 划 人：杨秦予
责任编辑：冯俊杰　樊晓辉
责任校对：李振方
封面设计：张　伟
责任印制：徐海东
印　　刷：河南博之雅印务有限公司
经　　销：全国新华书店
开　　本：720 mm × 1020 mm　1/16　　**印张**：19.25　**字数**：290 千字
版　　次：2025 年 4 月第 1 版　　2025 年 4 月第 1 次印刷
定　　价：96.00 元

目录

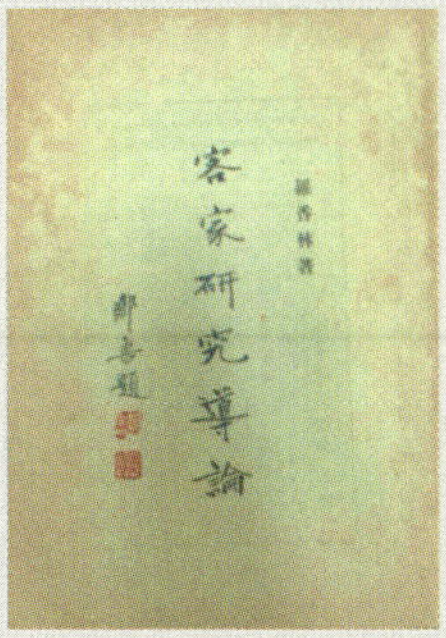

第一章 客家书写的缘起

在江西南部、福建西南部和广东东北部的毗邻地区（简称“赣闽粤边”），民间世代流传着这样一首《徙流诗》：

人禀乾坤志四方，任君随处立常纲。
年深异境犹吾境，身在他乡即故乡。

该诗不仅著录于赣闽粤边的地方志乘，而且还广泛地见于不同姓氏家族的家谱。当然，在辗转流传的过程中，不同区域和不同姓氏家族，对这首诗都有这样或那样的改易，因而形成不同的版本。福建宁化县《黄氏族谱》中收录的则是这样的版本：

骏马登程出异邦，任从随地立纲常。
年深外境犹吾境，身在他乡即故乡。

两相比较，无论是内容、风格，抑或内在意蕴，显然都是高度一致的。

在中国传统社会安土重迁的生活方式和思维定式下，在“编户齐民”“黄册”和“乡约”等一系列国家制度的控制下，在“父母在不远游”的先儒孝道思想教化下，为什么还有这样一个以徙流为常态的群体？是什么原因使得他们既有“年深异境犹吾境”的豪迈，又有“身在他乡即故乡”的豁达？

与他们毗邻而居的广东人（又称广府人、广东本地人，操粤方言的群体）和闽南人（又称福佬人、鹤佬人，操闽南方言的群体），习惯上总是称他们为“客家”。年深日久，这个群体也自称“客家”。近代以降，随着国门的洞开，来华的西方传教士、外交官和从事中国研究的学者，也以英文“Hakka”来指称这个群体，并把他们与其周边的广东人和闽南人相区别。

其实，英文的Hakka，也就是对粤方言“客家”的音译。

周边的邻居们称他们为“客家”，他们也自称为“客家”，甚至连外国人也称他们为Hakka。然而，循名责实，这却是一个有点矛盾的称谓。既然是“客”，又何来“家”？既然有“家”，又何称“客”？这本书的写作旨趣之一，就是要揭开其中的谜底。

在正式进入主题之前，暂且回顾一下海内外学术界围绕客家这个群体历史与文化的书写，是如何产生与发展起来的。

一、“客家意识”的勃发与“元典”建构

让我们把时间倒拨到200多年前的清嘉庆十三年（1808）。这年春夏之交，岭南大地的上空已经笼罩在湿热之中。地处岭南腹部的广东博罗和东莞二县的边界地带，除了天气的湿热，当地百姓的生活还平添了一些不安和惊恐。就在几天前，这里曾发生一场“械斗”，卷入其中的是讲广府方言和客家方言的两大群体。说到“械斗”，当地的百姓并不陌生。从清代早期开始，由于生存资源竞争的不断加剧，福建、广东和台湾等地，民间械斗事件就时有发生。这类械斗往往发生在不同的姓氏家族之间，或者产生于相邻的地域之内。所谓“姓自为争，乡自为斗”，说的就是这种现象。时人往往用“分类械斗”来加以描述。所谓“分类”，也就是说械斗的参与方每每以血缘或地缘为分野。然而，博罗和东莞交界处的这场械斗，既不是不同姓氏之间的对抗，也不是不同地域之间的冲突，而是发生在超越传统血缘和地缘关系的两个语言文化群体之间。正因为如此，时人便以“土客械斗”名之。所谓“土”，是指世代生活在这里的居民，也就是一般所说的“广府人”或广东本地人；所谓“客”，便是上文所说的客家人。

据械斗事件的记录者报告，斗案发生后，博罗和东莞二县都曾派出“营兵”加以弹压。在强力压制的同时，地方士绅耆老也出面调停，这场斗祸方得平息。由此看来，这场械斗持续的时间并不长，规模也十分有限。然而，由于此时正值华南地区土客矛盾与冲突持续升高之际，这场看似偶然

的事件，既是双方长期以来怨怼和仇视的一次总爆发，也是此后更大规模、更大烈度冲突的预演，它所引发的不安与惊恐，自然也就不是短期内能够消除的。

斗案甫一结束，深受械斗触动的惠州丰湖书院的客家籍师生，便由械斗而引发出对客家这个群体前世与今生的一系列思考和讨论。他们的思考与讨论，也就成了关于客家历史与文化书写的先声。

坐落在惠州城内的丰湖书院，创建于南宋时期，经过数百年的发展，到了清代已成为岭南著名的四大书院之一。当时惠州府所辖各县，除了东南侧的海丰和陆丰，都是纯客家住县，在丰湖书院就读的学生，也以客家子弟为多。正因为如此，械斗事件传到书院后，客家子弟马上提出这样的疑问："何谓土与客？"徐旭曾答道："客者对土而言，寄居该地之谓也。"答完后，徐进一步设问："吾祖宗以来，世居数百年，何以仍称为客？"这个问题看似简单，其实却复杂而又尖锐。

之所以复杂，是因为就一般所指而言，正像他们所理解的那样，"客"是与"土(著)"相对应的一种称谓，只有"寄居该地"的人，才是所谓的"客"。问题在于，客家人来此定居已有数百年之久，为什么依然被称为"客"？显然，这就涉及客家的源流及其历史与文化等十分复杂的问题。

而之所以尖锐，是因为在"客家"这个称谓的背后，隐含着土客之间纠缠难解的社会文化分歧、矛盾、对立和冲突。作为饱读诗书的学生，他们不可能不知道，在由广府人主导编修的地方志中，就直言不讳地把客家人称作"犵獠"或"哎子"；客家人所说的方言，被本地人形容为"入耳嘈嘈"。这些白纸黑字的背后，都透出强烈的歧视性。更有甚者，有些地方志在书写当地的历史与文化时，不仅称客家人为"异籍"或"外来占籍者"，而且把他们描述为"呼群招党""健讼好斗"的一群。乾隆年间编修的《增城县志》，一方面专门设立"品族"，详细描述广府人群中世家大族门第的高贵、风俗的优美、人物的杰出，以彰显其"先畴旧德"；而另一方面却把"客民"列为单独的一目附在其后，以示"非我族类"。

一方面是发生在身边的残酷械斗，一方面是土客双方不断深化的社会文化鸿沟，这就是当时生活在博罗、东莞交界地带的客家人所面对的现实。当广府人群持续地从制度层面把客家人划入“异籍”“外来占籍者”，把他们的方言描述为“入耳嘈嘈”，从而营造出一种“非我族类”的社会文化氛围时，身在丰湖书院的这群客家籍学生，就不能不发出这样既复杂而又尖锐的疑问。他们的疑问，直指客家这个群体的前世与今生，是对这个群体源流、历史与文化的叩问：我们是谁？我们从哪里来？我们将到哪里去？

惠州丰湖书院今景，吴大海摄，图源自《羊城晚报》2020 年 1 月 10 日

丰湖书院的古牌匾，王锭铨摄，图源自《羊城晚报》2020 年 1 月 10 日

面对学生的疑问，他们的老师也是丰湖书院山长的徐旭曾（字晓初，1751—1819），开门见山便指出：“今日之客人，其先乃宋之中原衣冠旧族，忠义之后也。”他认为，客家人的祖先来自中原，他们是在宋元之际随宋室南渡而迁至岭表的：

> 自徽宗、钦宗北狩，高宗南渡，中原地区的故家世胄，先后由中州山左越淮渡江跟随南迁，寄居苏浙各地。稍后元兵南下，宋帝辗转播迁，南来岭表。当时不仅故家世胄，即便是平民百姓，也有很多举族相随。他们中有由赣而闽，再由沿海而迁至广东者；也有由湘、赣而至岭表者。这些随宋室南下的中原旧族，在南迁途中据险抗击元兵，

甚至不乏徒手与元兵搏斗者。在抗击元兵南下的过程中，这些忠义之民有全家覆灭者，甚至有全族覆灭者，牺牲可谓巨大。宋室倾覆之后，那些九死一生的南迁中原遗民，便定居在南方各地。

寥寥数语，不仅勾勒出客家人“中原衣冠旧族”的前世，且还赋予其“忠义之后”的现世禀性。这种勾勒与赋予，由于和宋元时期的大历史高度叠合，从而给人以强烈的信而有征的印象。接着，他又分析了“客”之得名的缘由：

他们来到南方之后，由于语言文化与南方各地的土著有所不同，加上定居之地多烟瘴潮湿，容易生病，故而最终便选择在赣南、闽西和粤东北这块毗邻的山区定居下来。由于同属患难余生，命运相通，大家觉得不应该东离西散，因此他们的定居地也就彼此连接在一起……广东本地人就是因为客家人的语言与他们不同，就称之为客家人；而客家人也因为自己的语言与广东本地人不同，于是也自称为客家人。

在他看来，土客之别最核心的问题乃是历史文化之异。正是这种差异，使得“土人”一直称客家为“客”，而客家也每每以“客”自称。

徐旭曾记录在《丰湖杂记》中的这段答问，被后世称为“客家人宣言”。他的论说，第一次揭破了客家来自中原、客家文化源自中原文化的这一重要事实。除此之外，他还在讲述中提纲挈领地叙述了客家的源流及其历史发展、客家人的空间分布和风俗语言、客家妇女的文化特质等。他的这番叙述，与广府人群有关客家的各种歧视性书写，恰成鲜明的对照。

从《丰湖杂记》问世的1815年，再往后推数十年，便来到晚清的咸丰年间。此时上距鸦片战争结束已近二十年。自国门被迫打开后，一方面是西方列强对中国的入侵步步深入，另一方面则是清王朝的统治日趋腐朽。作为中国南大门的华南地区，饱受西方列强入侵之害，各种社会矛盾更加尖锐。绵延而来的土客关系，在各种错综复杂的社会矛盾激发与催化下愈显紧张。

就在咸丰皇帝刚即位的1851年，金田起义爆发，并在骤然间燃成燎原之势。两年之后，以洪秀全为代表的农民起义军，挟千里席卷之势，直捣金陵。关心时事的人们忽然发现，包括洪秀全在内的太平天国各主要将领，几乎是清一色的客家人。洪秀全早年在广州参加科举考试时，受宣扬基督教的小册子《劝世良言》影响，创立拜上帝教，回到家乡后，一边在村塾教书，一边传教。1844年，他和冯云山一起，到广西客家人聚居的地区传教。1847年，他听说美国传教士罗孝全（I.J.Roberts，1802—1871）在广州开设“粤东施蘸圣会”，便设法前往，与罗孝全交往数月之久。正是由于这层关系，金田起义爆发后，韩山明（Theodore Hamberg，1819—1854）和罗孝全等西方传教士，都曾对洪秀全、太平天国与客家人等话题予以特别的关注，后者甚至应洪秀全之邀到过南京，旋因双方宗教理念的差异而分道扬镳。1854年，韩山明在香港出版由洪仁玕口述、他本人撰写的《太平天国起义记》（*The Visions of Hung-Siu-Tshuen and Origin of the Kwang-Si Insurrection*）。该书是西方人关于太平天国的最早著述。正是由于它的出版，

韩山明（Theodore Hamberg，1819—1854）

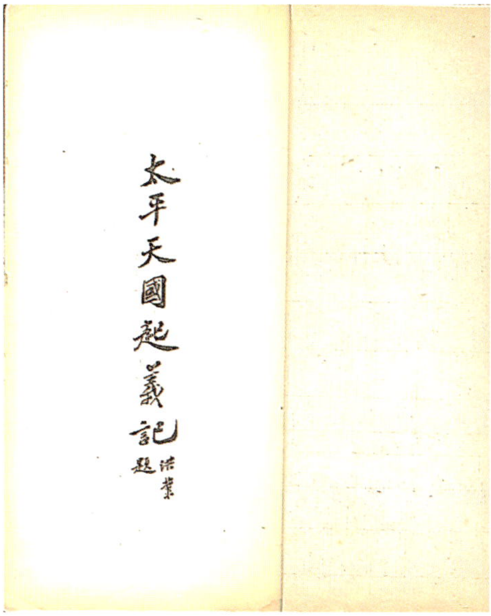

《太平天国起义记》书影，书名由汉学家洪业题写

以洪秀全为代表的客家英雄故事，才在美国、英国等西方国家流传开来。

在《太平天国起义记》中，华南地区的土客矛盾与冲突，首次作为太平天国兴起的重要诱因被揭示出来。该书在介绍洪秀全的家世时，说他的祖先是由嘉应州（今梅州）迁到花县（今广州市花都区）的，他的家族讲嘉应州客家话，本地人遂把他们称作“客家”。书中还写道：“广西有客家村落甚多，但不若本地村落之强大。本地人与客家人之感情甚坏，互相仇视，一有事端发生，仇怨更深。”根据该书作者的观察和分析，金田起义的发生，很大程度上正是土客双方长期以来仇视和各种矛盾不断累积的结果。

1854年，也就是在金田起义发生的三年之后，地处珠江三角洲西侧的肇庆府及其周边地区，又发生了一场空前惨烈的土客大械斗。民国年间编修的《赤溪县志》，以“仇杀十四年，屠戮百余万，焚毁数千村”来描述这场械斗的破坏程度。

在处理械斗的过程中，清王朝吏治的无能与腐朽，让人扼腕。斗祸一开始，上至清王朝的中枢机构，下到广东的地方当局，基本上都是不闻不问的。在他们的认知中，和迫在眉睫的心腹大患太平天国相比，这场土客械斗大不了就是一场民间的冲突。尽管械斗双方都纷纷指责对方为“匪”为“逆”，但是，只要不像太平天国那样反对清王朝的统治，他们也就睁一只眼闭一只眼，任其蔓延下去。直到冲突的规模不断扩大，特别是听说有拜上帝会的成员渗入械斗之后，清政府才重视起来。在具体的处置过程中，很多地方官员也不问青红皂白，把挑起斗祸的主要责任推给客家人，并污称客家人为“客匪”，最后是把作为斗祸中失败一方的客家人“安插”到新建的赤溪厅（后改为县）作罢。

官方解决事端的粗暴和草率，骤然间把客家这个群体推向了风口浪尖。面对如此严峻的挑战，客家籍的知识分子遂不得不像他们的前辈徐旭曾那样，再次就“我们是谁”这个惊天之问，进而就纠缠不清的土客矛盾与冲突的发生之由，提出自己的思考和解答。林达泉的《客说》，便是当时客家籍知识分子对这一问题严肃思考而产生的经典文本。

林达泉（1830—1878），字海岩，广东大埔人。大埔原属广东潮州府，

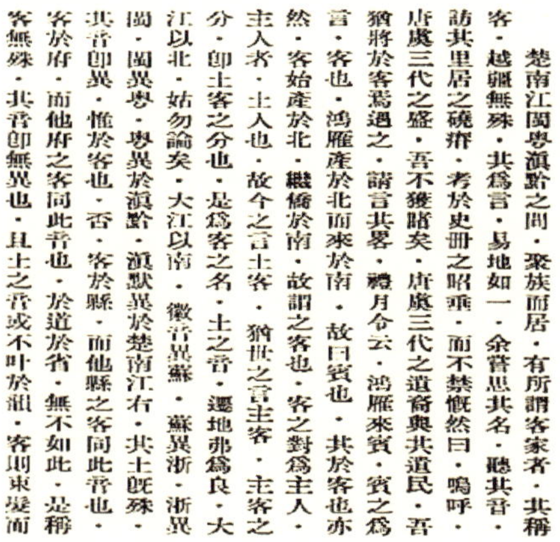

客說

楚南江閩粵滇黔之間・聚族而居・有所謂客家者・其稱客・越疆無殊・其爲言・易地如一・余嘗思其名・聽其音・訪其里居之磽瘠・考於史冊之昭垂・而不禁慨然曰・嗚呼・唐虞三代之盛・吾不獲睹矣・唐虞三代之遺裔與其遺民・吾猶將於客焉遇之・請言其畧・禮月令云・鴻雁來賓・賓之爲言・客也・鴻雁產於北而來於南・故曰賓也・其於客也亦然・客始產於北・繼僑於南・故謂之客也・客之對爲主人・主人者・土人也・故今之言土客・猶世之言主客・主客之分・即土客之分也・是爲客之名・土之音・遷地弗爲良・大江以北・姑勿論矣・大江以南・徽音異蘇・蘇異浙・浙異閩・閩異粵・粵異於滇黔・滇黔異於楚南江右・其土既殊・其音即異・惟於客也・否・客於縣・而他縣之客同此音也・客於府・而他府之客同此音也・於道於省・無不如此・是稱客無殊・其音即無異也・且土之音或不叶於韻・客則束髮而

《广东文征》与《客说》书影，图源自香港中文大学图书馆网站

是一个地地道道的客家住县。林达泉于 1861 年考中举人。丰顺客家人丁日昌 1868 年出任江苏巡抚。丰顺与大埔毗邻，丁、林二人算是同乡。由于林达泉留心经济，熟悉洋务，丁日昌遂把他延至幕中，参赞诸事。《清史稿 · 林达泉传》记载：林达泉入幕之后，“每论古今舆图、武备及海外各国形势，历历如指掌。日昌雅重之”。1876 年，因曾任总理船政大臣兼台湾海防钦差大臣沈葆桢的举荐，林达泉署任台湾台北府知府，后因操劳过度去世。

《客说》一文，便写于林氏游幕江苏之时。如果译成现代汉语，其主要内容如下：

> 客家源自北方的中原地区，后来侨居于南方，所以称为客。客与主是一种相对的称谓。所谓主，也就是土著。所以，今天我们说土与客，就像一般所说的主与客。主客之分，也就是土客之分。这便是客家之“客”得名的由来。
>
> 从语言来看，土著的发音，随地域的变化而有所不同。大江以北，姑且不谈。大江以南，徽音异于苏音，苏音异于浙音，浙音异于闽音，闽音异于粤音，粤音异于滇、黔之音，滇、黔之音又异于湖湘和江西之音，可谓繁复多样，无从一致。整体来看，随着地域的变化，其人

的语言也随之变化。但是，客家的语言却与此完全不同。生活在一个县的客家人，与生活在别一个县的客家人，所操语言完全相同；生活在一个府的客家人，与生活在别一个府的客家人，所操的语言也完全相同。以此类推，生活在不同省份的客家人，他们的语言也都高度一致。更为重要的是，土著的语音，每每总是不叶于韵。但是，一个客家人，自束发而授《论语》《孟子》，即与部颁之韵完全契合。如果说官韵为历代之元音，那么客音即为先民之逸韵。两者的契合，说明客家方言与中州音韵是完全一致的。

至于客家人大多居住在硗瘠的山区，是因他们在来到南方之后，肥沃的平原地区已为土著所居，客家别无选择，最后只能在那些贫瘠的山区定居下来。土著先来，他们占籍平原沃野，食土之毛，便丰裕富足。与此形成鲜明对照的是，客家人所居的村落，总是依山倚壑，山多田少，难以养家糊口。客家男女皆耕织，经之营之，十分勤劳。除此之外，他们还广种竹树，以为樵贩，以尽地利。等到他们成年了，大多佣力四方，以营于衣食。其中的根本原因便在于，相对于土著，他们是后来者。他们来到南方之初，膏腴之地已为土著所垦，于是他们只能到那些为土人所弃的贫瘠山区。正像我们所看到的那样，那些深山穷谷，狐狸之所居、豺狼之所嗥，客家人往往群聚州处，披荆斩棘以自赡给。也因为如此，客家人勤劳却卒苦于贫，土著安逸而恒溺于富。这都是由于定居的先后而造成的。

如果按诸史册，详为稽核，客家人的源流，则可追溯到东汉末年，而盛于东晋六朝，极盛于南宋。客家的先民，原先都生活在以中原为核心的北方地区，他们居于丰镐河洛齐鲁之交，或为帝王之胄，或为侯伯之裔，或为耕凿之民，皆涵濡沐浴于礼乐诗书之泽数千百年。东汉末年以降，中原云扰，孙氏父子割据江表九郡八十一州之地，招集贤能，北方之士，多依以成家立业，客家也由此而发端。再到东晋元嘉之时，五胡乱华，冠带数千里之区，都为五胡所占据。于是各路豪杰之徒，相与挈家渡江，匡扶王室。此时著姓则有王、谢之家。王、谢都是河东太原人氏。其余衣冠之族，则有八姓，如林、邵、胡、何等族，一起入闽。其他流民，则避乱江南，官方为此立南徐、南司等州，当时谓之侨军州。南朝的军州，也就是今天的州县，之所以谓之侨，也就是后世“客”的意思。降及南北宋之交，金人大兵南下，康王匆匆南下，中原士民或官于南而不能归北者，并散处于大江东西、五岭南北。及南宋帝昺南迁，中原遗民益蔓延于南海之疆，与土人望衡对宇，往来交际，迭为宾主，或联婚媾，长其子孙，至今已达千数百年了。

总之，大江以北无所谓客，以中原为核心的北方，是客家的发祥之区。大江以南才有客家，他们不因地域而有所差异。客之得名，缘于与土著的对称。生当今世，而要追溯唐虞三代之遗风流俗，客家便是其一线之延。正像汉通匈奴而汉之名噪于长城以北，唐通波斯而唐之名著于欧西一样，客家为唐虞三代之遗，避乱而南，故而大江以南才有客家之名。客家的历史与文化自汉末以来已历一千余年，他们的祖孙父子与土人并列为国家的编氓，土客之名虽然有别，但自朝廷观之，都是著籍之民。客与土之间的械斗，并不意味着客与朝廷之间有仇。然而，今天的不少官员，听信土人之诬捏，因土客械斗而视客家为叛逆乱匪，竟然偏听偏信地站在土著的一方，对客家人采取驱之灭之的政策。如果任其下去，必将把客家这个群体推向十分危险的境地。我强烈呼吁这些官员，应该认真地追溯客家的由来，了解其历史与文化。我之所以要写这篇《客说》，就是希望主事者能站在土客都是天朝子民的立场，破除强加在客家人身上的种种歧视性、轻蔑性的言词，以抚平其情绪，排解其怨愤。

如果把《客说》与稍早前徐旭曾的《丰湖杂记》两相对照，便不难发现，两者的精神内涵是完全一致的。像徐旭曾一样，林达泉对客家的“正名”，也是把他们的起源追溯到华夏——中原这个中国历史文化的发祥之区。所谓“唐虞三代之遗裔与其遗民”，与徐旭曾“中原衣冠旧族，忠义之后”，只是同一个意思的不同表述而已。但是，和徐旭曾把客家的源头上溯到宋代不同，林达泉认为，客家的源流，上起东汉末年，“盛于东晋六朝，极盛于南宋”。后世把客家的起源与历史上多次中原人口大规模南迁连接在一起，其端绪便是由林达泉所开启的。

为了夯实客家乃“唐虞三代之遗裔与其遗民”这一重要结论，林达泉在梳理客家得名的缘由之后，又分别从客家方言和客家人的居住环境以及生计方式入手，进行更加深入、细致的分析。在他看来，与广东本地人的语音往往“不叶于韵”相比，客家人自束发而授《论语》《孟子》，即与部颁之韵完全契合。这一事实也说明，客音实为先民之逸韵。两者的契合，表明客家方言与中州音韵是完全一致的。

和徐旭曾相比，林达泉从居住环境和生计方式的角度，来分析土客之间的差异及其矛盾与冲突之由，尤其别开生面。在他看来，正是由于土客双方入籍先后的差异，才导致两者在生存资源方面的严重不对等。先来的土著，占据了平原沃土；后到的客家，只能生活在山区贫瘠之地。由此不仅导致土客之间生存环境、居住模式、性别分工以及与之紧密关联的民风民俗的差异，而且还直接造成“客家人勤劳却苦于贫，土著安逸而恒溺于富”这一严重的不公平现象。他的这番论说，已突破了一般意义上的土客差异讨论，而上升到对华南地区长期以来土客矛盾与冲突频发的深层次思考。斗祸结束以后，华南客家一直沉浸在浓厚的悲情之中，他们中的知识精英也是胸填块垒，郁结于内。林达泉的论说很快便成为大家争相言说的话题。从稍后的黄遵宪、温仲和，再到更年轻一代的赖际熙、罗香林，他们都是在林达泉论述的激发下而投身于“客家考源工程”的。

二、围绕客家历史文化的“知识考古”

如果说《丰湖杂记》和《客说》是“客家意识”勃发时期所建构的“元典”，那么，在这以后客家籍知识精英的中心工作，就是在“元典”的基础上，致力于客家历史文化的“知识考古”。“元典”论述，侧重的是“正名”，通过“正名”把客家的起源和中国历史文化的发祥之地——中原联系起来，把客家的发展史与中国大历史缩结起来，而后的“知识考古”，再三致力的则是对客家历史文化的发掘、描述和系统呈现。在客家研究的知识谱系演化中，全面承担起“知识考古”工作的，是晚清著名的外交家、思想家和诗人黄遵宪，以及和他交往密切的一大批嘉应州（今广东梅州）客家籍知识精英。

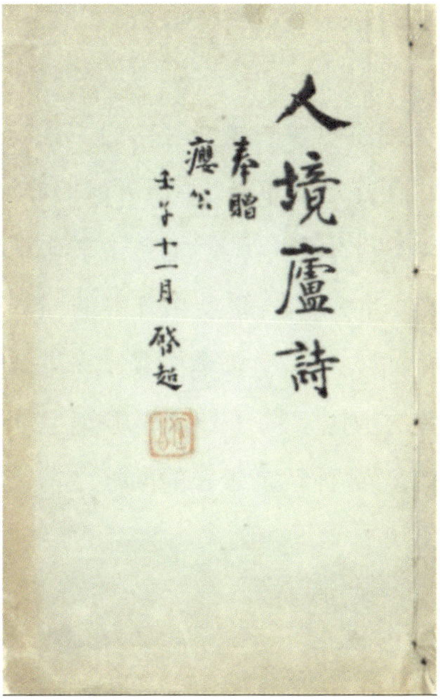

《人境庐诗》书影

黄遵宪像

黄遵宪（1848—1905），广东嘉应州人。1876年，他中顺天府乡试举人，次年充使日参赞，前后凡6年。1882年离日赴美，任旧金山总领事，后历任驻英国使馆参赞和新加坡总领事等职。甲午战争后，变法议起，黄氏在上海加入“强学会”，创办《时务报》，积极倡导变法。戊戌政变发生后，遭革职还乡。有《日本国志》《人境庐诗草》等著作传世。

黄遵宪的少年时代，正值广东中西路土客械斗持续之际。受林达泉等客家籍文人士大夫的影响，他从很早的时候起，就对客家历史文化有着特殊的认知。写于1866年的《送女弟》（出自《人境庐诗草》卷一），表达的正是他早年的认识：

中原有旧族，迁徙名客人。过江入八闽，展转来海滨。
俭啬唐魏风，盖犹三代民。就中妇女劳，尤见风俗纯。
鸡鸣起汲水，日落犹负薪。盛妆始脂粉，常饰惟綦巾。
汝我张黄家，颇亦家不贫。上溯及太母，劬劳无不亲。
客民例操作，女子多苦辛。送汝转念汝，恨不男儿身。

《送女弟》一诗，是黄遵宪18岁那年为即将出嫁的妹妹写作的。该诗以“中原有旧族，迁徙名客人”起始，开门见山便点出客家乃“中原衣冠旧族”这个“元典”中的主题。接着便以客家人的勤俭耐劳和风俗之美，来印证他们是“三代之民”，再次把客家与中原连接在一起。氤氲在诗中的强烈的根的意识以及对于客家历史文化所抱持的温情与敬意，可谓贯穿其一生。进入中年之后，他辗转于亚洲、欧洲、美洲的数国，忙于外交事务。但即使在异国他乡，他也无法忘却家乡的风土人情。这种萦绕于心的桑梓之情，最终生发出他要立志整理乡邦文献、研究故土历史文化的巨大热忱。1891年，身处英伦的他，在给友人的信札中就道出了其中的原委：

遵宪居日本五年，在金山四载，今又远客英伦，五洲者历其四，所闻所见，殊觉诡异，有《山海经》《博物志》所不详者。然一部十七史，从何处说起，异日相见，乃能倾囊倒箧而出之耳。

惟出门愈远，离家愈久，而眷念故土之意愈深，记阁下所作《枌榆碎事序》，有云：“吾粤人也，搜辑文献，叙述风土，不敢以让人。”弟年来亦怀此志。尝窃以谓，客民者，中原之旧族，三代之遗民。此语闻之林海岩太守。既闻文芸阁编修述兰甫先生言，谓吾乡土音，多与中原音韵符合。退而考求，则古音古语，随口即是，因欲作《客话献征录》一书，既使后进知水源木本，氏族所自出。而以俗语通小学，以今言通古语，又可通古今之驿，去雅俗之界，俾学者易以为力。既掇拾百数十条，惟成书尚不易，且须归乡里中，得如公辈，互相讨论，乃可成耳。（黄遵宪：《与胡晓岑书》，吴振清、徐勇、王家祥编校整理《黄遵宪集》下卷，第 449 页，天津人民出版社，2003）

这通信札是他写给好友胡曦的。胡曦（1844—1907），嘉应州兴宁县人。像黄遵宪一样，胡曦也是“少负大志，慨然以世局为己任”。两人于 1867 年结识于嘉应州，由于意趣相投，遂为莫逆之交。胡曦长于诗，每有所作，总为黄遵宪所称许。中年以后，胡氏绝意仕进，杜门不出，网罗散佚，捃摭旧闻，一以著述为务。所著所编《兴宁图志考》《梅水汇灵集》《梅水分类文抄》等，都是以研究乡邦历史、搜罗乡土文献为宗旨。

这通信札，至少透露了以下信息：

其一，这时的黄遵宪，引友人“搜辑文献，叙述风土”为同调，正在编纂一本名为《客话献征录》的著作，而且已“掇拾百数十条”。

其二，其主要方法就是“以俗语通小学，以今言通古语”。

其三，编纂该书的目的，是“既使后进知水源木本，氏族所自出”，又“俾学者易以为力”。

在从事客家方言资料的收集与研究之外，这一时期他还对客家山歌产生浓厚的兴趣。黄遵宪是晚清“诗界革命”的最早倡导者。他的诗歌创作及“诗界革命”的理念，很大程度上受到客家山歌的启发。出使英国期间，他开始留意山歌的收集、整理和研究。在前引致胡曦的那通信札中，他接着写道：“今寄上《奉怀诗》一首，又山歌十数首。”这里所说的“山歌十数首”，就是指他采集和整理的客家山歌，后收录于《人境庐诗草》者凡 9 首。20 世纪 20 年代迅速发展起来的客家山歌采集与研究潮流，正是由黄遵宪而开其端绪的。

戊戌变法失败后，黄遵宪遭革职放归。他回到嘉应州，构筑“人境庐”，专事讲学与著述。在这期间，他一方面与梁启超等人书信往复，重申政治改良之义，另一方面则得闲与同籍友人丘逢甲、胡曦等人，以诗文时相唱和，时人称之为“嘉应三先生”。仔细梳理他这一时期的文字，围绕着客家历史文化的“知识考古”，一直占据着他著述的中心。特别值得注意的是，在他晚年的著述中，除了一再强调客家乃“中原之旧族，三代之遗民”这一“元典”中的主题外，更多的则是把乡邦的历史、人物和民风民俗融会贯通，从而把“元典”的论述，落实到可知可感、有血有肉的历史文化变迁过程之中。编订于1899年的《己亥杂诗》，共收诗89首，其中就有多首以客家历史文化的“知识考古”为主题。

作于1901年的《梅水诗传序》，是黄遵宪晚年讨论客家源流及其历史文化的较长的一篇文字。其中写道：

> 嘉应一州，占籍者十之九为客人。此客人者，来自河洛，由闽入粤，传世三十，历年七百，而守其语言不少变。有《方言》《广雅》之字，训诂家失其义，而客人犹识古义者；有沈约、刘渊之韵，词章家误其音，而客人犹存古音者。乃至市井诟谇之声，儿女嬉咻之语，考其由来，无不可笔之于书。余闻之，陈兰甫先生谓客人语言证之周德清《中原音韵》，无不合。余尝以为客人者，中原之旧族，三代之遗民，盖考之于语言文字，益自信其不诬也。

文中不仅再一次申论了“客人者，中原之旧族，三代之遗民”的主题，而且以客家方言所蕴含的“古义”和“古音”，来予以证明。作者还由客家方言与文字的合辙，转而讨论了语言与文字分离所带来的麻烦及其影响。在他看来，客家方言与文字合辙，没有“扞格不相入”之弊，故而，清代嘉庆、道光年间，嘉应州一地，“文物最盛，几于人人能为诗。置之吴、越、齐、鲁之间，实无愧色。岂非语言与文字合，易于通文之明效大验乎”？字里行间，洋溢着作者对客家语言文化的自信与自豪之情。

在清代客家籍知识精英围绕“我群”历史文化所建构的知识谱系中，黄遵宪的重要性还在于，他把自己毕生所从事的“知识考古”收获，通过友朋间的传递和影响，最终落实到光绪《嘉应州志》的编纂之中，从而使得近百年来围绕客家历史文化所发展起来的知识，转化为一种制度性的知识。黄遵宪本人虽然没有直接参加《嘉应州志》的修撰，但却一直发挥着重要的作用。在《李母钟太安人百龄寿序》中，他就曾透露：

林海岩先达尝言，客民者中原之旧族，三代之遗民，余证之语言风俗，益信其不谬……余尝语梁辑五、温慕柳，谓州志中当仿刘子政、杜元凯之意，别编列女传，举二三世族，贤明贞顺，足为女宗者，志其概，以为世范

文中提到的梁辑五、温慕柳诸人，都是《嘉应州志》的主要纂修者，后者还是该志的总纂。他们都与黄遵宪关系匪浅。可以说，他们与黄遵宪

都在同一个嘉应知识精英的社会网络中，彼此有血缘、学缘、地缘以及政治理念上同气相求等多重因素的联结。正是由于纂修者与黄遵宪之间有着这种非同寻常的关系，才使得黄遵宪的诸多理念能够具体地落实到《嘉应州志》的“列女”“方言”和“礼俗”诸卷之中。而该志的编纂，则标志着围绕客家历史文化的知识考古工作，迈向了一个全新的高度。

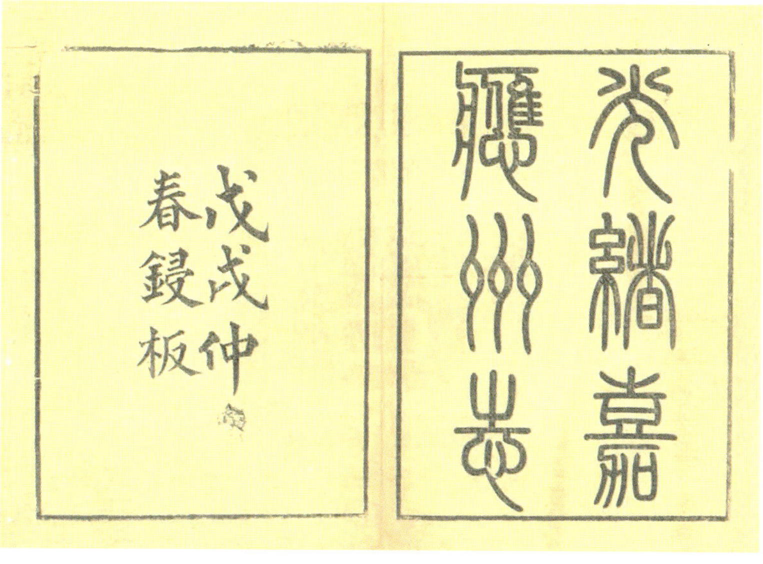

光绪《嘉应州志》书影

三、他山之石：传教士的客家书写

咸丰同治年间的土客大械斗之后，围绕着客家历史文化的知识考古，在以黄遵宪为代表的嘉应州籍知识精英之外，近代来华的西方传教士也做了不少拓荒性的工作。其中，欧德理便是很有代表性的一位。

欧德理（E.J.Eitel）原为德国传教士。他于1861年被派往香港。欧德理来到香港后，遂专心学习客家方言，随后前往新安县（今深圳市宝安区）的李朗等地布道。1865年，他加入伦敦会。伦敦会鉴于他熟悉客家方言，便派遣他前往惠州博罗的客家地区传教。在和客家人相处多年后，他撰写了《汉人客家民族志略》一文，分期刊登在《中日释疑》上。1873年11月，他以这篇长文为基础，再结合新近的研究，在《中国评论》（*The China Review*）上又发表了《客家历史纲要》（*An Outline History of the Hakkas*）。欧德理的这两篇文章，堪称现代学术意义上的客家学开山之作，它们一方面引进了西方近代民族学的比较方法论，另一方面则建立起探索客家源流的方法和基本架构。

总标题为《汉人客家民族志略》的这篇长文，事实上是由几个主题不完全相同但又彼此相关的短篇所组成的。其中，在《定居于广东省的不同种族》（*The Difference Races Inhabiting the Canton Province*）一文中，欧德理主要根据移民迁入的时间及其空间分布形态，推测生活在广东境内的福佬人和客家人的来源。根据他的推测，前者应该来自江西，而后者则来自福建；前者沿海岸向南迁移，而后者则沿着山路播迁到广东北部的丘陵以及十万大山之间。在《客家方言与广东其他种族方言的比较》（*The Hakka Dialect Compared with the Dialects of the Other Races Inhabiting the Canton Province*）一文中，他指出，从体质特征、语言和风俗习惯来看，客家人应该是纯粹的汉人（*throughbred Chinese*），他们与福佬人、广东本地人一样，都属于汉族；如果不是语言上有差异，事实上很难分辨出客家人、福佬人和本地人。与此同时，他也特别指出，他们之间在语言、风俗习惯方面的差异之大，

1909 年的欧德理，来自皮尧士：《欧德理》，《教务杂志》第 40 卷第 4 期，1909 年 4 月。杨扬供图

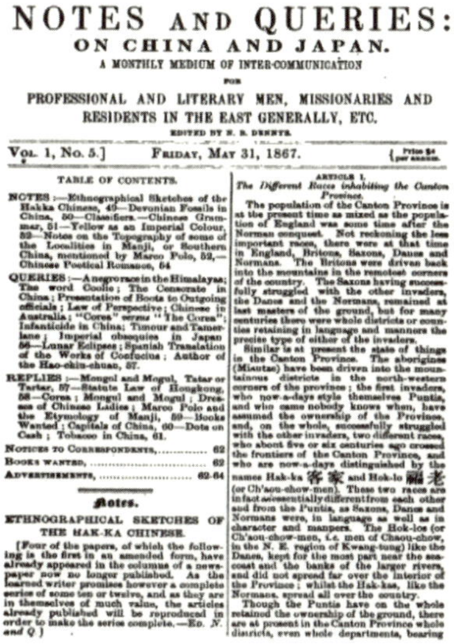

NOTES AND QUERIES:
ON CHINA AND JAPAN.
A MONTHLY MEDIUM OF INTER-COMMUNICATION
FOR
PROFESSIONAL AND LITERARY MEN, MISSIONARIES AND RESIDENTS IN THE EAST GENERALLY, ETC.
EDITED BY N. B. DENNYS.

VOL. 1, No. 5.]　FRIDAY, MAY 31, 1867.　{Price $4 per annum.

TABLE OF CONTENTS.

NOTES:—Ethnographical Sketches of the Hakka Chinese, 49—Devonian Fossils in China, 50—Classifiers.—Chinese Grammar, 51—Yellow as an Imperial Colour, 52—Notes on the Topography of some of the Localities in Manji, or Southern China, mentioned by Marco Polo, 52,—Chinese Poetical Romance, 54

QUERIES:—A negro race in the Himalayas; The word Coolie; The Censorate in China; Presentation of Boots to Outgoing officials; Law of Perspective; Chinese in Australia; "Corea" versus "The Corea"; Infanticide in China; Timour and Tamerlane; Imperial obsequies in Japan 56—Lunar Eclipses; Spanish Translation of the Works of Confucius; Author of the Hao-chiu-chuan, 57.

REPLIES:—Mongol and Mogul, Tatar or Tartar, 57—Statute Law of Hongkong, 58—Corea; Mongul and Mogul; Dresses of Chinese Ladies; Marco Polo and the Etymology of Manji, 59—Books Wanted; Capitals of China, 60—Dots on Cash; Tobacco in China, 61.

NOTICES TO CORRESPONDENTS, ... 62
BOOKS WANTED, ... 62
ADVERTISEMENTS, ... 62-64

Notes.

ETHNOGRAPHICAL SKETCHES OF THE HAK-KA CHINESE.

[Four of the papers, of which the following is the first in an amended form, have already appeared in the columns of a newspaper now no longer published. As the learned writer promises however a complete series of some ten or twelve, and as they are in themselves of much value, the articles already published will be reproduced in order to make the series complete.—ED. N. and Q.]

ARTICLE I.
The Different Races inhabiting the Canton Province.

The population of the Canton Province is at the present time as mixed as the population of England was some time after the Norman conquest. Not reckoning the less important races, there were at that time in England, Britons, Saxons, Danes and Normans. The Britons were driven back into the mountains in the remotest corners of the country. The Saxons having successfully struggled with the other invaders, the Danes and the Normans, remained at last masters of the ground, but for many centuries there were whole districts or counties retaining in language and manners the precise type of either of the invaders.

Similar is at present the state of things in the Canton Province. The aborigines (Miautse) have been driven into the mountainous districts in the north-western corners of the province; the first invaders, who now-a-days style themselves Puntis, and who came nobody knows when, have assumed the ownership of the Province, and, on the whole, successfully struggled with the other invaders, two different races, who about five or six centuries ago crossed the frontiers of the Canton Province, and who are now-a-days distinguished by the names Hak-ka 客家 and Hok-lo 福老 (or Ch'aou-chow-men). These two races are in fact essentially different from each other and from the Puntis, as Saxons, Danes and Normans were, in language as well as in character and manners. The Hok-los (or Ch'aou-chow-men, i.e. men of Chaou-chow, in the N. E. region of Kwang-tung) like the Danes, kept for the most part near the sea-coast and the banks of the larger rivers, and did not spread far over the interior of the Province; whilst the Hak-kas, like the Normans, spread all over the country.

Though the Puntis have on the whole retained the ownership of the ground, there are at present in the Canton Province whole districts, even whole departments, bearing

《中日释疑》1876 年第 1 卷第 5 期，《汉人客家民族志略》书影

也足以让研究者把他们划分为不同的支系。这篇短文的特别重要之处在于，他从汉语发展史的角度，认为客家方言是汉语内部的一个独立支系，代表着汉语长期发展演变过程中较为晚近的语言，也就是居于古汉语（以本地话为代表）到现代汉语（北方官话）的中间阶段的语言。根据他的理解，正是由于客家方言比较接近北方官话，所以客家人学习官话没有特别的困难，广东境内之所以有许多客家人充当衙门书吏和衙役，其主要的原因也在于此。在《客家人的性格、风俗习惯与广东其他种族的比较》中，欧德理首先从广府人、客家人和福佬人彼此所指称的对方的陋习出发，描述了三者的性格特征。在他看来，客家人大多比较贫苦，但也因此而富有反抗精神，他们重视教育，刻苦耐劳，而且绝大多数客家人都有着优良的工艺技术。此外，他还从妇女的社会地位（诸如劳动、缠足、多妻、蓄婢和溺婴等）这一角度，探讨了三个人群在社会生活领域的差异。文章的最后，他还就三大人群在聚落形态（诸如择址、内部格局、庙宇区位和屋檐样式等）以及日常服饰和饮食等方面的差异，进行了比较与分析。

如果说《汉人客家民族志略》主要是解决客家人的语言、民俗、歌谣、宗教信仰等当下可知可感的议题，那么《客家历史纲要》的重点则是要解决他们是在什么时候、经由什么途径而迁入广东境内这个攸关客家源流及其历史的大哉问。前一个问题的解决，主要得益于他在客家地区传教的生活经验以及亲身观察，后一个问题的破解，显然要复杂得多。作者发现，在太平天国运动发生之前，华南的地方志文献中很少有关于客家的记述，历史学家也很少关注到客家。甚至在客家人自己撰写的文学作品中，也几乎没有这个群体的任何详细记录。尽管如此，他通过田野调查和访谈，依然发现在一些代代相传下来的口述历史中，保存了不少客家历史的信息。从这些零碎的历史材料中，他认为可以为客家这个群体，描画出一个粗线条的历史发展线索。同时，他还发现，几乎每一个客家家族都存有族谱，许多族谱都载有简单的家族迁移历史。仔细梳理这些族谱资料，就有可能追溯从公元前3世纪到现当代的客家迁移史。他撰写该文的目的，就是要“为这个非凡的群体编写一部早期的简史”。

正是根据这样的思路，结合口传资料和姓氏谱牒，欧德理认为，客家人起源于中原地区，他们也是汉族的后裔，而并非所谓的“异族”，其历史最早可以追溯到公元前3世纪。他在排比了相关的族谱资料后推测，客家先人最初居住在山东的南部和西部。直到周朝末年，他们都一直居住在那里。到了秦代，客家先民遭遇到大规模的压迫。他们中的一些幸存者被迫迁至河南、安徽以及江西的山区避难。西晋灭亡后，客家人再次迁移，其中有部分人迁到河南南部。也就是在这个时期，客家人开始大规模涌入江西的东南部和福建的西部山区。从唐代开始，他们继续南迁，其中大多数聚居到福建的西部，同时也有部分停留在江西和广东毗邻的山区。到了宋代，原先一直聚居在闽赣毗邻山区的客家人，开始迁至广东境内。其中，有相当一部分就聚居到后来的嘉应州境内。大约从1780年开始，原先聚居在嘉应州境内的客家人，又陆续分迁到广东的其他区域。

欧德理对客家迁移过程的勾勒，尽管十分简略而又缺乏实质性的资料支撑，但他把客家人自北而南的迁移史分成秦、晋、唐、两宋以及元明和清等几个重要时段，并就每个时段客家人的聚居地以及迁移路线进行了梳理和推测，这依然具有拓荒性的意义。

尤为重要的是，相比于稍早前韩山明等西方传教士对客家历史文化的简单记述，欧德理有关客家历史与文化的梳理与分析，已显然具有西方近代语言学、民族学和人类学等学科特色。他以自己在客家地区传教的具体生活经验，再结合民族学和人类学的参与观察方法，立足于汉语方言的差异，首次以比较的视野系统地描述了客家人在语言、民俗、歌谣以及宗教信仰等方面的文化特质，分析了客家人与周边人群的语言文化差异及其原因。他透过家谱以及民间口传资料，初步梳理了客家自北而南迁移的过程，并由此而得出客家来自中原地区、他们是汉人的后裔等重要结论。他基于口传资料与谱牒文献所建构的这套客家源流与历史演进的分析框架，到了20世纪的上半叶，几乎成为讨论客家源流及其历史的基本思路和框架。由罗香林《客家研究导论》所奠定的“汉人移民史”范式，其学术的源头显然也在这里。

四、客家书写与“种族”“民族”及“革命”话语的链接

19世纪末至20世纪初，在“救亡保种”“排满”和“革命”等多种时代议题的纠缠与摩荡下，中国传统的文化民族主义与舶来的西方近代种族以及民族主义思想开始交汇在一起，成为各种社会文化思潮的重要资源。在“种族”“民族”“天演”和“革命”等话语背景下，围绕客家历史文化的知识建构，也开始朝着“族类”这个方向急剧转变。正是经过这样的转变，晚清客家籍知识精英围绕客家历史文化所从事的一系列知识考古工作，遂由一种“地方性知识”，逐渐上升成为具有公共性或普遍性的论题。

前面说过，黄遵宪在1901年曾写作《梅水诗传序》一文。细读该文，我们不难发现，此时的黄遵宪，已然站在“救亡保种”的时代潮头，把“种族”“物竞天择、优胜劣败”这些刚从西方舶来的新说和“公理公例”融为一体，用以诠释客家的历史文化，从而把围绕客家历史文化的知识考古，

上升到关乎“种族存亡”这一全新的高度。作为近代“开眼看世界”的重要思想家和外交家，黄遵宪对当时来华传教士基于西方近代人种学和民族学而形成的客家论述，无疑是十分熟悉的。正因为如此，他一方面发挥林达泉等人的客家“中原论”，另一方面又结合由西方传教士基于人种学或民族学的客家论述，并从“救亡保种”这个时代高度，来重新诠释客家历史文化的当下价值。在他看来，客家人千年颠沛而又百折不挠的品性，客家文化历久弥新且又生气磅礴的雄伟气象，都是激发国人自信、唤醒“救亡保种”意识的精神源泉。正因为如此，他在这篇文章中才大声疾呼：“自物竞天择、优胜劣败之说行，种族之存亡关系益大……凡我客人，诚念我祖若宗，悉出于神明之胄，当益骛其远者大者，以恢我先绪，以保我邦族，此则愿与吾党共勉之者也。”

继黄遵宪从“救亡保种”的时代高度揭示客家人的种族品性之后，由客家人创办的《岭东日报》也开始以“民族”来讨论客家人和周边人群的分类问题。1903 年，《岭东日报》连载了温廷敬（1869—1954）以“讷庵”笔名所撰写的《潮嘉地理大势论》，其中就有专门讨论潮嘉“民族”的部分：

> 潮嘉民族，分为土、客二族，嘉应全属，皆为客族；澄、普二县，皆为土族；海、潮、揭、惠，亦属土族，惟山谷之间，颇有一二客族错处；饶平、丰顺，则土客各居其半；大埔亦客族，惟有一支自福建来者，尚守其土音不改，然实寥寥不足数。要之则山谷内陆，为客族根据地；海滨广斥，为土族根据地。
>
> 二族语音虽异，皆属中原故族，流徙而来。考诸家族谱，多始于唐末宋初，盖经黄巢之乱，随王潮入闽者。土族先至，据海滨之漳、泉；客族后至，据山谷之汀、杭。由漳、泉转徙，而居海、澄、揭、惠、普之地；由汀、杭转徙，而居嘉应、大埔之地。土族先至，且沿海多旧种之民，故其语音多因而转变。客族后至，且山谷少人迹之地，故其语音亦少变。此二族沿革之本末也。
>
> 客族以近山之故，故其民质朴忍耐。土族以近海之故，故其民活

泼进取。然质朴者或流于固陋，活泼者每近于浮华。且客族以瘠土而多外出，土族以沃土而好家居，则性情又互为变易。要皆与地理有关系者也。

温廷敬的《潮嘉地理大势论》，不仅是一篇以近代“民族”和进化论的观点，系统地阐述客家群体地位的文字，而且在这篇文字的结尾，作者还从近代“民族国家”的角度，就土客分歧可能产生的影响作了深刻的阐述：“夫一国民族，必语言风俗统一，然后感情从之而生。潮嘉民族，已别于中原，又不能合于省会，其势已成隔膜。而土、客二族，歧中又歧。且姓自为争，乡自为斗，残杀之风，不绝于世。苟不讲求联络之法，其何能立于物竞天择、新种侵入之世乎！”站在“物竞天择、新种侵入”这样的时代高度，来审视华南地区“土、客二族，歧中又歧”的严峻现实，这样的文字真可谓振聋发聩。

如果说温廷敬的《潮嘉地理大势论》是从“民族”和进化论的角度，来讨论“土族”与“客族”之间的关系，那么，杨恭桓出版于1907年的《客话本字》，则是基于同样的视角，来为客家重新“正名”。杨恭桓，字穆吾，嘉应州人，生卒年月不详。他一方面继承了林达泉、黄遵宪等人围绕客家历史文化的知识建构；另一方面又援引从西方舶来的“种族”“民族”等概念工具，从而以“族类”这个全新的角度，重新为“客家”正名。他说：

廿一行省之内，其初孰无土著，孰无流寓？土著又孰非由流寓而来？日引月长，住久而浑然无间者多也。独客族之流寓，始则由汀赣而至梅，后则由梅而迁于别县。而广府人统称为客家者何哉？盖由客族流传，多本中原音韵，令人一听而知为客家，非若他处之所流寓，其语音久而自化也。客族于种族之思想最强，宗谱联络，虽越数十世之先绪，派衍支分，尤能深木本水源之想。至其客话之保存，尤为特别之家法。市井酬答，虽或依土著之语音，而归其室庐，父子家人，仍讲向来之客话，而子孙蕃衍，恒守其宗旨而不移。故土著得以窥见其流派，几若别为一种也者。

不难看出，杨氏的“正名”依然立足于以语言文化之异来揭示土客之别，但是，他分明已从“族类”这个全新的角度来发其论说。他不仅以“客族”来指称客家人，而且还认为“客族于种族之思想最强”。更为重要的是，杨氏一方面以“族类”来定义客家，另一方面还把林达泉以来客家籍知识精英的知识考古工作，提升到方法论的层次：“大抵考求种类，不外礼俗、语言二端。”正是基于这样的认识，他也像《嘉应州志》的纂修者那样，分别从礼俗和方言两个方面，就客家是来自中原的“北产”进行考源与求证。在他看来：“客族俗尚勤俭，有唐魏俭啬之风，婚丧葬祭，亦多有汉以前旧俗，遽数之不能终也。若语言之特别，多合中原之音韵，尤确而有证。”他的《客话本字》通过对 1400 多个与“土谈音义相合字，一一钩稽”之后，得出如下结论：“客话多合中原音韵，征之口说固可信，求之诵读更无疑……生今之世，其能保存唐虞三代之遗音者，不尚赖客人一线之延乎？”他坚信：通过对客话“本字”的考释，不仅可以说明“客人土谈，悉有所本，多系隋唐以前古音”，而且还可以证明“考客之族类，多中州光黄间土著，为黄帝之苗裔”。

就在杨恭桓《客话本字》刊刻的 1907 年，成立于上海的国学保存会出版了由顺德人黄节编撰的《广东乡土历史教科书》和《广东乡土地理教科书》。由于这两种教科书在介绍广东境内的“人种”时，都将客家、福佬和蜑（dàn）族列为“外来诸种”，从而引发了客家籍知识分子的强烈不满。在这一事件的强烈刺激下，客家籍知识分子遂以群体的方式开展了一场声势浩大的“考源”工作。

1907 年 3 月 29 日，作为《岭东日报》主笔的温廷敬，发表《广东乡土历史客家福老非汉种辨》，就黄氏的相关结论进行抗议和论辩。他说：

近见国学保存会出有《广东乡土历史教科书》一种，为粤人黄晦闻所作。其第二课（笔者按，“二”应为“三”）广东种族，有曰客家、福老（原书且作猪字）二族，非粤种，亦非汉种。其参考书复曰：此两种殆《周官·职方》所谓七闽之种。不知其何故出此。岂其有意诬蔑欤？不然，何失实之甚也。

考潮州一郡，自秦史禄留家揭岭，其戍卒多流寓于此。及汉平南越，揭阳令史定（当即史禄之后）首以县降。自是以来，多为流人所居。晋代初立万川（即今大埔县），亦以安置流人。大抵汉越杂处，此自秦汉至六朝，潮州民族之大概也。即吾粤当时之民族，亦俱类是。客家、福老二族之称，实起于唐宋以后。

盖自唐代，潮州人士，始稍萌芽。若陈元光之武功，赵德之文学，虽为潮人，然其先实中原故族。元光平漳州，其将卒悉河南人。设郡后，来者益多，聚居城邑。土人（猺族，即闽之旧种）畏之，称为河老。河老者，谓其自河南迁来也（见《郡国利病书》）。此为福老之旧族。及唐末之乱，王潮陷漳州，其将士亦皆河南人。避乱之士，复多归焉。与旧族杂居，变其语音，是为福老之新族。其族繁衍，遍播于漳泉兴化之间，以及于潮琼滨海之地。盖福老之名，原为河老，其后讹河为学(今其族尚自云河老，而客家则呼为学老），而末学之士不能深考本原，以其来自福建，遂定为福老之称，甚且书为“猪”或“獠”字，等诸异族，而不知其同为中原遗裔也。

至客家一族，亦出于河南光州，其证据尤显。至今客家之人曾主河南者，云客族方言与光州之光山县无异。盖多为住山之民。其转徙亦在唐末，与福老同时。初居汀之宁化，其后遍殖于汀州一郡，与江西之赣州，广东之惠、嘉、钦、廉，潮之大埔、丰顺以及诸邑近山之地，多其族所住。其族以少与外人交通，故其语言风俗，独能保中原之旧。陈兰甫京卿所谓客家语言证之周德清《中原音韵》无不合者。黄氏以语言特别，断其为非汉种，不知其所谓别者，以其别于中原正语乎？抑别于粤省土语乎？

夫福老之转徙较先，且与土族杂处，其语言诚不无小变。然细按之，则仍为一脉。其不同者，但音韵之讹转歧出耳。若客族之近于中

温廷敬

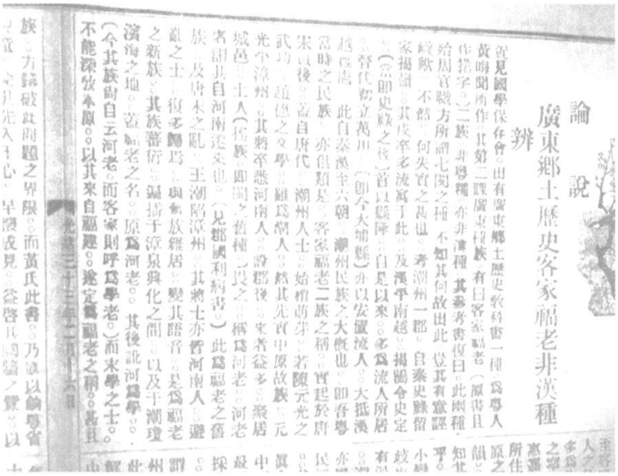
論說

廣東鄉土歷史客家福老非漢種辨

《岭东日报》中《广东乡土历史客家福老非汉种辨》掠影，刘泽岚摄

原正语，则较诸粤省民族，且有过之。黄氏何所见而云此也？乃又以惠、潮、嘉地接闽疆，潮人有福老之称，遂臆为七闽之遗种。不知闽越之民，亦属越种（西人称为印度支那族）。当汉武时，已徙其民江淮间，其有窜匿山谷者，如猺民之类，与吾粤正同。其余若白眉泉郎之属，语言风俗，皆与汉族特异，此真七闽之土族。作者乃以客家、福老二族当之，谬矣！

夫中国宗法之制，相传最久，故家族乡土之见，亦因之而最深，彼此互诋，习久讹传，遂忘其同出一祖。而西人采中国之风土者，亦复因讹袭谬，如所谓汀州之哈加族，实即客家二字之讹。乃屠氏《中国地理教科书》仍之，且谓其受创后窜伏一隅，几若其地之尚有异族者。不知汀州一属，皆客家遍殖之地，固无所为受创而窜伏也。然此犹可谓失之不考。若黄氏所云，则真百思而不得其解矣。得毋其以种族之见大深，排满之不足，于汉族之中复自生畛域乎？彼六县排客之事，冤无天日，今之客族，方议破此问题之界限。而黄氏此书，乃欲以饷粤省儿童，使其先入于心，早怀成见，益启其阋墙之衅，以为亡国之媒，非黄氏贻之祸乎？

考之事实已相违，施之教育不又合。黄氏苟出于有心蔑视也则已，如其为无心之差误，则吾望其速为改正也。

全文的重点显然集中在以下几个方面：其一，黄节《广东乡土历史教科书》中最为客家籍知识分子所无法接受的，端在客家“非汉种”这一结论；其二，在温廷敬这一代客家籍知识分子的认识中，由“元典”所阐发的“中原论”，早已成为毋庸置疑的常识，客家乃“中原遗裔”，客家语言、风俗“独能保中原之旧”，也都是不言而喻的事实；其三，由于此时上距广东中西路土客大械斗不久，教科书中的相关言论，很容易让客家籍知识分子联想到此前的所谓“六县排客之事”；其四，更为重要的是，无论是《岭东日报》的总体言论倾向，还是温廷敬本人，都同情和支持当时的反满革命，从反满革命的立场来看，把客家视为“非汉种”，势必会造成革命派内部的混乱，所谓“排满之不足，于汉族之中复自生畛域”，正可谓切中要害。正是基于以上几点，温廷敬才理直气壮地要求黄节改正其教科书中的相关论述。

清末民初，正是客家群体在政治和文化领域空前活跃的时期。据统计，1905—1906年，仅在日本东京的同盟会112位会员中，就有50位是来自梅江地区的客家人。在1911年黄花岗起义中死难的72位烈士，客家人就占其中的1/3。在辛亥革命从酝酿到爆发的那些年，客家人已遍布于当时的新闻、新式学校、军队等各个领域，并在其中发挥着十分重要的作用。如同黄节属于更大的组织——上海的国学保存会一样，温廷敬的后面也有一个更大的客家政学圈。处在这个圈子核心地位的丘逢甲，当时恰好就在广东学务机构任职。1906年夏，丘氏开始担任广东学务公所议绅，而该公所正是广东主管学务的提学使司的下设机构。丘逢甲与广东提学使于式枚有交往，可能正是由于丘逢甲的幕后推动，广东提学使司在温廷敬的反驳见诸报端一个月之后，便正式发出更正《广东乡土历史教科书》的牌示，以回应客家籍知识分子的关切。

广东地方政府希望通过刊发牌示尽快平息客家人的不满，但是，事与愿违，其所不愿意看到的“争竞之风”却愈演愈炽。比温廷敬更年轻的大埔革命党人邹鲁，当时正在广东法政学堂读书。他看到《广东乡土历史教科书》中的有关内容之后，便充分发挥其组织才能，将客家一方的抗争从原先士绅精英的层面扩大到社团组织的层面。据邹氏回忆：

入学不久，看到黄晦闻先生所著的两本书：一本是《广东乡土历史》，一本是《广东乡土地理》。里面竟有客家和福老都非汉族的言论。我认为他抹杀史实，有伤同胞感情，便挺身出来作文辩斥，同时请客家和福老的知识分子注意。结果所有客家和福老主持的劝学所，都一致附从，竟得到了全省的大半数。于是共同推举我领衔交涉，引起一场轩然大波，直到把那错误的言论修正了才罢。（邹鲁：《回顾录》第1册，第21页，南京：独立出版社，1947）

邹氏所说的“作文辩斥”，目前笔者还未见记录。而其“领衔交涉”的详情，这年5月22日的上海《申报》则有详细的报道：

粤东某君所著《广东乡土历史教科书》，其第三课有客家、福老非粤种，亦非汉族。经提学司牌示，令各学堂及书肆贩运者一律更正等情，已详前报。兹惠、潮、嘉、南、韶、连各学会以版权不撤，究难禁其流传，爰即传知六属学会，于本月开会，集议务令撤销版权，禁止售卖，以杜后患。所议办法录下：

（一）先由惠、潮、嘉、南、韶、连六属学会联禀提学司请禁止书局售卖、学堂购用，并严究著作者；

（二）俟提学司批准后，一面电禀学部，一面黏抄提学司批词，续行邮禀请札行上海道，撤（应为撤——引者）销该书在上海某局出版，欲其一律注销，必须学部方有特权；

（三）应请惠、潮、嘉、南、韶、连六属各劝学所总董各盖钤记，务于三星期内寄交代表人，以便联禀学部；

（四）俟提学司批准后，即将原禀批词排印数千张，分布各属学堂，及寄登各日报。

报道中所提到的“学会”，应该就是“客家源流研究会”。从报道的内容来看，“客家源流研究会”的会员来自惠州、潮州、嘉应州、南雄州、韶州、连州六个地方。六地的客家人士在该年4月集会，达成共识：仅仅更正教科书的内容然后售卖是不够的，必须撤销版权，禁止售卖，才能杜绝其传播。为了将共识落到实处，该会还提出四项前后照应的措施：其一，向广东提学使司申诉，要求教科书禁止售卖，并追究黄节的责任；其二，得到广东提学使司的批示后，将该批示分成两份，一份禀告中央学部，一份发给上海道，两边同步进行，以确保撤销教科书版权；其三，请求六个地方劝学所总董出面，以他们的钤记作担保，以便向中央学部申诉；其四，一旦得到广东提学使司的批示，马上广而告之。

不难看出，在邹鲁的组织和推动下，“客家源流研究会”已着手将教科书事件由广东的地方事件升级为全国性的公共事件。他们一面向中央学部申诉，一面急切地等待学部的答复。1906年9月14日，学部正式发布公文，要求禁止《广东乡土历史教科书》的发行。“客家源流研究会”关于查禁《广东乡土历史教科书》的诉求，终于得到满足。

在这场由教科书所引发的抗争事件中，客家籍知识分子一方面利用《岭东日报》这类新式报纸，发表言说，引领舆论；另一方面又通过联络不同区域，举行群体性集会，成立带有近代学会性质的“客家源流研究会”，从而把此前有关“我群”源流及其历史与文化的论说，由师生间的言谈、友朋间的唱和以及个人的著述，成功地转换成为一项具有公共性或普遍性的议题。他们紧扣“种族”“民族”这些敏感的、带有鲜明时代印记的话题，并把它与“反满”和“革命”的时代课题相联络，从而把有关客家源流及其历史文化的“考源”工作，上升到关乎“反满”与“革命”事业的这一全新高度。

也正因为如此，这场由教科书所引发的争论，很快便为身在日本的章太炎所注意。早在1906年，章氏为鼓吹民族主义，“欲革夷言而从夏声”，开始致力于汉语方言的研究。1907—1908年，他的《新方言》在《国粹学报》上连载。在《新方言》中，章氏首次用“惠潮嘉应之客籍”来指代客家，并收录客家方言词15例。不久，他在看到温仲和《嘉应州志·方言》和杨恭桓《客话本字》之后，又编纂《领外三州语》。1909 年，《新方言》在日本刊印，《领外三州语》附录于后。在《领外三州语》的引言中，章氏写道：

> 广东惠、嘉二州，东得潮之大埔、丰顺，其民自晋末逾岭，宅于海滨。言语敦古，与土著不相能。广州人谓之客家，隘者且议其非汉种。余尝问其邦人，雅训旧音，往往而在，即著之《新方言》。其后得嘉应温仲和所次州志，有方言一卷，自言与惠、潮客籍通。杨恭桓者，亦嘉应人，作《客话本字》……因剌取二家言凡六十余事，颇有发正，另为一篇。察其语柢，出于冠带，不杂陆梁鄙倍之辞，足以驳攻者偏心之言，则和齐民族所有事。

章氏所谓“驳攻者偏心之言”，所谓“和齐民族所有事”，显然都是针对教科书事件而发的。

作为中国现代学术的开山人物之一，章太炎关于客家源流和客家方言的论述，无疑具有至高无上的权威性。自此而后，所谓客家乃东晋移民之后裔、客家方言乃“雅训旧音”“不杂陆梁鄙倍之辞”，遂成为一般学者公认的事实。

几乎与章太炎把客家方言的整理与研究上升到“卫国捍群”“和齐民族”这个高度的同时，客家的历史和文化研究与当时如火如荼的反满与革命话语相链接，也成为一种潮流。1908 年 8 月，远在马来西亚的“怡保华洋商务局”，就出版了一本名为《客民原出汉族论》的小册子。《星洲晨报》于这年 8 月 18 日、19 日和 20 日连续刊登广告，把它和邹容的《革命军》、陈天华的《猛回头》、胡汉民的《唤醒同胞》一起加以介绍。作者署名“有虞氏之遗民”，显然用的是化名。作者自述“非客籍之民”，只因感喟于“耳目所及，确有以见夫客民之必非异种，而为我汉族之昆弟……当此民族主义昌明时代，爱同胞、结团体之说，日霞蔚云蒸，而同种之客民，独反鄙为异种，尤可笑者”，故而撰写此书。

整体来看，该书的作者系统地总结了自林达泉以来几代客家籍知识精英围绕客家源流及其历史文化所建立起来的一系列论说。书中详细地引证了林达泉《客说》、光绪《嘉应州志》、杨恭桓《客话本字》以及《岭东日报》上的相关文字，认为客家是“北来”的中原移民后裔，他们和福佬（学佬）一样，“其大部分则出于中原故族”。全书的结论是：“客民确出于中邦，铁案如山，不可移易。”

章太炎

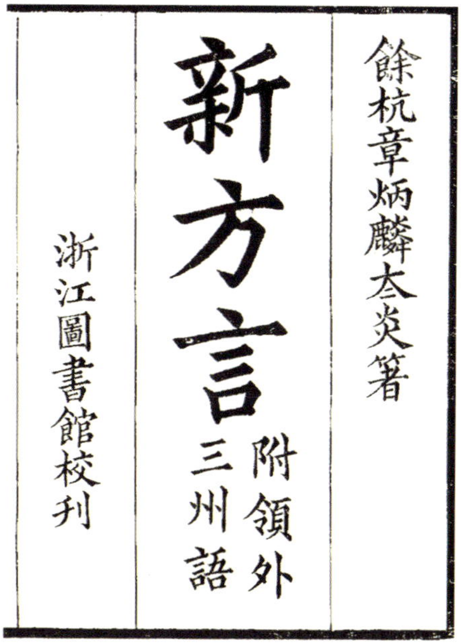

餘杭章炳麟太炎箸
新方言
附嶺外三州語
浙江圖書館校刊

《新方言》书影

尤其值得注意的是，在全书最后的“客民之特色”一节，作者详细地分析了客家人的民族品性，认为“排满不排汉”“奴隶性质之轻微”“男女平等之文明”“富殖力及其自立性质”以及“天性之质朴及其洁净”，是客家人最突出的特质。关于客家人“排满不排汉”，文中特别举出洪秀全太平天国的史事，认为“洪秀全以花县客民之结会以与满人为敌者十三载，半壁江山，炳炳烺烺……此外客民之结会党以与满人为敌者，其数甚繁”。作者还由近及远，“若夫宋帝昺流徙至新安之九龙，得客民男女助之至崖门。今日吾人谈民族主义者，感吊宋皇台故址，亦不无今昔之感情耳”。总之，在作者看来，“洪氏以前，客人之举事者不少，洪氏以后，客人之排（满）革（命）者亦多。其有功于民族主义正不容湮没也”。

经由对该书主要内容的梳理，我们不难看出，其作者“有虞氏之遗民”，分明是一位具有“排满”和“革命”思想的人物。前文提到《星洲晨报》曾把该书与《革命军》《猛回头》和《唤醒同胞》等盛行于一时的革命读物放在一起加以推介，其用意显然也在于此。应该看到的是，正是由于作者具有鲜明的“排满”和“革命”的思想，所以他无论是在梳理客家的源流时，还是在概括客家人的民族品性时，其思考的核心问题显然是如何把客家历史文化与“排满”“革命”的主题绾结起来。全书几乎承袭了林达泉以来几代客家籍知识精英的考源工作成果，但是，其字里行间，分明又有着基于“排满”和“革命”的特别叙事策略。经过作者由“排满”和“革命”所编织的这张检视之网，徐旭曾提出的客家乃“中原衣冠旧族，忠义之后”这条精神线索，被提升和转换到反抗异族统治、追求民族独立自由的高度。经过这种提升和转换，此前客家籍传统士大夫基于主客、华夷而形成的客家论述，转而和满与汉、“保皇”与“革命”这些崭新的时代课

邹鲁

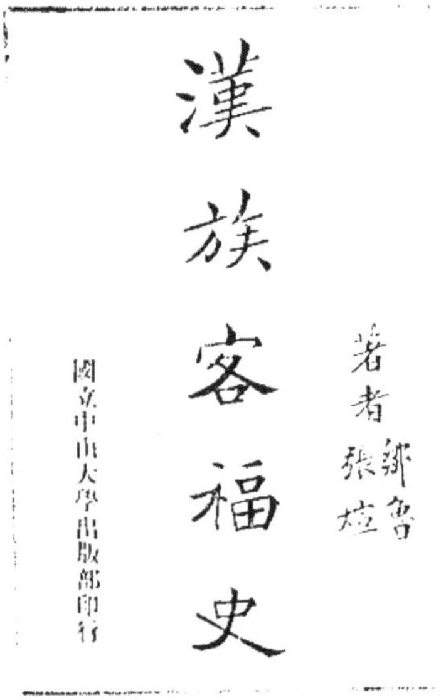

《汉族客福史》书影

题相契合。也正是由于这样的提升与转换，原先客家考源工程所形成的诸多“地方性知识”，终于在时代大课题的激荡下，迅速转化为海内外关注的、具有广泛性影响的学问。

在客家议题与晚清排满、革命的话语链接中，除《客民原出汉族论》之外，尚有邹鲁与张煊合著的《汉族客福史》一书。邹鲁“搜集事实”，编纂《汉族客福史》，“中经清室载湉、那拉氏之死，谋义举，恐散失，乃嘱张君煊终其事。越二年由南洋同人，集资印发”。该书于1910年在南洋刊印。像此前几代客家籍知识精英的“中原论”一样，该书也着重指出：

> 尝考客家福老出自河南。河南在华夏之中，是客福为汉之嫡裔。于汉族客福之原始详之，不待言也……是则我客家福老，已出自世界第一名区之河南，而为世界第一名族之人物。当何以循其名，而副其实，以今日种族竞争时代，我同胞固当踊跃争先，以副世界之望。致异日功成奏凯，驾世界文明种族而上之，亦不过循吾定分，还吾家之故有物而已。

非常值得注意的是，将客家议题与晚清革命加以链接的《客民原出汉族论》和《汉族客福史》二书，都是在南洋出版的。这一方面说明了当时革命话语生成与传播的特殊路径，另一方面也表明早先主要集中在嘉应州知识分子之中的客家考源工程，此时已陆续地影响到了海外。与此相对应，客家“中原论”遂在海外广泛地传播开来。

五、从“地方性知识”到“客家学”

20世纪20年代中期，由于国民革命的中心转移到了广东，广州日益成为很多知识分子的向往之地。创办于1924年的中山大学（原名国立广东大学），也因此而成为当时新的学术文化中心。继傅斯年之后，1927年，作为北京大学“歌谣研究会”和“古史辨”运动中坚力量的顾颉刚，也来到中山大学。在他的一手推动之下，中山大学正式成立了“民俗学会”，开办民俗学传习班，出版《民俗周刊》和“民俗学会丛书”，一举成为中国民俗运动的重地。在“眼光向下”的新学术视野之下，在“整理国故”以与西方学术界“争胜”的思想驱动下，一时间，举凡民俗、歌谣、戏曲和方言的调查、采集、整理及研究，都成了学术研究的新领域或新课题。正是在这种新的学术风气之下，有关客家歌谣和方言的采集、整理与研究，如火如荼地开展起来。关于这一时期客家山歌采集、整理与研究的勃兴，罗香林曾有这样的回顾：

青年时代的顾颉刚

（进入20世纪20年代以后）还有一种极可注意的事件，就是内地的青年学子，对于客家歌谣传说一类民俗材料的采录。这是受着国内一般所谓新文学运动的潮流而产生的一种现象。自从胡适诸人，提倡白话文学、语体文学以后，接着又有所谓平民文学、民间文艺一类的口号，一时从事民间歌谣传说的采录者，真如雨后春笋。又以歌谣传说本为民俗学重要的材料，于是平民文学的提录者，又复与文化人类学家互相携手，慢慢的度到民俗研究的范围上去。国立中山大学文史研究所的民俗学会及其所出版的各种刊物，便是这样来的。客家的青年学子，受着这种潮流的影响，以是关于客家歌谣和传说的小书，也就一天天多了起来。（《民间文艺》第 4 期，1927 年 11 月）

青年时代的钟敬文

讲到客家山歌的采集与整理，首先必须提到的便是广东海丰县的客家人钟敬文（1903—2002）。在顾颉刚发表了《孟姜女故事的转变》后，钟敬文和《歌谣周刊》的许多读者一样，经常写信给周刊，向顾颉刚请教，并对顾的研究大加赞许。1926 年，年轻的钟敬文本着“恋歌一卷亲收拾，要与风诗补粤音”的初衷，开始收集与整理客家山歌，并于次年出版《客音情歌集》一书。该书选录客家山歌 140 首，并对歌词中的相关客家方言词汇加以注释。据其《引言》所述：“我本想把这里全数的歌词，都附以罗马拼音并‘声调谱’，使读者可以把它的声调如实地歌唱了出来。但这件事，需费时间与脑力颇大，我此刻确有点办不到。”尽管如此，该书依然被视为客家山歌收集与整理的开创性著作。

1927 年，钟敬文担任中山大学中文系助教，协助顾颉刚创办“民俗学会”，和余永梁一起编辑中山大学语言历史学研究所刊物——《语史所周刊》，又和董作宾一起编辑《民间文艺》（后改为《歌谣周刊》）。在他的组织和推动之下，中山大学的《民间文艺》，几乎每期都刊登从各地采集而来的客家山歌。与此同时，清华大学和厦门大学的学生期刊，也开始陆续刊登主要由客家籍青年学生采集而来的山歌。

由中山大学民俗学会所推动的有关客家山歌的采集与整理，很快便在客家籍知识分子中产生广泛的影响。一时间，客家籍知识青年不约而同地从事山歌的采集与整理工作。自钟敬文的《客音情歌集》之后，李金发的《岭东恋歌》、陈穆如的《岭东情歌集》和化名孔圣裔的《岭东情歌精华》等，也纷纷问世。在此风气之下，仅梅县地方的书局，就出版了《客家平民文艺》《梅水歌谣新集》《鸳鸯冢》和《岭东情歌》等。至于其他各类书局所出版的客家歌谣传说一类的书籍，则更是难以枚举。作为集大成之作的罗香林的《粤东之风》，虽然直到1936年才正式出版，但全书也是在1927年就已完稿的。

在客家歌谣的采集和整理之外，中山大学语言历史研究所和民俗研究会还积极推动客家方言的研究。1927年11月，《国立中山大学语言历史学研究所周刊》正式创刊。顾颉刚在《发刊词》中就写道：

> 语言学和历史学在中国发端最早，中国所有的学问比较成绩最丰富的也应推这两样，但为历史上的种种势力所缚，虽经历了两千年还不曾打好一个坚实的基础。我们生当现在，既没有功利的成见，知道一切学问，不都是致用的。又打破了崇拜偶像的陋习，不愿把自己的理性屈服于前人的权威之下。所以我们正可承受了现代研究学问的最适当的方法，来开辟这些方面的新世界。历史语言学也正和其他的自然科学同目的同手段，所差只是一个分工。
>
> 我们要实地搜罗材料，到民众中寻方言，到古文化的遗址中所发掘，到各种的人间社会去采风问俗，建设许多新的学问。

在顾颉刚“要使中国的语言学者和历史学者的造诣达到现代学术的水平之上”的宏愿引领下，中山大学的历史语言学和汉语方言学研究遂蓬蓬勃勃地开展起来。主事者罗常培（1899—1958）为此还拟定了宏大的研究计划：

> 纵的方面，想把中国旧来关于方言的材料，除去别有专书者以

外……凡是有关方言的零金碎玉，都集合起来，作一番方言学史的研究。横的方面，想把中国现代各大方言区的方言——至少如闽语、粤语、吴语、官话四大系——都征求一篇比较精确而有系统的介绍，使留心方言学的人们，对于中国现代方言的分布有一番约略的认识。（罗常培：《卷头语》，《国立中山大学语言历史学研究所周刊》第8集，第85、86、87期合刊，1929年6月）

罗翙云与《客方言》书影

这一庞大的计划，虽然因为罗常培的调离而搁置。但是，由于罗翙云以及罗的学生古直（1885—1959）此时都在中山大学执教，故而，有关客家方言的研究工作，还是持续了下来。1929年，《国立中山大学语言历史学研究所周刊》推出了“方言专号”。罗翙云的《客方言自序》，就是在该刊首次发表的。也是在这期的“方言专号”上，古直还发表了《述客方言之研究者》一文。该文全面地介绍了黄钊、林达泉、温仲和、黄遵宪、杨恭桓、钟用和、温廷敬等人的客家论述，重点梳理了他们的客家方言研究成果，比较了各家研究的优长及其异同，实为一部客家方言研究的简史。

1932年，中山大学国学院编纂丛书，拟将几年来的重要研究成果公开出版。经过评审，罗翙云的《客方言》被列为其中的第一种，在这年10月正式出版面世。由曾运乾和朱希祖联名撰写的《审查〈客方言〉报告书》认为："罗氏此著，置之本校文学院丛书之内，实可冠冕众作，弘我校声。"透过大学的评审机制，《客方言》作为"国学院丛书第一种"，并由校长邹鲁亲自"署检"而再次出版，这一事实表明，有关客家方言（包括客家历史文化）的研究，已开始由先前的"地方性知识"转而成为现代大学人文学术中的一个组成部分。意味深长的是，在当时"汉学的正统应该建立在汉土"的呼声之下，汉语方言学界也以"汉语学的正统应该建设在汉土"为诉求，正因为如此，有关客家方言的研究，又适逢其时地被赋予了与西洋汉学"争胜"的意义。

就在中山大学的学术圈推进客家山歌的收集、整理和客家方言研究的

1935年清华大学社会学系师生合影，第一排左四为史禄国。图源自清华校友总会网站，https://www.tsinghua.org.cn/info/1951/33420.htm

同时，北方清华大学和燕京大学的学者们，也因应民族学和人类学的发展而开始聚焦华南的“人种”、民族及其多元文化景观。1928 年，长期从事中国体质人类学研究的著名的人类学家史禄国（S.M.Shirokogorov）受聘为中山大学语言历史学研究所教授，以推动中山大学的民族学和人类学研究。1932 年，燕京大学国学研究所又将“粤东人种”问题列为重点研究的课题之一，并委派美国学者徐文生（P.H.Stevenson）赴华南调查人种，而协助徐文生赴华南调查的罗香林，此行还肩负着燕京大学国学所交办的另一项任务，那就是收集和编纂《客家史料丛刊》。正是在这样的脉络之下，罗香林在其《客家研究导论》的开篇，才有这样的观察：

> 南部中国，有一种富有新兴气象、特殊精神、极其活跃有为的民系，一般人称他为“客家”（Hakkas），他们自己也称为“客家”。他们是汉族里头一个系统分明的支派，也是中西诸社会学家、人类学家、文化学家，极为注意的一个汉族里的支派。近百年来，中国一般局势

罗香林和《客家研究导论》1933 年版，兴宁希山书藏

> 的变迁、一般历史的进展，差不多都和他们有很大的关系，所以中西学者关于他们种种事实或问题的论著与记录，也就一天天多起来了；到了现在，“客家研究”差不多已成为一种新兴的嫥（“专”的本字）学。三年前，我在北平，遇着一位办报的朋友，他便主张将“客家研究”这门学问，径以“客家学”名之。

要说作为一门“新兴的专学”之“客家学”此时已经成立，或许还言之过早，但是，经过20年代末至30年代初的这段酝酿和催化，“客家研究从岭南客家文人圈走向中国学术界的殿堂，发展成为中国学术界的一门显学”，这样的判断应该是符合实际的。

六、几点启示

一百多年来的客家研究学术史昭示我们：从19世纪初的徐旭曾，直到20世纪30年代初的罗香林，几代客家籍知识精英之所以要不断地从事客家源流的探讨和客家历史文化的研究，最根本的原因便是受到种种外在的刺激。在20世纪以前，这种刺激主要表现为华南地区的土客矛盾与冲突，以及因这类矛盾与冲突而来的周边人群对客家人的歧视甚至敌意。进入20世纪后，这种外在的刺激，主要表现为一系列文字上的“冒犯”。正是由于受到这一系列的外在刺激，几代客家籍的知识精英，遂以追溯客家源流为旨归，以整理乡邦历史与文化为路径，开启了一条绵延不绝而又日新月异的研究传统。这一研究传统的开凿及其延展，一方面与19世纪以降客家人自我意识不断增强的历史趋势相契合，另一方面也和客家这个群体在中国近代社会变革中所担当的角色相对应。二者此呼彼应，相互激发，从而把关于客家历史文化的书写，由传统时代的师生问答或友朋间的诗文唱和，进而推向志乘的编纂和乡土教材的撰修，并最终推向了群体关注、人人言说的高度。

一百多年来的客家研究学术史也昭示我们：在这一百多年间，客家籍知识精英有关客家历史文化的书写，大多都带有鲜明的“辨诬”烙印。由于是“辨诬”，故而客家籍知识精英只能由“他者”所设定的主题出发，进行反向的论说或辨正。“他者”称其为“客”，客家籍知识精英便就“客”之所以为“客”加以辨正；“他者”称其为“匪”为“贼”，客家籍知识精英便从“中原衣冠之遗”的历史脉络中，来梳理“我群”的前世与今生；“他者”称其“非粤种，亦非汉种”，客家籍知识精英便以风俗之纯和方音之正，来反证“我群”语言的纯正和文化的高雅。从这个意义上来说，这一百多年间客家籍知识精英围绕客家源流及客家历史文化的书写，一直悬有一个外在的参照系统，这个参照系统便是周边人群（特别是广府人群）的历史文化建构。于是，正像我们看到的那样，客家籍知识精英的各种论说，一方面是在向周边人群（特别是广府人群）表明自己的与众不同，另一方面又从周边人群的历史文化建构中“借入”了各种资源。整体上来看，这百多年间客家籍知识精英所承传和发展起来的客家历史文化论说，与广府人群的“珠玑巷传说”和福佬人群的“开漳传说”，都有似曾相识之处。这一方面折射出区域历史文化建构的某种同质性，另一方面也隐含着区域历史文化建构与现代意义上的国家认同之间的辩证联系。

一百多年来的客家研究学术史还昭示我们：几代客家籍知识精英围绕着客家源流及客家历史文化所形成的各种论说，构成了一个内容丰富、五彩斑斓的知识谱系。在这个五光十色的知识谱系中，“客家根在中原”无疑是最为基本，也是最为核心的内容。围绕着这一核心，几代客家籍知识精英从历史上的“衣冠南渡”，说到户籍上的“主客之分”；由“风俗之纯”“语音之正”，发而为志乘中《礼俗》和《方言》的编纂；再由志乘的编纂，转而为通过风俗和方言的学理性研究，以“考求种族”之由来。经过这种层层推进和转折，客家籍知识精英一方面不断地为这一谱系积累和发展出新的知识，一方面还不断地融入“种族”“民族”和“革命”这类现代意义上的概念与分析工具，从而为客家历史文化作为一种“地方性知识”最终转化为现代学术的研究资源，创造了条件。正因为如此，作为现代学术语境下的“客家学”，能够在20世纪30年代初被正式提了出来，也就不是偶然的了。

第二章 根在中原有遗踪

正像前章所引黄遵宪《送女弟》诗所叙述的那样，被周边邻居称之为“客家”的人群，原本是中原地区的“旧族”；他们之所以来到赣南、闽西和粤东北毗邻的这片区域（又称客家大本营地区），是在不同的历史时期、由于不同的原因，辗转迁徙的结果。诗人的用语非常洗练，但却言简意赅，寓意深远。“迁徙”意味着他们先辈的移民身世，“展转”则喻意迁移过程中的千折百回与艰苦卓绝。短短的四句诗文，高度凝结了自徐旭曾以来几代客家籍知识精英围绕客家历史文化所建构的知识谱系，而且也和20世纪以来的中国移民史研究成果若合符节，真可谓诗心独运，画龙点睛。

下面我们就从移民史的角度，来看看客家先民是如何从“中原旧族”，经过辗转迁徙而成为客家的。

一、“宅兹中国”：中原与华夏气象

让我们先从一件距今3000多年的青铜器说起。

1963年6月，在陕西省宝鸡市宝鸡县（今宝鸡市陈仓区）的贾村镇，出土了一件被命名为“何尊”的青铜酒器。经过考古学家的鉴定，这是一尊西周早期的青铜酒器。尊底内胆铸刻的12行共122字的铭文，首次揭出了“宅兹中国”的历史文化讯息。其中所蕴含的以中原为核心的华夏文化的万千气象，一直成为后来历史学家和考古学家所津津乐道的话题。

铭文的大意是：周成王五年四月，周王开始在成周营建都城，对武王进行丰福之祭。成王于丙戌日在京宫大室中对宗族小子何进行训诰，讲到何的先父公氏曾追随文王，文王受上天之命统治天下。武王灭商后则告祭于天，以此地作为天下的中心，统治民众。周成王赏何贝三十朋，何因此制作该尊，以为纪念。

铭文中所说的“成周”，就是今天的洛阳。“宅兹中国，自之乂民”，就是说要以成周为政治中心，治理天下。正像考古学家所说的那样：“何尊的伟大在于它的铭文价值。”尤其是铭文中的“宅兹中国”四字，不仅是“中国”一词最早的文字记录，而且也喻示着以中原为核心的华夏文化的万千气象。

何尊铭文中叙说的故事，对应的是西周初年的一段重要史实。根据《史记·周本纪》记载：“成王在丰，使召公复营洛邑，如武王之意。周公复卜申视，卒营筑，居九鼎焉。曰：‘此天下之中，四方入贡道里均。’”两相对照，铭文中所谓的“宅兹中国”，也就是《史记·周本纪》中“天下之中”观念的另一种表达。

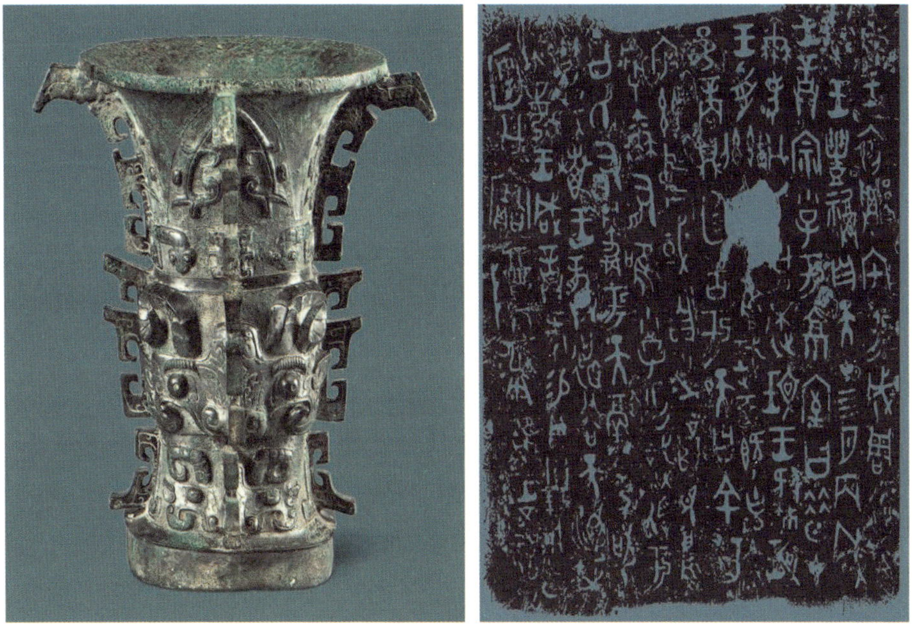

何尊及内胆铭文照片

由此看来，何尊铭文中的“宅兹中国”一语，和我们今天习用的“中国”有着明显的差异。但是，如果我们把何尊所说的“宅兹中国”，与《史记》中所说的“此天下之中”结合起来看，则这里的“中国”寓意为地理方位上的中央、中心或中原，应该是没有疑义的。正因为如此，根据何尊的铭文和《史记》等传世文献的记载，我们可以推断：最迟从西周初年开始，以洛阳为中心的河洛地区，就已成为华夏文明的核心地区。这个推断应该是可以成立的。

其实，早在华夏文明孕育发祥时期，以河洛腹地为核心的中原地区，一直就是最具代表性的区域。被视为中华民族“人文初祖”的“三皇五帝”，大都与中原有着十分密切的关系。据古代文献记载，伏羲和炎帝定都淮阳，黄帝定都新郑，伏羲以及颛顼、帝喾，分别葬在淮阳和内黄。在表征民族血脉的中华姓氏中，古今有1500多个姓氏起源于中原大地。以“河图”“洛书”为代表的中国文化源头，也开凿于中原地区。进入文明时代以后，中原地区因其优越的自然地理环境，其文化共同体很早就享有巨大的规模，其所支配的人力、物力和文化、政治资源，比周边人群要多得多。正因为如此，司马迁在《史记》中总结说：“昔三代之居，皆在河洛之间。”可以毫不夸张地说，以河洛为核心的中原地区，不仅是华夏世界的地理中心，而且也是华夏文明的根源所在。

春秋战国之际，伴随着人口的发展和区域开发的加快，中原以外的广大地区，甚至长江流域，都得到了普遍的发展。但是，中原地区依然是经济文化最为发达、政治向心力最为强大的区域。“得中原者得天下”“问鼎中原”或“逐鹿中原”，这些熟语的生成与流传，都从一个侧面反映了中原地区在这一阶段中国历史文化流程中的枢纽地位和关键作用。

秦汉时期，中国的政治中心虽然在关中地区，但中原地区经济发达，人口众多，文化昌明，交通便捷，从而成为支撑整个帝国运行的重要支点。成书于战国时期的《禹贡》，把当时的天下划分为九州，中原地区属于豫州。《汉书·地理志》这样介绍当时豫州的情况：

河南曰豫州，其山曰华，薮曰圃田，川曰荥、洛，浸曰波、溠，其利林漆丝枲；民二男三女；畜宜六扰，其谷宜五种。

如果把这段话与介绍其他各州的文字加以对读，我们便不难发现：豫州所在的中原地区，五谷丰登，六畜兴旺，代表了当时农业文明发展的最高水平。

东汉开始，洛阳正式成为政治中心。历经曹魏、西晋、北魏、隋、唐、后梁、后唐，成为中国历史上绝无仅有的十三朝古都。考古发掘的成果表明，汉魏时期的洛阳故城，就在今天洛阳市与其下辖的偃师区、孟津区毗连之处，距离洛阳市老城区约15公里。故城北依邙山，南越洛河，城垣逶迤，规模宏大。尽管距今已有一千多年，但当时帝京的雄姿，依然清晰可辨。

汉魏时期的洛阳故城，是当时世界上最大的城市。由传世文献及考古发现可知，这一时期的洛阳城由内城和外郭城构成，整个平面呈“回”字形。晋代成书的《元康地道记》说：洛阳内城“南北九里七十步，东西六里十步”，因此也有“九六城”之称。经考古勘测得知，东垣残长3895米，宽14米；西垣残长429米，宽约20米；北垣全长3700米，宽25~30米；南垣因为已被洛水冲毁，无法实测。如以东西垣之距2460米计算，则内城周长合14公里，折合西晋33里，与古代文献所载基本吻合。

至于外郭城，经考古发掘，也清晰地呈现在世人面前。其中东垣，位于内城东垣3500米处，两垣基本平行，残长1800米，宽8~13米；西垣位不超过分金沟村西，与内城西垣之距，近者3500米，远者4200米，残长4400米，宽7~12米；北垣位于内城北垣以北850米处，残长1300米，两垣基本平行。

《洛阳伽蓝记》记载说，洛阳城东西二十里，南北十五里，居民十万九千户。如果将四夷里\四夷馆也加上计算，则南北也有二十里，总面积约100平方公里，的确是当时世界上首屈一指的国际大都市（参见徐金星：《汉魏洛阳故城和中原汉人南迁——“汉魏洛阳故城和客家文化”探索之一》）。

这一时期的洛阳不仅是全国的政治中心，而且也是经济富庶、文化繁荣之区。历史文献中时常有“衣冠士族，并在中原”之谓，说的正是这个意思。创建于东汉建武五年（29）的太学，最盛时学生就多达三万余人。东汉以后，魏、晋相继沿用。晋武帝咸宁四年（278），太学再度繁荣，当时的太学生“东越于海，西及流沙，并时集至，万有余人”。一时间，衣冠文物，臻于极盛。

秦汉之际中国历史文化的展开，一方面表现为华夏民族以中原为核心不断拓展其活动空间，进而发展壮大为汉民族的过程；另一方面又是华夏－汉民族与周边民族交流交往和不断融合的过程。这两个过程实为一体之两面。对此，历史学家翦伯赞在《中国史纲》第二卷中曾作过这样形象而又生动的比喻：

> 当时的中国正像一个鸡卵，中原诸种，有若卵黄，四周诸种族，有若卵白。卵黄与卵白虽各为一物，而在鸡卵之有机构造上，则是血肉相连的。当秦之时，中国的历史正发生一种适当的温度，来孵化这个鸡卵。所以到西汉之初，鸡雏破壳而出，是为汉族。

两汉以降，中原汉民族在与周边各民族的互动过程中，还存在着这样一种饶有意味的历史现象：“只要汉族一旦发生内乱，四周诸种族就会乘机而起，企图挤进中原。”之所以如此，是“因为汉族是中国历史运动的核心，汉族内乱，则核心腐化；核心腐化，则消失了运转四周诸种族的历史热力，因而中国历史便不能继续一种全体性的运动而转向分子的个别运动。分子的个别运动，对中原统治者来说，是中国史的离心运动；但站在整个中国历史的发展上看，则是各种族之平行的运动。”（翦伯赞：《中国史纲》第二卷《秦汉史》，大孚出版公司，1947）客家先民从中原地区的大规模南迁，就是在“中原历史便不能继续一种全体性的运动而转向分子的个别运动”背景下开展起来的。

二、洛京倾覆：“永嘉之乱”与客家先民大规模南迁

翻开中国的历史，有关人群迁徙的记载可谓早已有之。据《史记·五

帝本纪》记载：黄帝就曾“迁徙往来无常处，以师兵为营卫”。可见早在传说时代，先民们便在部落领袖的带领下四处迁徙，以求得更好的生存环境和发展机会。正像前文所说的那样，中原地区自古以来便是华夏—汉族的主要栖息之地。然而，由于各种各样的原因，华夏—汉族在长期的历史进程中，也曾经历过多次大规模的人口迁徙，而迁移的方向基本上是自北而南，也就是从以中原大地为核心的黄河中下游地区，迁往广袤的南方地区。其中，西晋末年由“永嘉之乱”所引发的中原地区人口南迁，更是中国历史上大规模北方人口南迁的第一次高潮。最早的客家先民，正是在这一波的移民浪潮中产生的。

西晋永嘉年间（307—313），中原地区一方面战乱频仍，一方面自然灾害频繁发生。与此同时，北方少数民族又乘中原内乱之机大举南下。在内忧外患的双重挑战下，中原地区的人民不得不大规模向南迁徙。唐代诗人张籍曾作《永嘉行》记述西晋末年的战乱与人口南迁之貌：

黄头鲜卑入洛阳，胡儿执戟升明堂。
晋家天子作降虏，公卿奔走如牛羊。
紫陌旌幡暗相触，家家鸡犬惊上屋。
妇人出门随乱兵，夫死眼前不敢哭。
九州诸侯自顾土，无人领兵来护主。
北人避胡多在南，南人至今能晋语。

移民史研究成果表明：“西晋末永嘉年间的战乱和西晋的最终覆灭，导致了北方人口的大规模迁移，其中主要的迁移方向是南方，大部分移民的迁入地也是南方。在永嘉之乱以后还出现过多次南迁的高潮，直到5世纪后期的南朝宋泰始年间（465—471）大规模的南迁才告一段落，但规模较小的南迁仍时有发生。”（葛剑雄等：《中国移民史》第二卷，福建人民出版社，1997年，第307页）在这场持续数百年的北方人口南迁过程中，到底有多少北方人迁居南方，由于史料缺乏，很难给出一个精确的统计数据。

历史地理学家谭其骧曾以侨州、郡、县的户口数当作南迁人口的“约数”，统计出此次移民运动涉及人口达 90 万，占南朝刘宋时总人口的 1/6，占西晋北方人口的 1/8。换言之，当时北方每八人中就有一人南迁，而南方每六人中便有一人自北方迁来，可见此次移民浪潮规模之大（谭其骧：《晋永嘉丧乱后之民族迁徙》）。葛剑雄的研究则表明，除了当时南方的侨州、郡、县之外，北方移民也广泛地分布到其他地区。据他估计，“到宋大明年间，北方移民及其后裔的总数”，应在 200 万左右（《中国移民史》第二卷，第 412 页）。在南迁的数百万人口中，既有客家先民，亦有南方汉民族其他民系的先民。因此认识此场移民运动，对认识客家人的形成至关重要。

（一）“八王之乱”与“永嘉之乱”

太康元年（280），西晋灭吴，一个基本统一的中原王朝宣告诞生，其疆域大致为魏、蜀、吴三国的总和。但自东汉起，匈奴、鲜卑、羯、氐、羌等少数民族就已陆续迁入黄河流域，西晋的西北和北方的部分地区并不在其实际掌控之中。元康元年（291），西晋发生统治阶级内部的相互倾轧，至永康二年（301）演变为大规模军事混战，史称“八王之乱”。这场混战持续 16 年之久，东海王司马越于光熙元年（306）成为最终胜利者。在战乱中，以洛阳和长安为代表的中原地区沦为战场，大量人口向南逃亡。对此，民国史家夏曾佑评价道：

> 胡羯凌侮，宗庙丘墟，中国几不复振。自古宗室交哄，其祸未有如晋者也。故八王之乱，实为关中国盛衰之一大端。（夏曾佑：《中国古代史》，江西教育出版社，2018，第 354 页。）

“八王之乱”大大削弱了西晋的国力，使得西晋处在覆灭的边缘，统治阶级的内部斗争为外部少数民族政权的扩张提供了机会。

“八王之乱”后，西晋政权江河日下。至光熙元年晋怀帝即位时，西晋已经到了日薄西山的境地，东海王司马越拥兵自重，与各地方势力明争暗斗，朝廷根本无力抵抗北方少数民族的入侵。永嘉二年（308），匈奴贵族刘渊自立为帝，定国号为“汉”，定都平阳，两次进军洛阳，但并未获胜。永嘉四年，刘渊死，其子聪继位。次年，刘聪族弟刘曜攻陷洛阳，俘获晋惠帝，杀士兵百姓三万，“中州士女避乱江右者十六七”，人口南迁之况由此可见。秦王司马邺被拥立为帝，此为晋愍帝，定都长安。建兴四年（316），刘曜攻长安，愍帝出降，西晋灭亡。永嘉年间匈奴攻陷洛阳掳走晋惠帝之事，史称“永嘉之乱”。

在西晋之后的百余年内，黄河流域、辽河流域及巴蜀地区出现了包括前赵、后赵、前燕、前秦、前凉、后秦、后燕、南燕、北燕、后凉、南凉、西凉、北凉、西秦、夏、成汉 16 个少数民族政权，合称“十六国”，与定都建邺的东晋形成对峙之势。这些政权多为匈奴、鲜卑、羯、氐、羌五个少数民族建立的，故又有“五胡乱华”之称。而在永嘉元年（307），晋宗室琅琊王司马睿曾奏请朝廷批准，镇守建邺（今南京，后避晋愍帝讳改称“建康”）。江南之地远离中原战火，社会相对稳定，西晋宗室、官员及北方世家大族纷纷向此地迁移。迟至永嘉五年（311），建康已经成为晋朝的政治中心。西晋灭亡后，司马睿称王，改元建武。建武二年（318），司马睿定都建康（今南京），改元大兴，史称东晋。

与多年战乱相伴的还有持续不断的自然灾害及其带来的饥荒。在元康六年（296），“关中饥，大疫”；次年，雍、梁二州“疫。大旱，陨霜，杀秋稼。关中饥，米斛万钱”（《晋书》卷四《孝惠帝纪》）。永嘉三年（309）有旱灾，长江、汉水、黄河、洛水断流；次年，幽、并、司、冀、秦、雍等六州又遭严重蝗灾，“食草木、牛马毛，皆尽”，洛阳城内“宫省无复守卫，荒馑日甚，殿内死人交横，府寺营署并掘堑自守，盗贼公行，枹鼓之音不绝”（《晋书》卷五《孝怀帝纪》），中原之地的灾荒情况由此可见。而连天战火与连岁饥馑，迫使大批的北方汉族人口向南方各地迁移。

（二）永嘉板荡与士族南迁

由“永嘉之乱”及“五胡乱华”引发的北方人民南迁浪潮持续百余年之久。据《资治通鉴·晋纪九》记载：“时海内大乱，独江东差安，中国士民避乱者多南渡江。”颜之推在《观我生赋》中自注称：“中原冠带随晋渡江者百家。”此次人口南迁浪潮，又被称为“永嘉南渡”。这次中国历史上最为著名的人口迁移浪潮，对客家的形成起着至关重要的作用。那么，在这次人口南迁浪潮中，北方人民迁往何处，最终又如何影响客家的形成呢？

最新的移民史研究成果表明，在这场移民高潮历时一百多年，计其余波更长达近三百年的迁移过程中，北方移民的南下，主要有东、中、西三线：

东线以淮河及其支流以及沟通江淮的邗沟构成主要水路，辅以各水间的陆路。不仅在今天的河南、山东、安徽、江苏北部的司、豫、兖、青、徐诸州移民，大多由此线南渡，就是在今山西、河北的并、冀、幽州的流民也大多在渡过黄河以后沿此线南下。由今河南和淮北渡淮的北人往往留居于淮南，或继续由陆路南下，渡江后定居于皖南、赣北沿江地带。由今山东、豫东而下的移民一般居于沿泗水的彭城、下相、淮阴地带，或渡淮居于苏北，或由邗沟南下广陵（今江苏扬州市西北），再过江至京口（今江苏镇江市）而聚居于江南。这也是这次移民南下过程中最为重要的一条线路。

中线的起点主要是洛阳和关中，分别由洛阳经南阳盆地，或由关中越秦岭东南经南阳盆地，然后再由汉水东南下。在今甘肃、陕西、山西和河南西部的秦、雍、梁、司、并移民大多走此线，南迁后往往定居于襄阳、江陵等汉水流域和长江中游地区。也有一部分人从南阳盆地东南越过桐柏山、大别山的隘口进入江汉平原。

西线汇聚了今甘肃、陕西、宁夏、青海境内的凉、秦、雍流人，由穿越秦岭的栈道进入汉中盆地。继续南迁者循剑阁道南下蜀地，或部分利用嘉陵江水路，定居于沿线或成都平原。也有人在今甘肃南部沿白龙江而东南（详请参阅葛剑雄：《中国移民史》第二卷，第 338–340 页）。

这里需要特别指出的是，在这场前后延续数百年、人口规模达 200 万的迁移浪潮中，移民的迁出地虽然涉及黄河中下游的大部分区域，但是，以洛阳为核心的中原地区，无疑是移民最为集中、影响也最为深远的区域。正像前文已指出的那样，中原地区长期以来就是全国的政治与经济中心，人口密度大，文化发展水平高，农业和手工业最为发达。正因为如此，这里的贵族官僚、世家大族、地主豪强和学者名流也就特别集中。正史中所谓的“中州士女避乱江左者十六七”（《晋书·王导传》），既点出了“中州”移民的数量之大，又道出了移民结构的独特性。以“衣冠士族”为代表的世家大族，人数庞大，还领有宗族、乡里、部曲等，具备强大的政治影响力与经济实力，在南迁途中大量平民百姓加入其麾下并推之为首领，故而他们也往往成为移民南下的实际组织者和南下后社会重建的重要推动者。正是在世家大族的有效组织和动员之下，南迁人口能迅速、有效地开展经济生产，重建社会秩序，进行文化传播，从而促进迁入地的经济、社会和文化发展。到了隋代，有学者甚至认为，以“江东”为核心的江南地区，已超过了北方，成为“衣冠文物”的发达之区。王通就认为：“江东，中国之旧也，衣冠礼乐之所就也。”（王通：《中说·述文篇》）唐人杜佑在叙述扬州（指南朝所属江淮下游及东南沿海地区）的文化状况时也说：“永

西晋客家先民南迁出发地标志碑

嘉以后，帝室东迁，衣冠避难，多所萃止。艺文儒术，期之为盛。今虽闾阎贱品，处力役之际，吟咏不辍，盖颜、谢、徐、庾之风扇焉。”（杜佑：《通典》卷182《州郡》）文中所说的“颜、谢、徐、庾”，都是永嘉之乱后由中原地区迁居南方的世家大族。由此也可以看出，南方社会经济和文化的发展，与北方移民南迁之内在关系。

还应该看到的是，南北朝时期，由于北方游牧民族的纷纷内迁以及由此而推动的汉族人民的大规模南下，民族融合成为时代主题。由于北方少数民族大量内迁，以中原为核心的黄河中下游地区，呈现出各民族杂居的局面。少数民族与汉族长期杂处，各族首领又推行汉化政策，由此开启了各族人民同化、融合的过程。至隋唐时期，北方少数民族基本失去了原本的民族属性而成为汉民族共同体的组成部分。与此同时，各少数民族也在民族血缘及文化事象上对汉民族及其文化产生着影响。比如在语言上，由于少数民族内迁带来中原汉人分布格局变化，传统汉语受到少数民族语言的长期影响，由秦汉时的古音发展成中古音。而在南方地区，自西晋后经历南朝四朝，原本的蛮、俚、僚、奚等南方少数民族，也经历了与南下汉族移民的长期融合过程。伴随这一过程的展开与深入，南方的各少数民族开始融入汉族，汉族也在这一整合的过程中吸收了较多的非汉族成分。正因为如此，有人认为，经过南北朝时期的民族大融合之后，“南方人”是“蛮化”了的汉人与汉化了的蛮人的混合。这一观点从本质上揭示了这一时期南方民族整合的规律。

从客家民系的起源与形成角度来看，由“永嘉之乱”及“五胡乱华”所引发的北方人口大规模南迁，更是构成客家先民最直接、最主要的源头。客家学的奠基人罗香林，在排比了赣闽粤边大量的客家姓氏谱牒之后，对客家先民在中原地区的祖居地有如下判断：

> 北起并州上党，西届司州弘农，东达扬州淮南，中至豫州新蔡、安丰；换言之，即汝水以东，颍水以西，淮水以北，北达黄河以至上党，皆为客家先民的居地。（罗香林：《客家研究导论》，希山书藏，

1933，第 63 页）

对照前文叙述的北方移民南下三条线路，可知构成客家先民的中原地区移民，主要涉及由东线和中线南下的移民群体。综合来看，在构成客家先民的群体中，山东、徐州北部的移民主要迁往江苏的大江南北；河南及皖北的移民，主要迁往河南及安徽的淮河以南、湖北的东部以及江西的北部。在南北民族融合如火如荼的南北朝时代，客家先民南迁之后基本上处在南北民族同化与融合的中间地带。这一分布格局，既在一定程度上避开了北方少数民族内迁带来的血统混化与文化渗入，又避开了南方民族融合的影响。这为客家民系后来形成独特的文化特质和文化类型提供了重要的历史契机。

值得注意的是，此时的客家先民虽主要停驻于江淮及长江中下游地区，但也有部分客家先民在移民浪潮中直接迁入后世所说的客家大本营地区。如江西石城《井溪村郑氏六修族谱》记载：

> 晋怀帝五年，海内大乱，独江东稍安，中原士民避乱者多南迁奔吴，（郑氏）避居豫章西山龙园梅井坪，子求安、求富迁抚州宜黄。

求安子孟达、孟远又于东晋义熙八年（412）迁南康郡揭阳县石鼓。这里所说的揭阳县，就包括今天广东的揭阳市及其周边地区。又如广东梅县《丘氏族谱传序》称："河南丘氏，先世自东晋五胡云扰，渡江而南，入闽而汀之宁化石壁。"由上可见，在第一波的北方汉人南迁过程中，确有部分客家先民已经抵达了赣闽粤边的客家大本营地区。

从赣闽粤边的地方行政建置来看，就更能说明问题。在永嘉之乱所推动的中原人民第一次南迁高潮中，赣南就接纳了相当数量的移民人口。这从当地行政建置的变化中就能找到重要证据：西汉之时，赣南地区设赣县、雩都县两县，隶属于豫章郡。三国时，孙吴在雩都设南部都尉，领赣、雩都、阳都、平阳、南安、南野、揭阳七县。此后，赣南地区县级以上行政建置时有时无，直至东晋方才基本稳定。至南朝宋时，赣南设南康国，南朝齐改国为郡，梁、陈二朝不变。到了隋朝，此地由郡改州，名为虔州。赣南地区行政建置的变化恰恰可以说明此地人口在东晋至隋朝出现了增长，而客家先民的一次性迁入则是此地人口增长的主要原因。

族谱是承载客家百姓中原记忆的重要载体，客家知识精英通过族谱建构起客家与中原的紧密联系，在客家人的族谱中总能找到中原地望与先民迁徙的历程。如广东嘉应《刘氏族谱》这样写道：

> 先主次子永公，初封鲁王，继封甘陵王，魏咸熙元年东迁洛阳，遂家焉。自五胡乱华，永嘉沦覆，晋祚播迁，衣冠南徙，永公之裔，亦迁居于江南。

可见刘氏宗族认为其先祖自河南洛阳迁入。另有刘士骥《梅州丘氏创兆堂记》述蕉岭邱氏源流："先世由中州迁闽。"兴宁《温氏族谱》则言：

> 我温族发源于山西、河南，子孙蕃衍。……逮东晋五胡乱华，怀、愍帝为刘渊所掳……我峤公时为刘琨记室。晋元帝渡江……峤公奉琨命上表劝进。后峤出镇洪都，子孙因家焉。

温氏宗族则将"永嘉之乱"与"五胡乱华"视作先祖南迁之因。在赖际熙《崇正同人系谱》中有"卓氏"条称："晋五胡之乱，中原望族，相率南奔，粤有卓祎者，为建安刺史，后因家焉"；"钟氏"条则言："其族皆处中州，东晋末，有钟简者，世居颍川，生三子：长曰善，次曰圣，三曰贤。元熙二年，避寇南迁。"蕉岭《赖氏族谱》记载：赖氏居颍川，已更数代。……西晋永兴间，赖光，字列宝，官浙东，从东海王越，讨成都王颖，卒于军，一子元公，赖元生二子：长厚，次庄，迁松阳家焉。

由上可见，客家宗族以族谱为凭，不断建构并强化着客家与中原故地的联系，并将中原记忆深深根植于脑海之中。

三、“四海奔腾似永嘉”：“安史之乱”与客家先民南迁

史学家吕思勉曾言：“汉与唐，同称中国的盛世，汉之治称文、景，唐之治则称贞观与开元。”（吕思勉：《白话本国史》，江西教育出版社，2018，第147页）经历魏晋南北朝的持续战乱与南北分裂，由隋入唐，社会日趋稳定，经济日渐繁荣，文化昌明，颇有盛世气象。但至唐玄宗天宝年间，安禄山骤然起兵，唐王朝由盛转衰。受战乱影响，中原百姓再次踏上了迁徙的路途。

“安史之乱”是唐由盛转衰的转折点。唐玄宗天宝十四载（755）十一月，三镇节度使安禄山借征讨宰相杨国忠之名，在范阳起兵谋反。其时唐朝承平日久，黎民百姓未曾经历兵戎之灾，“累世不识兵革，猝闻范阳兵起，远近震骇”（《资治通鉴》卷二百一十七）。河北州县悉数为叛军所破。一个月后，叛军攻下洛阳，安禄山在此称帝，长安危在旦夕。天宝十五载（756）六月，叛军攻下潼关，长安告急，玄宗向蜀地逃亡。太子李亨并未随之，他募集军队退至平凉郡，后又至灵武。这年七月，李亨在灵武即位，是为唐肃宗。他联合李光弼击退安禄山部下史思明之叛军，收复河北诸地。叛乱战火遍及之地，“生人赀产扫地，壮赍负，老婴则杀之，杀人以为戏”（《新唐书》卷二百二十五上《史思明传》），关中地区“连岁治戎，天下凋瘵”。洛阳为唐军和叛军争夺的焦点，屡屡为战火所殃：

> 东周之地，久陷贼中，宫室焚烧，十不存一。百曹荒废，曾无尺椽，中间畿内，不满千户。井邑榛棘，豺狼所嗥，既乏军储，又鲜人力。东至郑、汴，达于徐方，北自覃怀，经于相土，人烟断绝，千里萧条。（《旧唐书》卷一百二十《郭子仪传》）

所谓“东周”指的是河南洛阳一带，可见战争对洛阳的破坏程度。至德二载（757），安禄山子安庆绪弑父夺位称帝。他为拉拢史思明而任命其

为范阳节度使。同年，唐军则在回鹘的帮助下收复长安及洛阳。乾元元年（758），唐军组织九节度使将安庆绪围困于邺城，史思明率部击退唐军，后杀安庆绪并称帝。乾元二年（759），史思明于安阳与唐军交战，“东京士民惊骇，散奔山谷；留守崔圆、河南尹苏震等官吏南奔襄、邓；诸节度各溃归本镇”（《资治通鉴》卷二百二十一），叛乱部队后攻陷洛阳。上元二年（761），史思明为其子朝义所杀，但史朝义并没能守住洛阳，最终自缢而亡，其时为宝应二年（763）。

“安史之乱”起于天宝十四载安禄山起兵，终于宝应二年史朝义自杀，历时八年。“安史之乱”几乎祸及整个黄河中下游地区，兵戎之灾导致大规模的人口南迁。李白曾作《永王东巡歌》，该诗言：“三川北虏乱如麻，四海南奔似永嘉。”在他看来，人民四处逃难之状堪比“永嘉之乱”之时。刘长卿亦将此次百姓逃难与永嘉之时相比，其诗《奉送从兄罢官之淮南》云：“兵锋摇海内，王命隔天涯。钟漏移长乐，衣冠接永嘉。”由这些诗句不难看出“安史之乱”带来的民生凋敝与人口南迁。

据周振鹤的研究，此次移民潮共有三道“波痕”，其中第一道波痕远至浙南、岭南、闽南等地；第二道集中于长江沿线，包括苏南浙北、皖南赣北和鄂南浙西北三区；第三道则在淮南江北、鄂北、川中。北方移民高度集中于第二道波痕涉及地区，第三道波痕次之，第一道波痕再次。（周振鹤:《唐代安史之乱和北方人民的南迁》,《中华文史论丛》1987年第2—3期）

在南迁潮中，大量人口涌入两浙。考诸史籍可见：“天宝末，安禄山反，天子去蜀，多士奔吴为人海”（《全唐文》卷五二九《送宣歙李衙推八郎使东都序》），中州百姓“不能自奋者，多栖于吴土”（《全唐文》卷七五六《唐故银青光禄大夫检校礼部尚书御史大夫充浙江西道都团练观察处置等使上柱国清河郡开国公食邑二千户赠吏部尚书崔公行状》）。《全唐文》卷七八三《鲍防碑》中称：“自中原多故，贤士大夫以三江五湖为家，登会稽者如鳞介之集渊薮。”李白在《为宋中丞请都金陵表》中言：“天下衣冠士庶，避地东吴，永嘉南迁，未盛于此。”（《李太白全集》

卷二十六）梁肃则在《吴县令厅壁记》中称：

自京口南，被于浙河，望县十数，而吴为大。国家当上元之际，中夏多难，衣冠南避，寓于兹土，参编户之一。（《文苑英华》卷八〇四）

韩愈曾在卢东美的墓铭中言：“当是时，中国新去乱，士多避处江淮间。尝为显官，得名声，以老故自任者，以千百数。”（《全唐文》卷五六六《考功员外卢君墓铭》）成书于宋的《资治通鉴》的卷二百五十九亦称：“淮南被兵六年，士民转徙几尽。”大量迁入东南的士人刺激着迁入地的文化发展：

有唐以武戡乱，以文化人，自宰辅公卿至方伯连率，皆用儒者为之……于时宦游之士，率以东南为善地，每刺一郡，殿一邦，必留其宗属子孙，占籍于治所，盖以江山泉石之秀异也。至今吴越士人多唐之旧族耳。（《小畜集》卷三十《建谿处士赠大理评事柳府君墓碣铭》）

此言出自北宋人王禹偁的《小畜集》。南迁人口数量之众，及其对东南之地的文化发展的影响由此足见。荆南之地是“安史之乱”后南迁人口的另一重要的迁入地。据《旧唐书》记载：

自至德后，中原多故，襄、邓百姓，两京衣冠，尽投江、湘。故荆南井邑，十倍其初。（《旧唐书》卷三十九《地理志二》）

其中“襄”指襄阳，“邓”指邓州，“两京”为长安与洛阳。可见荆南之地接纳了数量众多的北来迁移人口。从政区建置上看，“安史之乱”后，朝廷以荆州为江陵府，置为南都，官制一准长安、洛阳两京，又置荆南节度使，下辖江湘十七州。在江陵府内，分江陵置长宁县。如上行政区划的变动亦可以证明大量人口进入荆南地区。

与客家先民最具有联系的当属此时迁入江西地区的北方人口。从地理位置上看，江西地近荆南，故在“安史之乱”后的人口迁徙中亦承接了大量的北方移民，江西东北部的信江和鄱江流域的饶州为其中的代表。据统计显示：饶州之地的户数在安史之乱后自 1.4 万户增长至约 7 万户，并析出信州，领上饶、永丰、贵溪三县。赣江下游的洪州与吉州，人口分别增长 2/3 与 1/5。由上可见，饶州、洪州与吉州在“安史之乱”后户口大增，说明三州吸引了大批移民迁入。（周振鹤：《唐代安史之乱和北方人民的南迁》，《中华文史论丛》1987 年第 2—3 期）迁入江西地区的北来人口，对后世客家方言的形成有着显著的影响。不少客家族谱书写了先世从江西迁来的过往。如广东始兴《平阳堂饶氏重修族谱》言：

> 始祖讳元亮……世为饶之鄱阳人……仕唐德宗，晚寓南城（广信府）……生五子……后遭兵燹，迁徙无常，不能悉数。（罗香林：《客家研究导论》（外一种：客家源流考），广东人民出版社，2018，第 47 页。）

走笔至此，我们不难得出结论：客家先民根在中原。迫于战火袭扰，他们不得不背井离乡。在移民浪潮中，客家先民自北向南迁徙，从中原故地向南方进发，其迁徙历程，与中国历史上的多次人口南迁潮紧密相关。客家先民在不同的历史时期，由于不同的因缘际会抵达赣闽粤边，即客家大本营地区。两晋南北朝时期及在此之前的南迁人口，中唐安史之乱期间由北方迁至赣中北部，再由此迁往赣南及闽西的人口，均构成客家的祖源。但总的来说，至唐中晚期，尽管已经有部分客家先民进入客家大本营地区，但绝大多数的客家先民仍停驻在今日江西中部以北地区。

往后视之，安史之乱后的唐代社会持续动荡，以黄巢起义为代表的农民起义接连不断，民生凋敝。公元 907 年，朱温登上帝位，改国号为“梁”，唐王朝绵延二百多年的统治宣告结束。唐代之后，中原地区接连更替了五个王朝，分别为梁、唐、晋、汉、周，合称“五代”。在南方地区则有九个小规模割据政权，另加北方的北汉，先后有十个小国，合称“十国”。这一政权更迭频繁的历史时期，被称为“五代十国”。在这一阶段，客家先民迁入赣闽粤客家大本营的情况，可分为如下三种：

其一，自中原迁至江西中部和北部的客家先民逐渐迁入赣南，再由此处进入闽西和粤东北。唐末之时，王仙芝、黄巢农民起义部队曾多次进出江西，从赣北、赣中逐渐深入赣南。据《旧唐书·僖宗本纪》载，乾符五年（878）二月，“尚君长弟尚让为黄巢党，以兄遇害，乃大驱河南、山南之民，其众十万，大掠淮南，其锋甚锐……三月……黄巢之众再攻江西，陷虔、吉、饶、信等州”。

另据《新唐书·黄巢传》称：“巢度藩镇不一，未足制已，即叛去，转寇浙东……贼收众逾江西，破虔、吉、饶、信等州，因刊山开道七百里，直趋建州。”唐末农民起义引发的社会扰动由此可见。据罗香林《客家源流考》所述，始兴平阳堂饶氏，兴宁廖氏，始兴范阳卢氏，江西罗氏、温氏、古氏、兴国罗氏，兴宁何氏均迁自江西北部及中部，其族谱可作凭证。如兴宁《廖氏族谱》中言：“唐时我祖由江西雩都，避乱，迁汀州宁化石壁寨。后子孙因乱，又迁顺昌，廖氏居于闽者遂众。”再如始兴范阳《卢氏五修谱》记载：

> 越六朝而至于有唐，有讳富公者，南京分脉，而迁江右虔州虔化县。富生广……广生卓，卓生光稠公。僖宗乾符二年，王仙芝、黄巢操谋不轨，剽掠州郡，远近震骇。公独以虔、韶二州请命京师，愿通道输贡。……稠公生三子：长希一，次延昌，三孟坚。……益公（延昌八世孙）与县尹公（孟坚八世孙）筮出闽省，令莆田，考满，次永定属上杭大塘坬瓦子乡而居。

江西《罗氏大成谱》载：“迨下唐僖宗之末，黄巢作乱。我祖仪贞公，致仕隐吉，因家吉丰。长子景新，徙居赣州府宁都州，历数十年，又迁闽省汀州府宁化县石壁村，成家立业。”据《崇正同人系谱》“温氏”条载：

“至九郎公（原住江西南昌）因避黄巢之乱，转徙闽汀之上杭”。又松口《罗氏族谱》说：“五代之际，有罗希松者率罗姓一支自江西迁洛阳，其后又自洛阳迁至闽粤。”再如胡曦所著《宋乡贤罗学士遗事考略》中引述兴国州《罗氏家谱》称：“昌儒（世居豫章），唐昭宗朝进士，官循州刺史，因黄巢乱，道路梗塞，流寓不归。”这些文字体现着客家百姓自中原迁来，经江西辗转，最终抵达客家大本营地区的记忆。

客家先民多是自发地从赣南迁往闽西及粤东北，但亦存在有组织地军事性移民。如唐末之时，赣南宁都人卢光稠用兵闽西和粤东北地区，赣南的客家先民随着迁入。王绪则曾用兵在汀州及赣州，亦推动着此前抵达闽西的客家先民徙往赣南。

其二，由于唐末农民起义及五代战乱，部分原居中原地区的民众直接迁移进客家大本营地区。据罗香林先生的统计，嘉应刘氏、松口钟氏、吴氏、李氏、蔡氏、萧氏等六姓属此种情形。据嘉应《刘氏族谱》载：

> 一百二十一世祖讳祥公，妣张氏。唐末僖宗乾符间，黄巢作乱，携子及孙，避居福建汀州府宁化县石城壁洞……祥公原籍，自永公家居洛阳，后徙江南，兄弟三人，惟祥公避居宁化县，其二人不能悉记。

《崇正同人系谱》“蔡氏”条中称：“蔡氏本周姬姓之后，文王子叔度封于蔡，今河阳、汝阳、上蔡、新蔡诸县。……唐末避黄巢之乱，迁于闽南。”“李氏”条则载：“南来之祖，则溯始于唐之末年，有宗室李孟，因避黄巢之乱，由长安迁于汴梁，继迁福建宁化石壁乡。”

其三，还有移民随南方割据政权迁往南方。如闽国开基者王潮、王审知兄弟皆来自中州，大量中原兵将随之入闽，其中部分成为客家先民。如《崇正同人系谱》“吴氏”条记载，该姓“世居渤海，散处中州，其后有随王潮入闽，而入于粤之潮、嘉等处。”同书“沈氏”条云：“五代时，其族有从王潮入居福建汀州。”虽然南下入闽的兵士后来变成闽南人的比例较高，但其中亦有部分成为客家人。如今闽西部分客家人与闽南人在姓氏上有渊源联系，其原因为其先祖均为自中原南下的兵将。

总的来说，赣南是这一时期客家先民最主要的迁入地，闽西次之，粤东北再次之。客家先民迁入大本营地区的路线大致有三条：其一为出鄱阳湖，溯赣江而抵赣南各县；其二同以鄱阳湖为起点，沿抚河、盱江而入赣南的宁都、石城或闽西的宁化、长汀等县；其三经浙、赣交界之处，越仙霞岭，沿武夷山东麓南下，抵达闽西。在赣闽粤毗连区内部亦存在多方向的人口流动，如由第一条路线可至闽西及粤东北；经第三条路线可抵达赣南。

四、“靖康之变”后的客家先民南迁

南宋抗金名将岳飞的《满江红》脍炙人口，这首词作表达出他对中原国土沦丧的痛心愤懑之情：

靖康耻，犹未雪。臣子恨，何时灭！驾长车踏破贺兰山缺。壮志饥餐胡虏肉，笑谈渴饮匈奴血。待从头、收拾旧山河，朝天阙。

词中“靖康耻，犹未雪”之句，说的是北宋末年金人南下攻宋的史事。宣和七年（1125），金兵铁骑挥鞭南下，破燕京、渡黄河，直逼北宋都城汴京（今河南开封）。在金兵南下之时，宋徽宗传位给太子赵桓，即为宋钦宗。钦宗即位后数日即为新年，他改年号为靖康，是年为靖康元年（1126）。尽管金人未能攻破汴京，但成功逼迫宋钦宗割地赔款。靖康元年，金兵分作两路攻宋，最终攻陷汴京，俘虏宋钦宗与宋徽宗及皇室成员与大臣，北宋灭亡，史称“靖康之变”。靖康二年，宋徽宗之子赵构于应天府（今河南商丘）即位，是为宋高宗，后迁都临安（今杭州），改元“建炎”，史称南宋。连年的兵戎之灾导致北方地区民生凋敝，百姓为避战乱而纷纷南迁。

移民史专家吴松弟指出：靖康之变以后北方人口的南迁断断续续持续了一个半世纪，若以移民不同的背景作为划分时期的标准的话，约可分为靖康之变、南宋金对峙、南宋蒙元对峙三个时期。（吴松弟：《中国移民史》

第 4 卷，福建人民出版社，1997，第 247 页）在此次移民浪潮中，江淮地区（即安徽及江苏的长江以北地区）接纳人口为最，其次是江西与福建。从数量上看，第一阶段的移民规模最大，第三阶段则对客家的形成至为关键，一大批客家先民从长江流域进入赣闽粤客家大本营地区。概而观之，自北宋末年至南宋后期迁入赣闽粤客家大本营地区的客家先民，可分为如下三类：

第一类，自江西中部与北部迁入大本营地区。靖康之变后，江西中部与北部并不太平。受金兵追击，南宋朝廷于建炎三年（1129）仓皇逃难，皇室分作两支，一支是高宗赵构率领逃向浙东；另一支是隆祐太后率领六宫进入江西，抵洪州（今江西南昌），后在金兵一路追击下逃往虔州（今赣州），金兵尾随追击，至江西太和县（今泰和县）而止。直到建炎四年（1130）八月，隆祐太后方返回两浙。金兵于建炎三年十二月攻陷洪州，“杀城中老小七万余人”（赵鼎：《忠正德文集》卷七《建炎笔录》）。杨万里曾言：“豫章（即洪州）自建炎兵余，民多死、徙。”（杨万里：《诚斋集》卷一百十九《朝奉大夫知永州张公行状》）抚州宜黄县位于洪州东南，此地“比屋万余家。绍兴初残于盗，民死之于兵者大半”。曾丰则言，洪州在建炎三年经历兵燹之后，人口损失惨重，至绍兴末年“始复太平之旧”。此外，洪州所辖分宁、奉新等县，“人户所存，才有十之三四，其余县份号为多处，不过十之六七”。赣中社会动荡之状由是可见。

金兵曾多次出入江西北部的江州（今九江市），此地为长江中游重要港口，亦为南宋重要的江防要塞。除了金兵屠戮之外，李成领导的北方流民武装集团也在此横行多年。由于兵匪交迫，江州百姓只能四散逃生。考诸史籍，直到绍兴五年（1135），江州境内的户口仍“十损七八”（李心传：《建炎以来系年要录》卷八十七“绍兴五年三月丁丑”）。袁州与筠州位于赣中西侧，两宋之际兵灾不断，“筠、袁之间，盗贼连壤，户口耗于剽掠，郡县为之绎骚”（李弥逊：《筠溪集》卷四《李擢袁州李正民筠州》）。抚州位于赣中东侧，绍兴初年“有虔州虔化贼赖花十九……赖九等纠合一千人，先侵建昌军南丰县界，已次侵入抚州宜黄、临川、崇仁县，冲散官兵，杀人放火，劫掠作过。”（李纲：《梁溪集》卷九十六《同诸司乞兵应副本路急阙使唤奏状》）由于社会动荡不安，当地民众被迫外迁。

赣南与闽西承接了自赣中及赣北的迁出人口。南宋初年，赣南并不安定。建炎三年，护送隆祐太后的部队投奔当地反宋武装，此事之后，赣州陷入连年动乱，“凡十县之间，失业之民，率聚为寇”（赵鼎：《忠正德文集》卷二《奏议中·乞曲赦虔寇》）。直到绍兴末年，赣南局势随着南宋朝廷对该地控制力加强方告稳定。自绍兴中到淳熙中的几十年间，赣州户数净增 17 万余户，年均增长率超 25‰，高于全国同期年均增长的几十倍。在这一时期，与赣南临近的福建、广东、湖南等地并无大量人口迁出的可能，故而可推定赣中及赣北的流民为赣南人口大幅增加的主要因素。

闽西的情况与赣南类似。自赣中北地区进入闽西的移民主要分布在武夷山南段东侧的宁化、清流、长汀、武平和上杭一线，至于地处闽西腹地的明溪和连城（南宋绍兴三年置莲城县，元至正六年改名连城）等地，江西的移民则相对较少。据民国《上杭县志》载，该县丁、包、周、姜、温等姓人家均于南宋自赣入闽。新编《武平县志》的姓氏调查结果也表明，如今居住在该县的主要姓氏“入武平的时间多在宋至明代……除方姓直接由江宁（今南京）迁来外，多数来自江西。……李、刘、朱三姓从瑞金迁来，

汀州古城今景　何其乐摄

赖、熊、萧、王、周、陈诸姓，分别从（江西）丰城、豫章（今南昌）、吉安、石城、新淦迁来”（武平县志编纂委员会编：《武平县志》，中国大百科全书出版社，1993，第119页）。据此可知，赣中北迁出人口应为闽西人口快速发展的重要原因。时至南宋中期，赣南及闽西地区已经完全成为人丁兴盛之地。

第二类，客家大本营内部的人口流动。随着赣南、闽西人口逐渐增加，人地矛盾日趋加剧，加之自然灾害频繁，社会动乱连年发生，两地民生日益艰难，失业流民辗转迁至开发程度相对较低的粤东北地区。如蔡戡所言：

> 广东郡邑，地广人稀，邻接江西、福建、湖南。其汀、赣之人，每岁春时，动是三二百人为群，以商贩为名，纵横于广东循、梅、惠、新、南恩州及广州外邑之境……掠取牛畜而归。稍失备御，即纵剽夺。（蔡戡：《定斋集》卷一《割属宜章临武两县奏状》）

所谓“盗贼”并非仅打家劫舍，还很有可能为集团性武装移民。南宋初年，私盐贸易已悄然出现于赣闽粤毗连区，区域内部的联系因之更趋紧密。据李纲所言：“广东盗贼……犯南雄、英、韶……循、梅、惠等州，动以万计……皆是虔州诸县平时般贩私盐之人。”（李纲：《梁溪集》卷六十六《乞措置招捕虔州盐贼奏状》）随着私盐贸易发展以及“循梅路”开辟，汀州、赣州的流民开始由早先分散进入南雄、英、韶、循、惠各地，逐渐地向粤东北的循、梅、惠一带集中。随着汀、赣流民的大量迁入，南宋中期的粤东北地区人口结构中，源自赣南和闽西的移民已占一定比重。

南宋以降赣南和闽西人口向粤东北一带的迁移，至宋末元初进入高潮。元军灭宋以后，南宋残部退守闽粤一带。赣州和汀州是文天祥部集聚力量抗击元军的最后根据地，前后持续约两年时间。由于战事空前惨烈，加上双方长时间拉锯，故而引发了汀、赣一带民众大规模逃亡。尽管粤东北并非汀、赣逃往民众的唯一接纳地，但与周边的其他地区相比，这里接纳的逃亡人口却最为集中。

宋末元初客家大本营内部的人口迁移情况，还可以从族谱及地方志中找到证据。兴宁黄陂《曾氏族谱》称：

（祖）惇，官封鲁国公。宋政和壬辰年，由南丰徙福建宁化县石壁下居焉。生子仲辉，辉子桢孙、佑孙，因宋元兵扰，不能安居，由宁化徙广东长乐县家焉。

五华《魏氏族谱》曰："三十九世淑玉公……生四子，曰元、亨、利、贞。时值宋末，天下混乱……我祖兄弟惊恐流涕，商议只得移别处逃生……以是兄弟四人，行经宁化。"《崇正同仁系谱》"陈氏"条曰：

陈氏郡望称颍川。宋末，中原士族纷纷南随帝室播迁。有陈魁者，率其族众九十三人，移居福建汀州府之宁化、上杭，其曾孙有孟二郎、孟三郎，由闽迁粤之程乡（今梅县），遂渐散布于大埔、兴宁、长乐（五华）、龙川等处。至其先九十三人所出之后裔，亦已蕃庶蔓延于全闽，其族复相率转徙而入粤。且当日南来之人，自此九十三人之外，更有或为之先，或为之后，抑或为之同时，故陈氏族属蕃庶，实冠全粤焉。

罗香林《客家源流考》还曾引述和平《徐氏族谱》中称：

吾祖德隆，实积之六世孙。王父曰喧，为宋宁宗时都统……卜居豫章之吉水。孙男二：道隆、德隆……元兵南下……德隆则随宋帝度岭而南……遂择龙川乌龙镇居之。

光绪《嘉应州志》所述亦能说明宋末元初时粤东北承接赣闽人口转移之况：

广东省梅州市梅县区松源镇何氏庐江堂，庐江为安徽地望　何其乐摄

元世祖至元十四年，文信国引兵出江西，沿途招集义兵，所至响应，相传梅民之从者极众（父老相传，松口卓姓有八百人勤王，兵败后只存卓满一人——原注）。至兵败后，所余遗孑只杨、古、卜三姓，地为之墟。闽之邻粤者相率迁移来梅，大约以宁化为最多。所有戚友询其先世，皆宁化石壁乡人。

南宋以降自赣南、闽西迁入粤东北的客家先民，大大改变了迁入地的居民格局，同时重新塑造了当地的语言与传统。

第三类，江西之外的长江中下游民众及河南、河北、山东民众迁入大本营地区，主要迁出范围包括江苏、安徽的长江以北地区（即江淮地区），山东及河南的黄河以南地区。靖康之变后，江淮地区因靠近黄河中下游地区而接纳了大量北方移民。宋高宗渡江之前，曾率百官停驻扬州，管理宗室成员的西外宗正司亦迁至此地。高宗南渡长江之后，江淮百姓及此地的北方移民一道渡江，仅扬州一地即有移民“众数万”（《宋史》卷三七〇《赵密传》）。此后，江淮之地成为宋金交战的主战场，当地百姓渡江南下以避战火，至隆兴二年（1164），江淮流域人民迁至江南之数达二三十万之众。至1206年开禧北伐失败后，江淮民众再次南迁，“入于浙，于闽”（叶绍翁：《四朝闻见录》戊集《淮民浆枣》），“奔迸渡江求活者，几二十万家”（叶适：《水心集》卷二《安集两淮申省状》）。江淮外迁人口渡长江后，除停居江、浙两省及安徽的长江以南地区、江西北部及两湖地区之外，有相当部分直接进入了赣闽粤毗连区，从而构成了客家人的又一重要源头。

五、客家先民祖居地是中原

由西晋的“永嘉之乱”、唐代的“安史之乱”和宋代的“靖康之变”所引发的中原地区人民三次大规模南迁，形成了客家先民的主体。这已是近百年来客家研究界的共识。不过，还值得一提的是，在西晋末年第一波北方汉人大规模南迁之前，中原人民事实上已经开始零星地、不间断地向周边地区甚至更远的南方地区迁移和定居。秦汉时期，或者因为帝国的拓边和军队驻守，或者由于王朝内部的社会动乱，以中原为核心的黄河中下游地区，就陆续有不少人口南迁，有的甚至已远播到赣南、闽西和粤东北的毗邻之区。这些移民先驱，一方面带来了中原地区先进的农耕技术与文化，另一方面与这里的原住民展开接触、交流与融合，从而共同推进了赣闽粤边的区域开发，同时也推动了中原文化在赣闽粤毗邻地区的传播和落地生根。年深日久之后，他们的裔孙，也都自然而然地成为客家人。

秦是中国历史上第一个统一的多民族的国家。据文献记载，秦始皇派遣尉屠睢率大军50万南征百越。公元前214年，秦设桂林郡、象郡与南海郡，中原政权实现了对岭南的行政统治。在秦征服岭南的过程中，大量兵员及军事性辅助人员留在了包括赣闽粤毗连区在内的广大南方地区。这次因军事性拓地戍边而造成的政治性移民事件，使得部分北方华夏—汉族人口进入包括客家大本营在内的南方地区。秦在岭南设置三郡后，还曾迁内地民人以实边。据明嘉靖年间《惠州府志》记载：“汉高帝已定天下，诏曰：粤人之俗好相攻击，前时秦徙中县之民于南方三郡，使与百粤杂处。”《惠州府志》所说的这段史实，源自东汉班固所撰《汉书》。此处的“中县之民”，指的就是中原地区的人民。

西汉末年至东汉初期，受王朝更替和农民起义的影响，黄河流域陷于战乱之中，而南方地区的形势则较为稳定。最新的移民史研究表明，在两汉之际，南方地区曾出现大幅度的人口增长，湖南、江西两地吸收了大量北方移民。在这一波的北方人口南迁过程中，有部分北方移民直接进入后来的客家大本营地区。

东汉末年，农民起义频发，中原之地陷入年复一年的战乱之中。这种境况若从光和七年（184）黄巾起义算起，至建安二十五年（220）三国鼎立局势正式形成，前后持久 36 年之久。由于连年战火，中原地区，“名都空而不居，百里绝而无民者，不可胜数”（《后汉书·仲长统传》）。董卓死后，其残余势力相互缠斗，“二三年间，关中无复人迹。”，“南阳、三辅民流入益州者数万家。”（《资治通鉴纲目》卷十三）受战争影响，黄河中下游地区，特别是中原一带，人口呈现锐减之态——百姓或死于战祸，或背井离乡逃往南方。南迁人口中部分进入湖北汉水流域、江西中部及北部地区。在这以后，这部分民众因再次受到北方人口南迁的推动，又继续南迁，从而进入赣闽粤毗连区域。

经历西晋、唐中后期以及北宋末年的三次客家先民南迁高潮之后，原先的赣闽粤边遂成为客家人的大本营。明清时期，由于人口压力和各种政治原因，生活在赣闽粤边的客家人，他们中的一部分人不得不再次踏上迁徙之路。有的南下广东中南部，有的北上江西西北部、浙江西南部和湖南西北部，有的则西进广西和川渝，有的则东渡台湾，甚至走向世界（后边章节将详细阐述），从而成为分布范围最广的汉族民系之一。

纵观历史，客家民系的形成发展，是一个漫长的过程，就从西晋末年客家先民首次大规模南迁算起，距今也已 1700 多年了。发生在不同历史时期客家先民的各次迁徙，并非整齐划一地直达客家大本营的，有的是分阶段的、迂回的，也有多方向流动的，最终集中在赣闽粤边，而后又走向四面八方，如今则遍布海内外。

究竟“客从哪里来？”从上文所梳理的客家民系形成的主要历史脉络来看，无论你站在历史的哪一个节点，也无论是从个体的姓氏源流角度，还是从群体的语言文化角度来探源，客家的根脉就深扎在中原这片沃土之中。客家先民的祖居地在中原，客家历史与文化的根在中原！客家人虽然被称之为“客”，然而“客家非客”。源浚者流长，根深者叶茂。用这句话来诠释客家的历史，也是适当不过的。

洛阳客家之源纪念馆，2022 年 4 月落成

第三章

客在崇山峻岭间

野外团焦岭上田，世传三十子孙千。
元时古墓明朝屋，上覆榕阴六百年。
——黄遵宪《己亥杂诗》

如前章所言，原本主要聚居在中原的客家先民，是在不同的历史时期、因为战乱等原因而陆续迁往赣闽粤毗邻之区的。那么，辞别中原故土的客家先民最终又是如何在赣闽粤毗连区生根发芽、开枝散叶的呢？若要回答这个问题，先要从孕育客家民系的地理环境说起。

一、山不转水转：客家孕育的自然地理舞台

《礼记·王制》篇说："广谷大川异制，民生其间者异俗。"《汉书·地理志》亦言："凡民函五常之性，而其刚柔缓急，音声不同，系水土之风气。"两部著作将不同区域内标志性的地形地貌特征与人群的风俗、语音差异联系起来，说明我们的先哲已经看到了地理环境与语言文化之间具有某种内在的关联。总的来说，地理环境对语言文化的影响，主要是通过环境对人类活动的限制和促进而实现的。正因为如此，要理解赣闽粤边客家方言及其对应的客家民系的形成，还得从这个区域的山形水势谈起。

中国的地势以青藏高原为基点，呈阶梯状向太平洋倾斜。由两列山脉组成的地形界线，明显地把中国的陆地分成三个阶梯。而孕育客家方言群的赣闽粤毗连区，则处在中国陆地第三阶梯的东南边缘，以低山和丘陵为整体骨架，是其地形特征。正是由于这一整体的地形特征，使得赣闽粤边在自然形态上俨然有别于周边其他区域：江西北部的鄱阳湖区域、东南面的漳州—潮汕平原区域、南部的珠江三角洲区域。在赣闽粤边的周边地区，

只有粤北山区具有类似的地形特征。或许正是由于地形特征上的这种类似性，粤北山区后来才成为赣闽粤边之外客家方言群的又一个重要的聚居地。

现代客家方言的整个空间格局，明显地受到东西两个地理屏障的双重作用。闽西境内的博平岭和粤东北境内的阴那山—莲花山，不仅在走势上连成一气，而且还构成了客家方言和闽南方言的分界线。而赣南西侧的诸广山以及粤东北西侧的九连山，则大致构成了客家方言的西部界线。这个区域的南部是位于粤中腹地的罗浮山，北部则是赣南地区东北部的雩山山脉和闽西境内的松毛岭、玳瑁山北段，南北这两组山脉分别构成了客家方言地理格局的南界及北界。

连绵不绝的罗浮山脉，图源自广东省国学会

粤东群山　何其乐摄

如果说赣闽粤边周围的山脉是客家方言地理格局的限制性因素，那么，其内部的众多河流则成为客家方言地理格局的促进因素。在以路面交通为主体的现代交通体系建立以前，河流在更多的情况下起着交通路线的作用。正因为如此，在山形之外，水势成为我们分析客家方言地理格局的又一条重要线索。

在赣闽粤边境内重峦叠嶂，丘陵起伏，加之地处中国大陆的东南部，气候湿润，降雨充沛，故而溪水密布，很容易形成河流纵横的水上交通网络。如果把客家方言纳入赣闽粤边的整个水网体系之中来加以考察，我们就会发现，现代的客家方言地理格局基本上是围绕着四大水系展开的：其一，由章水和贡水汇合而成的赣江水系，赣南客家方言区围绕着这个水系铺展开来；其二，闽西的闽江上游水系，福建省三明市境内的宁化、清流和明溪以及龙岩市所辖的连城等客家方言区，基本围绕着这个水系而构筑起来的；其三，由纵贯闽西的汀江和横穿粤东北境内的梅江联络而成的韩江水系，龙岩市所辖的长汀、武平、上杭和永定以及梅州市所辖各县市区的客家方言区，都是围绕这个水系展开；其四，东江水系，粤东北除梅州市所辖各县市区以外的客家方言区基本围绕这个水系展开。

与赣闽粤边客家方言区相似，粤北客家方言区的形成也与其境内的水网体系密切相关。在粤东北和粤北之间，有一道九连山脉。生活在粤东北的客家方言群，在越过新丰江谷地进入粤北境内的滃江谷地之后，就可以沿滃江而进入北江。沿北江溯流而上，经韶关向东北，就是浈水，由韶关向西北，则是武水。正因为如此，从浈水流域的南雄、始兴、仁化到武水流域的乐昌，再到韶关以南的北江干流的曲江、英德等地，后来都变为粤东北客家方言的延伸区域。

赣闽粤边的山形水势是孕育客家的历史舞台。而概观现代客家方言地理格局形成的山形水势，可以得出三条具有内在递进关系的结论：

其一，就空间结构而言，赣闽粤边现代客家方言的地理格局，恰似一个“田”字形的构造。

其二，从文化的“核心与边缘”理论来看，在客家方言地理这一“田”字形构造中，其中间的“十”字形交叉地带，即武夷山南段——罗浮山脉与大庾岭以东的南岭山脉交会之处为核心地带。一个语言（方言）文化区的核心区域，往往就是该语言（方言）的原发区域。据此推论，武夷山南段——罗浮山脉这一纵轴线的东西两侧以及南岭山脉这一横轴线的南北两部，应为客家方言的原发区域。至于处在这一核心区域的边缘的其他客家方言区，从理论上来讲，都应该是由这一核心区域的人口迁移和语言传播而形成的。

其三，根据方言和方言群的相互对应关系，既然武夷山南段——罗浮山脉的东西两侧以及南岭山脉的南北两部是客家方言的原发区域，那么，客家方言群的原发区域也就应该在这里。

二、赣闽粤边的区域开发与人群互动

赣闽粤边的区域开发与人群互动，以及与之密切关联的方言习俗演变，对于理解客家形成历程至关重要。赣闽粤边的崇山峻岭之中，不同族属相互交流融合，客家方言群在从中孕育。只有真正进入赣闽粤边这个“历史现场”，全面梳理赣闽粤边的民族源流，研究赣闽粤边的区域开发过程，才有可能更加完整地认识客家方言群的形成之路。

（一）赣闽粤边的早期居民与民族分化

赣闽粤边的早期居民应为古越族人。古越族在经过漫长的历史演变之后，到了战国时期已分化成众多的支系，统称“百越”。根据历史文献记载，百越民族基本上生活在东南沿海地区或靠近江河湖海的水网区域，这样的地理环境深刻地影响他们的生产和生活，具体表现为善种水稻、多食水产、习水便舟、居住干栏式房屋、纹身断发、崇拜龙蛇等等。赣闽粤边群山连绵，地形、物产等都与百越民族的生产和生活习惯背道而驰，故而赣闽粤边虽为他们足迹所至之区，但并非活动的中心区域。先秦时期，作为赣闽粤边早期居民的百越民族，由于人口规模不大，所以对区域开发的贡献亦为有限。

秦汉之际，随着中原王朝军事行动的展开，北方人口陆续南下。但在相当长的一段时间内，南迁汉人在人口与文化方面都未能占据优势地位。如本为“中县之民”的南越王赵佗（原籍今河北正定）“处粤四十九年”后，在接见汉朝的使者陆贾时，竟“魋结箕倨见陆生”，并称自己“居蛮夷中久，殊失礼义”。这说明在南越国时期，汉人虽居统治地位，但由于人数有限，就连赵佗本人也不得不接受越人的习俗。但随着汉文化影响的不断加深，越人风俗也产生变化。据《史记》记载，刘邦在评价赵佗时就认为在后者的治理下，越人“相攻击之俗益止”。可见在汉文化的影响之下，越人开始改变其原先剽悍好斗的风俗。

汉越民族融合的同时，百越民族内部的分化也在进行之中。一些未与汉人融合的越人，在经过长期的迁移之后，不断地聚居到人迹罕至的高山岭谷地带，从而演变成新的民族。如在赣南及赣中地区栖息着“山都木客”，他们由先秦时期伐木不归而居于山间的越人分化而成。粤东北则活跃着“俚人”，他们是南越族的后裔。据历史地理学家谭其骧之言：“汉人之移殖粤东，唐宋以后始盛。自唐以前，俚为粤东之主人。”（谭其骧:《粤东初民考》，《长水集》上册，人民出版社，1987，第 258—260 页）两晋南北朝时期，赣南境内的山都木客数量较少，对后来这一地区的客家人的语言与文化并未产生显著影响。然而六朝时期迁居东江中上游的俚人，由于人口甚众而居住集中，对粤东北客家方言群风俗习惯产生了较为明显的影响。如粤东客家长存“鸡骨卜”之俗，明嘉靖《惠州府志》称惠州“习俗多信鬼神，好淫祀。凡有疾病，却医而用巫”，“常以鸡骨占年”。清人黄钊在《石窟 徵》中称粤东客家“俗以鸡卵占病，间有村妇以术行医，皆用此法”。是为“鸡卵卜”之俗。光绪《嘉应州志》录有客家“买水”风俗，“始死，子往河浒，焚纸钱，取水浴尸，谓之买水”。对照史籍中对俚人风俗的记述可知，粤东客家“鸡骨卜”“鸡卵卜”及“买水”浴尸风俗，均由俚人从其祖先——南越族人处承传而来。

（二）隋唐之际社会动荡与唐中期以降的人口重建

隋朝末年，天下大乱，赣闽粤边也经历了持续多年的社会动乱。在赣南，林士弘、萧铣、张善安三部长期角逐，直到唐代武德五年（622）才重归中原王朝版图。粤东北地区在隋代末期曾为林士弘的势力范围，但林士弘占粤东北之时，原先聚居东江上游和韩江流域的俚人在“俚帅”杨世略的率领下举兵反隋，与林士弘部争夺潮、循二州，最终获胜。不久，杨世略以潮、循二州归唐。经过隋末社会动荡，赣南与粤东北人口大幅折损，长期处于地广人稀的状态。

往后视之，在安史之乱所引发的中国第二次北方人口南迁高潮之中，大量北方人口进入江西中部及北部地区。在安史之乱后，唐王朝又延续了百余年，赣中北地区的北方移民在这段时间基本完成土著化，其所讲的语言，在与土著语言互动之后，形成了江西境内的统一语言——原始赣语，这是客家方言的直接源头。随后，客家方言逐渐与赣方言区隔开来，走上相对独立的发展之路。对此，历史地理学家周振鹤有精辟的论断：

> （安史之乱以后）在江西北、中部，北方移民带来的语言形成了今日赣语的主要基础，并为日后客家话的形成准备了条件。
>
> 由于两宋之际和宋末金人与蒙古人的两次南犯，引起中唐以后迁到江西的大批移民后裔及唐末迁到闽西、赣南的人民再次迁移到闽、粤、赣交界的山区，这一带地理环境的封闭，使移民方言终于与北方方言完全隔开，形成了独特的客家方言，而且使梅县成为客家方言的核心地区。（周振鹤：《中国历史文化区域研究》，复旦大学出版社，1997，第 33、36 页）

照周振鹤的观点，客赣方言同源而异流，长期居停在赣中与赣北的人民维系了赣方言的已有格局，而播迁至赣南、闽西及粤东北的居民，其所操之言则因种种原因而产生变异，最终演变为客家方言，客家人由此诞生。

考察《太平寰宇记》等史籍可知，北宋初年，赣南风俗“与吉州同”，而吉州风俗则“与洪州同”。既然赣南的语言、风俗与赣中北部相类，所讲之语应为赣中北原始赣语的自然延伸。北宋之时，赣中北与赣南地区未曾接收大规模外来移民，其通行之语不太可能发生明显变化。至南北宋之交，大量移民由赣中北迁往赣南，早期赣语在赣南的势力大幅提升。与此同时，大批北方移民为避战火南下，江西中北部因地处长江中游要冲，地缘上与江、淮相连，故而在短时间内接纳了大量北方移民，“东北流移之人，布满江西”（李纲：《梁溪集》卷一百一《条具防冬利害事件奏状》），这使得此地通行语言与北方汉语的关系愈发密切。到了南宋末年，文天祥称赣州“风土习俗与吉州不同”（雍正《江西通志》卷二十六《风俗》引文天祥语），据此推论，赣南与赣中北通行之语已出现分异。

南宋以降，大批赣南、闽西移民向粤东北迁移，梅州、循州等地经历了相当彻底的人口重建，早期赣语随之成为当地通行之语。迟至南宋中期，江南西路（江西）、福建路（福建）和广南东路（广东）的毗连区，即赣闽粤边地区，已经形成了具备内在一致性的社会文化区域。据陈一新《跋赡学田碑》所言："闽有八郡，汀邻五岭，然风声气习颇类中州。"（王象之：《舆地纪胜》卷一百三十二《福建路·汀州》引陈一新《跋赡学田碑》）成书于南宋中期的《舆地纪胜》描述梅州风俗时则言其与汀、赣同。而地处闽南的漳州，在刘克庄的笔下，是"风烟绝不类中州"（《后村先生大全集》卷十二）。两相对照，其社会文化的边界已昭然可判。

至于广东潮州等韩江以西地区，在南宋时承接了大量来自闽南漳州、泉州等地的福建移民，故而潮州"其言语嗜欲与闽之下四州颇类"，"境土虽有闽、广之异，而风俗无漳、潮之分"（王象之：《舆地纪胜》卷一百《广南东路·潮州》引余崇龟《贺潮州黄守》）。随后，潮州移民和陆续南下的闽南移民一道，将闽南方言推至雷州半岛与海南岛一带，而梅州移民则与南迁的汀州移民一起，将早期赣语向惠州、循州推进，最终使之到达广东中部。两股移民势力的共同作用下，粤东的语言文化版图在南宋中期被分割成两部分——以韩江为界，东部的潮州成为闽南方言延伸地带，而西部梅、循二州的语言文化习惯与赣南及闽西趋同。成书时间稍晚的潮州《图经志》有言："潮之分域属于广，实古闽越地。其言语嗜欲与闽之下四州颇类，广、惠、梅、循操土语以与语，则大半不能译。唯惠之海丰于潮为近，语音不殊"（《永乐大典》卷5434"潮"部）。南宋中后期粤东区域社会文化格局的裂变，为尔后广东方言文化版图中粤方言、客家方言与闽南方言三足鼎立的格局的形成奠定了基础。

那么，赣闽粤边居民是如何进一步与周边群属区隔开来，最终形成了独立的方言群体——客家的呢?

以江西中北部移民后裔为主体的赣闽粤边居民，之所以形成了一个独立的方言群体——客家方言群，其关键性原因在于，六朝至唐宋时期辗转迁来的苗瑶语族先民，在赣闽粤边居民格局中占据相当比重。苗瑶语族先民在与赣闽粤边土著民族不断混化之后，至迟在南宋于赣南与粤东北一带形成畲族。此时恰是赣闽粤人口持续增长、区域开发进程不断推进之时，原生活在平原河谷地带的汉人与栖身于崇山峻岭间的畲族之间的接触，不可避免地在赣闽粤山间展开。而客家方言群正是在彼此接触、相互交融的过程中孕育而生。

（三）苗瑶语族与赣闽粤边

所谓苗瑶语族，指的是语言系谱中属苗瑶语的苗族、瑶族和畲族这三个民族的一种泛称。从现代民族属别看，今天的苗族、瑶族和畲族均为独立的民族，但从历史角度来看，这三个民族却有着共同的源头，即汉晋时期的“长沙、五溪蛮”，其更早的源头可溯至“三苗”部落。据历史文献记载，从很早的时代开始，江汉一带活跃着一支被称为“三苗”的人群。尧舜禹时期，三苗部落为扩展地盘，多次北上与诸夏势力展开长期的较量，然而“苗师大乱，后乃遂几”（《墨子·非攻下》）。此后，三苗被一分为三，其中留居在长江中游的彭蠡、洞庭一带的那部分，演变为商周时“荆蛮”部落之一部。

秦统一六国之后，彭蠡与洞庭之间的苗瑶语族先民逐步向湘江、资江和沅江一带聚拢。沅江有五条较大的支流，他们因此被称为“五溪蛮”。“五溪蛮”的势力在两汉之际骤然扩张，引起统治者的高度重视，汉人士大夫也开始关注其族属源流、生活习性和宗教信仰。如应劭在《风俗通》中记述了“五溪蛮”的盘瓠信仰，其言后为范晔录入《后汉书·南蛮西南夷列传》之中。晋人郭璞在注释《山海经·海内北经》“犬封国”条时，亦论及这一信仰。其言称：“昔盘瓠杀戎王，高辛以美女妻之，不可以训，乃浮之会稽东海中，得三百里地封之，生男为狗，生女为美人，是为狗封之国也。是论大致概括了“五溪蛮”盘瓠信仰的核心内容。

三国时期，五溪地区先后属于蜀、吴两国。五溪蛮因多次助蜀反吴而被吴军镇压，被迫陆续外迁。迟至南朝梁代起，部分五溪蛮迁至今湖南中南部地区，并被称为“莫徭”。大约自南朝末期起，原聚居于湖南中部及南部的莫徭陆续向外迁移，其中有部分抵达赣闽粤边。直到唐末五代，苗瑶语族在湖南境内的人口规模依旧庞大。

随着北宋王朝对湖南地区的控制不断加强，苗瑶语族先民的反抗斗争进一步加剧。在平息苗瑶语族先民反抗斗争之后，宋廷于熙宁年间在苗瑶语族最为集中的梅山一带设县经略，史称“开梅山”，这触发了苗瑶语族先民大规模的对外迁移。经过此次迁移，已有相当规模的苗瑶语族人口在闽西南和粤东北地区聚居。

最迟至南宋时，生活在闽西南和粤东北地区的苗瑶语族会集在一起，形成畲族。据南宋刘克庄《漳州谕畲》言：

> 自国家定鼎吴会，而闽号近里。漳尤闽之近里，民淳而事简，乐土也。然炎绍以来，常驻军于是，岂非以其壤接溪峒，茆苇极目，林菁深阻，省民、山越往往错居。先朝思患豫防之意远矣。凡溪峒种类不一：曰蛮、曰猺、曰黎、曰蜑，在漳者曰畲。西畲隶龙溪，犹是龙溪人也。南畲隶漳浦，其地西通潮、梅，北通汀、赣，奸人亡命之所窟穴。畲长技止于机毒矣，汀、赣贼人（疑当为“入”）畲者，教以短兵接战，故南畲之祸尤烈。二畲皆刀耕火耘，崖栖谷汲，如猱升鼠伏。有国者以不治治之，畲民不悦（役），畲田不税，其来久矣。（刘克庄：《后村先生大全集》卷九十三《漳州谕畲》）

刘克庄在《回刘汀州书》中又称：

> 临汀虽闽支郡，而接傜蜑。君相择文武有威风者，以抚镇之。弄印甚久，举以属公。自开府祃牙以来，畲人之附固者，逃卒横民之喜乱者，扫□灭迹。（刘克庄：《后村先生大全集》卷一百三十三《回刘汀州书》）

稍晚于刘氏的文天祥则曾言：“潮与漳、汀接壤，盐寇、輋（畲）民群聚剽劫，累政。”（文天祥：《文山先生全集》卷十一《知潮州寺丞东岩先生洪公行状》）刘克庄与文天祥诸言至少透露出以下信息：

其一，畲族在形成之初，主要聚居于闽西南的漳州、汀州以及粤东潮州和梅州一带，赣南并无畲族。

其二，南宋畲族主要分为两支，一支是“西畲”，活动范围在漳州龙溪以西直至汀州一带；另一支为“南畲”，活动范围主要集中在漳州漳浦以南至粤东潮、梅等地。

其三，“西畲”和“南畲”的分异，或许可以反映这两支畲人迁移历史的差异。由湖南迁入江西，再由江西迁入闽西南的一支，应是“西畲”的主要源头；而由湖南进入粤北，再由粤北辗转迁入粤东潮、梅的一支则为“南畲”的源头。

其四，用“畲”或“輋”来指代畲族，南宋时已经出现。“畲”用来指代闽西南境内的畲族，而“輋”则用来指代粤东北境内的畲族。后世福建境内有“畲”而无“輋”，广东境内有“輋”而无“畲”。

进入赣南的苗瑶语族先民使得该地的区域开发由平原一带向高山岭谷地带推进。在国家行政力量和强大的汉文化的双重影响之下，他们很快便像生活在境内的汉族居民那样，成为国家的编户齐民。最迟至南宋之时，迁入闽西南和粤东北的苗瑶语族先民演变为畲族。（吴永章：《瑶族史》，四川民族出版社，1993，第 99 页）畲族百姓栖身于崇山峻岭之间，始则刀

畲族妇女，图源自浙江省景宁畲族自治县人民政府网站

耕火种，种植山货，继而试种旱稻，培植畲禾，再则修陂引水，垒筑梯田。在赣闽粤边的区域开发由小盆地和河谷平台向高山岭谷的推进过程中，畲族发挥着独一无二的作用。

（四）赣闽粤边的民族融合

从严格的意义上来讲，当第一批苗瑶语族民众首次踏足赣闽粤边时，他们与先期而来的汉人之间的融合进程已逐步展开。但那时赣闽粤边的汉族人口不多，尤其是在闽西和粤东北一带数量更为有限，故而双方交往并不甚频繁。汉畲之间较为频繁的交往始于南宋时。靖康之变后，江西中北部一带移民的大批南下，加之赣闽粤边自身人口的不断增长，自南宋中期开始，赣南和闽西人地矛盾持续紧张。在人口压力之下，原本生产生活于平原河谷地带的汉人，逐步向丘陵和半山地带进发，以获得新的生存空间，汉畲间交往由此日益增多。至于粤东北，此地为畲族人口最为集中的地区，加之汉人稀少，所以这里的汉畲融合进程相对较慢。

中国人民邮政 1999 年《中华人民共和国成立五十周年·民族大团结》纪念邮票中的畲族形象，设计者周秀清、金向

南宋中后期，日趋严重的土地兼并问题和沉重的赋税负担，将赣闽粤边居民推至水深火热的境地。为求得生存，汉畲民众揭竿而起，此呼彼应，掀起了多股反抗浪潮。其中，陈三枪起义最为典型。南宋绍定五年至六年（1232—1233），陈三枪以江西松梓山为根据地举兵，起义波及江西、福建和广东三路数州，连营六十余寨。松梓山在今江西省赣州市龙南县境内，此地至元代依旧是苗瑶语族的集中分布区域。陈氏以此地为据点，说明他极有可能具有苗瑶语族血统，至少其

麾下应有不少苗瑶语族成员。至于其率部出入的汀州、循州、梅州、潮州等地，亦为畲族人口比较集中的区域。故而可以肯定，在陈三枪所率领的这支起义队伍中，一定有为数不少的苗瑶语族或畲族民众。他们与汉族民众一道举兵起事，并将赣闽粤边的民族融合推向了一个新的境界。

宋末元初，赣闽粤边的民族融合又迎来高潮。南宋德祐元年（1275），蒙元大军南下，南宋都城临安（今浙江杭州）告急，赣州知州文天祥在赣南举兵“勤王”。为了集结兵力，文天祥将众多“溪峒蛮”“峒丁”编入部队，他们都是赣南境内的苗瑶语族民众。次年秋，文天祥收兵于汀州，广泛招募闽西畲族民众“峒丁”入伍。

另一位率兵“勤王”的将领张世杰，在福建一带组织抗元斗争时更是得到了畲族武装的大力支持。临安沦陷后，张世杰于德祐二年四月随南宋宗室来到福建，并先后转战在福州、泉州、漳州和广东潮州一带。这年五月，泉州知州蒲寿庚降元，据《宋史・张世杰传》记载：张世杰“自将陈吊眼、许夫人诸畲兵攻蒲寿庚”。另据《宋季三朝政要》卷六记载，德祐二年“七月壬申，张世杰围泉州，将淮军及（陈）吊眼与许夫人诸洞畲军，兵威稍振。蒲寿庚闭城拒守”。陈吊眼和许夫人所率“畲兵”，原本是粤东北和闽西南的畲族反宋武装。而在元兵南下之时，陈吊眼与许夫人率领麾下畲兵抗元，并在闽西南漳州、汀州一带抵抗至南宋灭亡以后。此外，闽北还有黄华领导的畲族抗元武装，他们的活动至晚于至元十五年（1278）已经出现，随后与陈吊眼部成南北夹攻之势。元军诱降黄华，“许以为副元帅，凡征蛮之事，一以问之”，在平息陈吊眼部后，又任黄华为建宁路管军总管。但在至元二十年，黄华再次举兵反元，元军调集数路兵马，才平息此次武装抗元活动。

从文天祥在赣南和闽西招募畲族加入“勤王”大军，到张世杰联络陈吊眼和许夫人的畲兵进行联合抗元，再到南宋灭亡后的畲兵抗元浪潮，这些事实都一再表明：在宋末元初这个特定的历史时刻，赣闽粤边的民族融合已进入全新的阶段。

（五）融合中的客家方言群

元朝初期，统治者通过多种手段来处置畲族武装。在闽北，元政府将“有恒产者”释放为民，“无恒产与妻子者”被“编为守城军”，一些归降畲兵首领还被任命为附近州县的民政官员，这在一定程度上促进了畲族汉化。在闽西南，元政府命畲族武装与当地的驻军“相参耕种”，年深日久之后，他们演变为国家的“版籍之民”。元初之时，赣南人口折损严重，至元二十四年（1287），原苗瑶语族人口比较集中的龙南和安远二县，分别被并入信丰和会昌，直到至大三年（1310）才恢复原建置。大德二年（1298），元政府在赣州路信丰、会昌、龙南、安远四县州组织屯田。这些地方位于赣南山区地带，赣南苗瑶语族的集中分布于此。政府在此组织带有军事性质的屯田，对于促进当地苗瑶语族汉化具有积极的意义。据时人柳贯《故平阳州判官陈君墓志铭》所言，实行屯田之后，有很多“亡命”者被“招纳”进入“居獠中”的龙南。所谓“亡命”者，指的是龙南境内或其周边地区无地或失地的汉族民众。而所谓“居獠中”，意指龙南一带是苗瑶语族的集中分布区域。这些汉族民众被“招纳”到屯田区耕种，势必在当地形成汉族与苗瑶语族“错处”的局面，这势必推动赣南境内汉族与苗瑶语族之间的交流，并为双方血缘与文化的融合创造了条件。

赣闽粤边的民族融合进程伴随着钟明亮领导的各族民众联合反抗斗争而再掀高潮。钟明亮是福建长汀人，元代官方文献称其为“畲寇”，其应为闽西畲族。至元二十四年冬，他聚众起事，短时间内便“拥众十万”，出入于赣闽粤边及其毗邻区域。钟明亮率领的“畲寇”武装对推动武装反元活动起了十分积极的作用，受其影响，赣闽粤边及其毗邻区域几乎同时出现“盗贼蜂起”的局面。钟氏领导的反元活动对元朝在赣闽粤边及其周边地区的统治形成极大的威胁。钟氏身为畲族首领，对赣闽粤边的地形十分熟悉，善于利用当地山深林密的有利条件，“出没叵测”，流动作战，使得元军疲于奔命。为取得军事上的主动，他曾先后于至元二十六年（1289）五月和二十七年二月两次向元军诈降，并被元朝政府授予循州知州。然而，一旦形势有利，他便立即重新举事。他死后，余部仍然很崇拜他，接替的领导者在队伍中奉祀他的木质牌位就能号令部下。直到至元二十八年，元军才将其余部平息。钟明亮所率领的反元武装主要由畲族民众组成，但是，钟明亮部在出入赣闽粤边及其周边地区之时，却得到了当地汉族群众的广泛支持。由此可见，由钟明亮所发起的这场武装反元活动，事实上是赣闽粤边及其周边地区汉畲民众的联合行动。在这场行动中，汉畲民众相互支持，彼此声援，同仇敌忾，从而将双方血缘和文化融合推向了一个新的阶段。

经过漫长曲折的民族融合过程，生活在闽西南和粤东北的畲族绝大部分与生活在同一地域的汉族融为一体。融合之态表现在如下方面：

其一，为适应赣闽粤边山区生存环境，汉族民众向长期生活在深山之中，具备丰富耕山种山经验的畲族学习农业生产技术。如粤东北畲族在长期的"刀耕火种"过程中，培育出适合在山区耕种的旱稻——"菱禾"。南宋人王象之在《舆地纪胜》中记载，菱禾"本山客輋所种，今居民往往取其种而莳之"。比王象之稍晚的祝穆在《方舆胜览》中亦言：梅州一带有土产菱米，"植于旱山，不假耒耜，不事灌溉，逮秋自熟，粒米粗粝"。可见最晚自南宋中期，菱禾已成为粤东北畲汉人民普遍种植的农作物。

其二，畲族独特的家庭组织和劳动组合模式影响着后来的客家人。畲族从其先人莫徭开始，就长期过着刀耕火种的生活。他们不分性别，都得参加日常的生产活动。作为莫徭民族后裔的畲族，一直承传着这个传统。直到清代，由赣闽粤边外迁到闽东北一带的畲民依然延续着"男女相协力作"的劳动组合方式。而在明代天顺年间修纂的《惠州府志》在记载长乐（今广东五华）、兴宁一带的风俗时，就有这样的描述："女无老少，与男同力，耕获采樵。"两相对照不难发现，客家传统社会的家庭组织与劳动组合模式，显然是在畲族"男女相协力作"的基础上发展起来的。

其三，汉人的日常生产生活方式对畲族影响深远。南宋人刘克庄用"崖栖谷汲"来概括畲族原有生活方式，"崖栖"意即居住在深山岭谷之中；"谷汲"则表明他们不会开凿水井取水，而采山涧溪流饮用。到元代中后期，随着民族融合不断深化，畲族中除一小部分继续保持其原有民族特性而"迁徙无常”之外，其余绝大多数人已采用汉人的生产生活方式。早在南宋，梅州一带的畲族已经以木瓦代替茅竹为屋。（楼钥:《攻愧集》卷一百四《知梅州张君墓志铭》）到了元代，关于畲族人民生活方式易变的记录更为丰富。如《元史・杨景行传》记载，赣南畲民原本“不知井饮，汲于河流，故多疾疠；不知陶瓦，以茅覆屋，故多火灾”。在赣州路会昌州判官杨景行“教民穿井以饮，陶瓦以代茅茨，民始免于疾疠火灾”。可见汉人显著影响了畲族的生产生活方式。

其四，畲族语言（指尚未被客家方言同化的畲语，在语言谱系上属于苗瑶语族苗语支），是促成早期赣语向客家方言转变的重要介质。在赣闽粤边的汉畲融合进程中，畲族语言使用范围不断缩小，最终被以江西中北部移民后裔为主体的汉人语言所“取代”。而与此同时，畲族语言对汉人语言也产生着影响，最终致使原始赣语在赣闽粤边发生易变。虽然汉族在人口规模上和文化态势上占有压倒性优势，但随着畲汉融合的深化，以江西中北部移民后裔为主体的赣闽粤边汉族，在将自身语言“借给”同处在这片土地上畲族时，也通过“借词”将畲语的部分词汇“借入”自己的语言之中。最晚到了元代中后期，生活在赣闽粤边的汉族和畲族，已经在日常的生产生活方式和语言文化诸方面开始趋于一致，从而逐渐形成一个新的语言文化群体，这个群体就是方言群意义上的客家。

客家方言群是赣闽粤边汉畲融合的产物，故而产生之处应位于两个民族间交流最为频繁的区域。从南宋以降赣闽粤边区域社会与文化的发展过程来看，这个区域就是赣闽粤边现代客家方言地理格局田字形构造中间的“十”字形交叉地带，即武夷山南段—罗浮山与大庾岭以东的南岭山脉交会之处。对应当今的地方行政区划，大致在于都—石城—宁化一线以南、龙川—兴宁—梅州一线以北、于都—信丰—龙南一线以东、宁化—上杭—梅州一线以西这个范围之内。

三、南下北上，西进东渡

客家方言群虽然形成于赣闽粤边的武夷山南段——罗浮山脉与大庾岭以东的南岭山脉交会之处，但是该方言群现今的分布格局，却大大地突破了原来的地理范围。几乎自客家方言群形成之日起，由于人口压力和各种政治原因，他们中的一部分人不得不再次踏上迁徙之路。客家人首先由赣闽粤边的“锋面”区域向赣闽粤边的周边区域迁移，经年累月，整个赣闽粤边演变为客家的大本营。然后，客家人又从大本营出发，南下广东中南部，北上江西西北部、浙江西南部和湖南，西进广西和川渝，东渡台湾。

（一）向广东中南部的迁移

今天广东境内，除了粤东北和粤北，中南部有 70 多个县市区有传统客家聚落。这些聚落的形成，是客家方言群在不同历史时期从粤东北向外迁移的结果。

清朝初年的“迁海”和“复界”是客家向广东中南部进发的首要动因。明末清初，郑氏家族赶走了荷兰殖民者而收复台湾之后，随即以之作为反清复明的根据地。清廷为截断郑氏武装力量与大陆人民的联系而实行“迁海”之策，即命广东、福建、浙江、江苏、山东等省的濒海地居民内迁 30 至 50 里不等，划定迁海界线，线外逾期不迁者军法论处。广东沿海的惠州与潮州二府所属各县于顺治十八年（1661）开始执行，至康熙元年（1662），广州府属沿海各县亦须内迁，随后，广东南路沿海各县沿海均被纳入“迁海”范围。

“迁海”政策驱使粤省沿海居民内迁，原居之地化为荒芜，人口损耗极为严重。明代中期以降，潮、惠二府居住着大量客家百姓，他们发展的总体趋势是向东南沿海拓展。而“迁界”直接截断了广东客家向沿海发展的进程，还严重加剧了潮州、惠州的人地矛盾。康熙二十三年（1684），清廷平定郑氏反清力量后决定“复界”，下令召集流亡百姓，奖励垦荒，限令沿海各县五年之内消灭荒地。由此，赣闽粤客家百姓迁往广东中部、西部、东部及南部沿海各县。其中，迁往广州府下辖新宁县，肇庆府属鹤山、高明、开平、恩平、阳春、阳江等州县的客家移民潮最具代表性。据民国《赤溪县志》卷八《赤溪开县事纪》记载：

> 清康熙元年，台湾“贼”郑锦扰及粤疆，诏濒海各县居民内徙五十里。三年，又因番禺蜑贼李荣等之乱，恐迁民仍通海舶，续迁近海之民于内地。因是迁徙民至窘匮无以资生，渐渐死亡者十不存其八九。以致迁地空虚，盗贼益肆。七年，巡抚王来任以缩地迁民为非，策疏请展复两迁地界，听民复居，奉旨依议。

在“复界”政策下，回迁者寥寥无几，“粤吏遂奏请移民垦辟以实之。于是惠、潮、嘉及闽、赣人民挈家赴垦于广州府属之新宁，肇庆府属之鹤山、高明、开平、恩平、阳春、阳江等州县，多与土著杂居。以其来自异乡，声音一致，俱与土音不同，故概以客民视之，遂谓为客家云”。雍正十年（1732），督粮道陶正中到广东新宁、开平、恩平等地劝谕民众开垦荒地，新宁知县王暠亦重视开垦荒地。至乾隆初年，“惠潮嘉人来垦者仍众。至是生齿日繁，读书人士难归原籍，各请就近入籍考试。”鹤山、高明、开平、恩平等县客民占居者众，得与土民一同应考。新宁客民屡请入籍与试，皆被土著阻挡，等到乾隆二十九年，新宁另编客籍考试。“客童有上进之阶，膺贡举而登仕版者，代有人矣。”迁入之后，客家人不惧艰苦，“繁生育，又善引族属。故所在占籍皆能自辟村居，繁殖人口，计由雍乾始迁，以迄咸丰初，仅百十余年，鹤、高、开、恩等县不具论，即新宁一邑，客民人口已不下三十万。而所居地虽多僻瘠，以宁邑方舆计之，殆占三分之一焉。”（民国《赤溪县志》卷八《赤溪开县事纪》）由清廷“复界”而促成的客家人向广东各地的迁移，大约发生在雍正至咸丰年间，历时百余年。新迁入的客家人经历了从客居垦荒到“入籍”本土的过程。在很大程度上，广东取代福建与江西称为客家人口分布最广、数量最多的省份，正是清初“迁海”又“复界”的结果。

（二）向赣西北、赣东北与浙西南迁移

明代中后期，闽西客家就曾迁入赣西北山区，他们被江西当地人称作“棚民”。清初，他们多次举兵对抗清廷，为清廷所镇压。顺治六年（1649），江西地方官员将他们编入“棚籍”，“各编乡甲，造册入籍”，以便“岁纳丁徭，永输国赋”。（康熙《宜春县志》卷六）但这一举措遭到宜春、萍乡等地土著的反对。康熙十六年（1677），地方政府迫于本地土著施压而驱逐入籍棚民。

到了康熙二十九年，以万载为中心的江西西北部地区“招徕闽粤之人，渐次垦辟”（雍正《万载县志》卷六）。至康熙末年，仅万载一县即接纳闽粤客家人口三万，占全县总人口的四成。随后，来自粤东北及闽西的客家人进一步向北部流动，陆续进入铜鼓、修水、武宁、奉新等县。相较而言，赣东北和粤东北之间距离遥远，该地迁入的客家移民主要来自闽西。清中期以前，闽西客家进入赣东北，集中生活在玉山、上饶两县山区。

自明代后期起，客家人逐渐迁入浙江。浙南山区在清初深受“三藩之乱”影响，田野荒芜，人烟稀少。战争过后，地方政府开始招徕流亡，鼓励开荒种植。在此背景下，闽西客家人沿武夷山东麓进入浙江，以浙南山区为中心，集中分布于云和、青田、松阳等县。据同治《云和县志》记载：“康熙三十年以前，云和烟户一千三百耳，今（即乾隆年间）将计五千，闽中客强半。”这里的“闽中客”指的是来自福建汀州各县的客家人，他们主要分布于云和县西北龙泉溪两岸的赤石与桑岭之间，通行之语“纯乎闽音”。又如光绪《青田县志》记载，“自耿藩平，荒田特多。康熙四十年后，前县令郑新命招民开垦”。至雍正年间，被招到该地的外来人口已占当地总人口一半左右，而根据家谱文献推算，其中有近七成来自闽西。松阳县石仓源、小巷一带，以及清源岔等地均语“汀州腔”，可见闽西客家人主要聚居于这些地区。

在浙江龙泉、遂昌、泰顺、江山和龙游等县市也有不少客家人。据曹树基教授的估算，今天的浙江省遂昌县由客家移民及其后裔建立的自然村落，至少占该县村落总数的一半。在泰顺县，汀州客家人在山区种植染料

作物。据光绪《泰顺分疆录》记载："自康熙以后，多汀州人入山种靛，遂聚族而居，今皆操汀音"，可见迁入的闽西客家已成规模。至于江山县，考诸该县南部二十种家族谱牒可知，源自汀州的姓氏达六成之多。龙游县的情况与江山县相仿，据民国《龙游县志》所言："经明末清初之乱，继以耿精忠之乱，旧族丧亡不少，而迁来者福建长汀人占十之七八。"该志第八卷所记录的 43 个由闽西客家人所建立的村庄，几乎全部位于该县南部山区，占当地自然村总数的 10%。在常山、开化，以及浙西与浙东山区的建德等地，亦能发现来自闽赣客家移民的身影。只是相较浙南而言，迁移到这里的客家人不仅人数较少，而且分布零散。（葛剑雄、曹树基、吴松弟：《简明中国移民史》，福建人民出版社，1993，第 405—415 页）

（三）向广西、湖南和川渝的迁移

自明朝中后期开始，客家人逐步向广西进发，但迁入数量并不算多。要说大规模的进入，则要从清朝早期算起。清朝康熙年间的"复界"之后，客家人由传统聚居地向广东南部迁移。当时属于广东的钦州府（今属广西），由于靠近华南沿海地带，故而在乾隆年间成为接纳潮州府和惠州府客家移民的重要地区。据道光《钦州志》记载："雍正初，地尚荒而不治，自乾隆以后，外府州县迁钦者，五倍土著。"可见迁入人口在钦州人口结构中占据相当大的比重。如今钦州为客家方言区，方志中"外府州县迁钦者"应指自潮州府与惠州府迁入的客家人。

与此同时，部分客家人进入广西中部的柳州。民国《榴江县志》载：

> 道光甲午秋，余兼理邑篆。因公诣其区，民皆敦庞纯朴，有古怀葛风，询之，多自粤东来，或耕食凿饮，或服贾牵车，由由然，爰得我所，不忍去也。顷之，有耆老进而请曰："吾侪来此或数十年，或三世常沐太平之泽，固已老有所终，幼有所长矣。"

榴江县后来与其他县区合并为今广西鹿寨县，道光年间当地耆老所言"来此或数十年"，应指乾隆时期。嘉庆年间，客家移民已经沿西江深入梧州、浔州府和郁林州的广大地区，其中以原籍粤东的客家人居多，闽、赣次之。

咸丰、同治年间广东中南部发生“仇杀十四年、屠戮百余万、焚毁数千村”的土（粤方言群）客（客家方言群）大械斗。其后，清朝政府将由粤东北迁至广州府和肇庆府所属各县的客家人划入赤溪厅，又将赤溪境内的广东当地人易地安置。但赤溪地狭土瘠，根本无法安置数百万客家移民。为此，清朝政府拨出钱物若干，鼓励客家人迁往雷州、高州和廉州等地。在此背景下，客家人溯西江而上，进入广西。在今天广西境内的客家人，其先人绝大多数都是在土客械斗之后方才迁入广西。至清末之时，广西境内的客家人已分布在柳州—合山—钦州一线四十余个县份，人口逾 90 万，占当时广西总人口的 10% 以上。如今，客家为广西壮族自治区境内仅次于“白话”的第二大汉语方言，操客家方言的人口有 480 余万，占广西总人数的 10.124%，主要分布在陆川县、博白县、贺州市与贵港市等地。

客家人迁移四川，与清康熙年间的“湖广填四川”运动密切相关。明清之际，四川先后经历张献忠农民起义与“三藩之乱”，兵燹之后人口锐减，土地荒芜，粮价飞涨。为恢复四川经济，统治者鼓励两湖、江西、福建、广东等地农民入川从事生产，史称“湖广填四川”运动。清廷于康熙十年（1671）下令“各省贫民携带妻子入蜀开垦者，准其入籍”（《大清会典事例》卷一百五十八），康熙二十九年准许其子弟入籍考试，同时规定“川省荒地甚多，流寓之人情愿在川居住垦荒者，将地亩永给为业”（《大清会典事例》卷一百六十六）。据嘉庆《什邡县志》载：“张献忠蹂躏之后，土著稀少，四方侨寓率多秦、楚、闽、粤之人。”（嘉庆《什邡县志》卷十八《风俗》）可见在移民政策的推动之下，大量外来人口进入四川。

在此背景下，大量赣闽粤毗连区的客家人进入四川。由于清政府准许移民入籍，客家人多举家入川。据罗香林《客家源流考》摘录四川桂湖新都陈氏族谱称：

第十一世祖俊元（原住兴宁），字子进……子进带家眷，于康熙六十年辛丑岁正月二十六日……起程移居，上川住。罗氏（俊元元配）

生佐臣、佑臣，于雍正丙午岁（雍正四年）三月十六日，一齐同移上川住。

第十一世祖俊巍，字子铎……于康熙六十年辛丑岁正月十八日，在榕树屋起程，带家眷，移居上川……

俊元公实为迁蜀之始祖，谱载公有子四人，其三人皆已失传，独信臣公生子六人，而住新都者，又只怀焕公一人，其余则皆他徙，闻住广汉者颇多，以无宗祠之故，未由相聚。

这种携家带口，全家乃至全族移居的模式，应是客家移民入川的基本形式。迁入四川的客家人主要来自广东。根据民国时期编修的《合川县志》《简阳县志》统计，自粤入川的移民姓氏有93个之多，远高于其他省份的移民氏族，其中客家人占广东移民总数的九成以上，原籍多为长乐（今五华县）、兴宁两地。

此外，自江西与福建的移民氏族分别有38例与10例，其中赣南与闽西客家氏族占了相当大的比例。入川客家人还有部分来自湖南。据民国湖南《汝城县志》记载，祖籍广东仁化的汝城东岭夏礼洞刘氏，于明末入湘，传三代后迁入四川。再如汝城县寨下钟氏祖籍江西龙南，清初迁至汝城，传四世后迁入四川。

从分布特征上看，迁徙入川的客家人与其他各省杂处而居，一同将四川建设成繁盛富庶之地。目前，客家人分布在川中东部的成都、彭州、广汉、什邡，川北的仪陇，川东北的巴中、通江，川东的广安、资阳、资中、威远、隆昌，川东南的泸州、宜宾和富顺，以及川南的西昌等地，总计二十余个市县，今重庆市的荣昌、合川也有客家人分布。川、渝境内客家人口总数约有100万。（崔荣昌：《从四川客家方言岛谈起》，程志远编：《客家源流与分布》，天马出版社，1994，第172—174页）

湖南境内的客家人主要分布在湘东北、湘东和湘南。明代后期至清代前期，一批闽西和粤东北的客家人迁入湘东北的浏阳与平江县。湘东的醴陵、攸县、酃县（今炎陵县）和桂东均有客家人分布。明清易代之时，赣南客家为躲避清兵而进入醴陵。民国《醴陵县志·氏族志》如此描述当地客家：

> 习劳尚武，男女并耕，结棚而住，故称之为棚民。明亡，常纠集勇壮头裹红巾，响应郑成功、金声桓以图恢复……清吏之于棚民，捕杀之余，继之以驱逐。棚民既不容于宜春，多散居临县。

另据地方志所言，迁入醴陵的客家人多来自闽、粤两省，“明末清初，重罹浩劫，土旷人稀，播迁远来者则什九为闽、粤两省汀江、东江流域之人”。

清代的“迁海”政策是闽粤客家人进入醴陵的重要原因，“顺治间，郑成功据厦门，屡侵掠沿海诸县。清兵追之不能胜，乃颁令迁沿海之民于内地，尽焚其庐舍器物，以绝郑氏海舶所用钉铁、麻油、硝磺、粟帛。闽粤之人家破流亡，千里远来。”（民国《醴陵县志》卷六《氏族志》）攸县在明末经历兵灾，清政府“招徕开垦，难敷额数”（同治《攸县志》卷八《田赋》），在此背景下，一批客家人进入攸县东乡。该地多山，“闽粤之民利其土美，结庐山上，垦种几遍”（同治《攸县志》卷五十四《杂识》）。酃县客家人主要于明清之际自广东迁入，该县饶、邬、叶、伍等姓氏，均于康熙、雍正年间迁入。清代同治年间，该县寄籍烟民人口达97160人，占全县总人口的77%，其中绝大多数是客家人。至20世纪90年代，该县通行的客家方言为广东梅县客家方言，有86%的客家家族自广东梅县、兴宁、五华、乳源、翁源等地迁出。（酃县志编纂委员会编：《酃县志》，中国社会出版社，1994年，第549页）在湖南南部的汝城、郴县（今郴州市苏仙区）与新田三县中，汝城的客家人分布最为集中。

（四）向台湾的迁移

在中国，除了赣闽粤毗连区、湖南、四川、广西、浙江等省区外，与大陆一水之隔的台湾省，也是客家人重要的生活地域。据统计显示，现今台湾全岛总人口数为2300余万，客家人口约为450万，占台湾总人口数的19%。

明末清初，郑成功把荷兰殖民者赶出台湾后，随即以此作为反清复明的根据地，并大量招募大陆百姓入台。自此时起，闽粤客家陆续迁入台湾。清代康熙年间，客家大本营地区的人地矛盾日益激化，开发程度相对较低的台湾成为客家人移民目的地之一。罗香林先生指出：“康熙时期迁移台湾的客家，虽数目并不很多，然因台湾的生活较易，客人受到经济引诱，接着愈来愈众，愈殖愈繁，几乎占了台湾全人口的三分之一。”（罗香林：《客家源流考》，中国华侨出版公司，1989年，第32页）这基本概括了客家人迁台的动力。

清初，统治者严格限制往来台湾、厦门船只的乘载人数，并于出入时盘查，严禁偷渡。开往台湾的船舶一定要到厦门盘验，统一护送至澎湖，再由澎湖驶向台湾。由台湾回内地者，亦须盘验护送，经澎湖返厦门。清廷还规定，凡来往台湾的人，必须有地方官府给照方许登船；严禁单身游民无照者偷渡到台湾，禁止携带家眷。如查获不法者，不论官民分别严加治罪。（台湾银行经济研究室：《清圣祖实录选辑》，台湾银行经济研究室，1963，第167—168页）康熙晚期，渡台民众须审请照单，经分巡台厦兵备道核准，在得台湾海防同知验可，然后由厦门放行出港，在鹿耳门接受查验后登岸，渡台不得携带家眷，只能只身前往。大陆民众迁台手续之繁杂，官方控制之严密，由是可见。由于粤东为明末清初时反清势力的策源地，清廷担心此地人民入台会与清廷对抗，故以该地“素为海盗渊薮”为由，严禁粤东百姓入台。

先期入台的客家人常与闽南人械斗，此亦为清廷禁止粤东人民迁台的理由。《重修凤山县志》记录了发生于康熙六十年（1721）的一次械斗：

> 自五月中贼党既分，闽粤屡相并杀，闽恒散处，粤悉萃居，势常不敌，南路赖君奏等所纠大庄十三，小庄六十四，并称客庄，肆毒闽人。（王瑛曾：《重修凤山县志》，台湾省文献委员会，1993，第276页）

闽西与粤东客家人同属一系，故而一同与闽南人搏杀，“永定、武平、上杭各县人复与粤合，诸漳、泉人多举家被杀、被辱者。”闽南人不甘败绩，“六月十三日，漳、泉纠党数千，陆续分渡溶水，抵新园、小赤山、万丹、滥滥等庄，图灭客庄……十九日，客庄齐竖‘大清’旗，漳、泉贼党不斗自溃，叠遭截杀；群奔至淡水溪，溪阔水深，溺死无算，积尸填港”（乾隆《重修凤山县志》卷十一《杂志》）。故而福建水师提督施琅严格禁止广东移民入台，以避免械斗频发扰乱社会秩序。

重重禁令未能阻挡客家人入台的脚步。他们艰苦跋涉，横渡黑水沟，向台湾进发。由于清政府长期严禁广东人民迁台，粤东客家多采取偷渡的方式进入台湾。闽粤沿海港汊众多，“自福宁以迄漳州，私口如鳞，无处不可偷渡”（尹全海等整理：《清代福建大员巡台奏折》上，九州出版社，2011，第 288 页）。此外如广东惠、潮各州的海岸港汊，船只皆可出口。粤东各县的早期入台之人，大多数都经由这些私口渡海播迁至台湾。

康熙三十年（1691）以后，首批赴台的客家人（以嘉应州的镇平、平远、兴宁、长乐为主，即所谓“四县人”），由于台湾府城已被闽南人占据，他们只能在东门外开垦菜园维生。后来，客家人发现淡水溪东岸尚有未垦荒地，于是纷纷移往此地。他们努力开垦，渐将无主荒地变为良田，人口规模也不断壮大，北至罗汉门南界，南至林仔边溪口，沿着下淡水、东港两溪流域，均可见客家村庄。

在严禁广东移民入台的福建水师提督施琅去世后，迁入台湾的粤东客家数量显著提升。据乾隆《重修凤山县志·风土志》记载：

凤山自县治北抵文贤里等处，俗略与郡治同，由县治南至金荆潭一带，稍近乔野，自淡水溪以南，则番汉杂居，而客人尤夥。

文中“客人”指客家人。至康熙朝后期，清政府进一步放宽粤东地区人民赴台限制，大本营地区的客家人入台规模进一步扩大。迁台之后，同一乡里的客家人基本居住在相邻的区域，彼此照应。值得注意的是，清代迁台客家人的祖籍地并不均衡。据统计，在闽、粤二省迁入台湾的客家人中，原籍广东者居多，其中原籍嘉应州者数量为最，其次为惠州，福建汀州与广东潮州位居第三和第四。

在康熙至雍正年间，客家人多只身赴台，“春时往耕，西成回籍，只身去来，习以为常”（《续修台湾府志》卷二〇），如候鸟般往返大陆与台湾，季节流动性明显。在客家聚居的村庄，“数百人而无一眷口者。盖内地各津渡妇女之禁既严，娶一妇动费百金，故庄客佃丁稍有赢余，复其邦族矣”（康熙《诸罗县志》卷十二《杂记志》），“各庄佃丁，山客十居七八，靡有室家”（康熙《诸罗县志》卷八《风俗志》），男多女少之状由是可见。据雍正年间蓝鼎元所言：“自北路诸罗、彰化以上，淡水、鸡笼山后千有余里，通共妇女不及数百人；南路凤山、新园、瑯琊以下四五百里，妇女亦不及数百人。”（蓝鼎元：《鹿洲全集》，厦门大学出版社，1995，第805页）距诸罗县邑五十里的大埔庄，“有女眷者一人，年六十以上者六人，十六以下者无一人，皆丁壮力农，无妻室，无老耆幼稚”（蓝鼎元：《东征集》卷六《纪十八重溪示诸将弁》，台湾古籍丛编第三辑，福建教育出版社，2017，第492—493页）。这种男多女少的人口结构，显然是受客家男性只身来台，春往秋回的影响。

乾隆年间，迁台客家人的数量急剧提升，进入高峰。乾隆五十一年（1786），台湾客家人因协助抵御林爽文起义而受朝廷表彰。据叶钧《台南从军义民纪略》（《广东文海》卷六十二）所言：

> 客人者，广东嘉、平、镇三州邑侨寓之人也。先是，台湾明亡郑氏据有其地，康熙初始入版图。内地流人侨寓者，闽人谓之犵狫（按此是叶氏之误，闽人称为福佬，福读如鹤，故称鹤佬，非犵狫也），粤人谓之客人。而客人占籍北路者，在诸罗、彰化等处，其占籍南路者，在凤山之方寮、滁浓等处，户口殷盛，邑屋相望。自康熙六十年朱一贵、雍正十年吴福生之乱，李直三、侯观德、侯心富等前后佐官军平贼有功，朝廷嘉之，诏官吏即其庄（曰粤庄）立忠义亭，故大田（林爽文党羽）等惧之……

此时，清廷逐步放宽民众渡台限制，准许迁台人民携带家眷，客家人从而开启举家迁入、落籍定居的过程，在台定居人数逐渐增加。

以台南为中心，迁台客家人一路向南播迁，继而向北发展。台湾南部地区，包括今嘉义以南至屏东一带，大致相当于清朝康、雍、乾三朝的诸罗县、台湾府治、台湾县与凤山县（合称“三县一府”），是客家人开垦、定居较早的一区。成书于康熙六十一年的《东征集》所言：

> 十八重溪，在哆啰啯之东，去诸罗邑治五十里……其中为大埔庄，土颇宽旷，旁附以溪背、员潭、坎下、北势、枫树冈等小村落。未乱时，人烟差盛。今居民七十九家，计二百五十七人。多潮籍，无土著，或有漳、泉人杂其间，犹未及十分之一也。（蓝鼎元：《东征集》卷六《纪十八重溪示诸将弁》，台湾古籍丛编第三辑，福建教育出版社，2017，第492—493页）

由上推断，客家人迁入台南并形成较大规模村落的时间不会晚于《东征集》形成的康熙年间。

类似“大埔庄”的“客庄”常见于台南方志中，如康熙《诸罗县志·风俗志》中言：“潮人尤多，厥名曰‘客’。多者千人，少亦数百，号曰‘客庄’，朋比齐力而自护。”再如成于康熙五十九年（1720）的《台湾县志·舆地志》言：

> 客庄，潮人所居之庄也。北路自诸罗山以上，南路自淡水溪而下，类皆潮人聚集以耕，名曰“客人”，故庄亦称“客庄”。每庄至数百人，少者亦百余。漳、泉之人不与焉，以其不同类也。

此处“潮人”指原居于广东潮州地区中、西部的客家人，而并非潮州东部的闽南人，否则漳泉人士不会不以之为同类。台南屏东县万丹乡与长治是客家人在台湾南部经营的两个中心。以两地为据点，客家人在台湾南部建立了十余个大庄、六十余个小庄，移民人数有十余万之众。

台湾中部地区包括现今云林、南投、彰化、台中等地。在康熙末年至乾隆年间，客家人在这一区域建立了大量客庄。入垦中部的客家人多是青壮年男性，他们具有很强的季节流动性（即春季赴台，秋季返回），还经常纠众向北部进发。因此，中部的客庄时兴时废，长存者甚为少见。雍正年间，进入中部地区的客家人数量渐增，“客庄”数量随之增长，其中较为著名的有海丰堡、海丰港街、饶平厝、大埔厝、永定厝、香山庄、广兴庄、梅州庄、潮洋庄、海丰寮等。至乾隆末年，随着渡台政策进一步松弛，进入台湾中部的客家人愈发增多。

台湾北部地区包括苗栗、新竹、桃园、台北等地，在光绪十一年（1885）台湾建省、设立台北府以前，桃园、新竹与苗栗隶属于雍正元年（1723）设立的淡水厅。淡水厅的设置初期，厅治位于彰化县，后来才迁到竹堑城，也就是今日新竹市的前身。相较而言，客家人入垦台湾北部的时间较晚。康熙末年，零星客家人进入北部地区耕作。至乾隆年间，当地政府鼓励垦荒，客家人开始结众进入这一区域。客家人的到来显著促进了该地发展——乾隆六年（1741），淡水厅只有 1 街 15 庄，但到乾隆二十八年，该厅已扩展到 4 街 55 庄。在北部地区，客家人最早开拓淡水、新竹一带。他们与闽南人共同垦荒，至乾隆中期，该区已成资源不足之态，客家与闽南人为争夺生存资源而展开械斗，其结果是人数相对较少的客家人逐渐往桃园迁移。桃园土地贫瘠，土中有大量卵石，垦殖困难，至雍正时期仍是荒芜之地。客家人迁入此地后清理砾石，开辟田圃，挖掘陂塘，蓄水灌溉，遂将此地变为宜居之区。苗栗位于新竹以南，其开垦时间更晚。此地近海平原于清前期已经开发完毕，山区则为土著所据。清代嘉庆年间，一些客家人在此形成村落，但后来因械斗而废弃。同治年间，客家移民以黄南球为首领，组建垦殖公司，在开垦的同时组建抵御土著的防御体系，最终让客家在苗栗扎下根来。

往后观之，嘉庆、道光年间台北盆地的械斗致使一批客家人迁至桃园、新竹与苗栗（合称桃竹苗）地区。19 世纪 60 年代台湾开港通商之后，桃竹苗山地丘陵地广植茶叶、开采樟脑，急需劳动力，由此吸引一批客家人迁入。今日的桃竹苗地区是台湾客家的大本营。桃园市的客家人主要分布在南桃园各区，如中坜、龙潭、大溪、杨梅等；新竹县的客家人主要生活在近山乡镇，如关西、新埔、竹东、峨眉、北埔等；苗栗县共有18个乡镇市，其中，闽南人较多的是竹南、后龙、通霄及苑里等沿海四个乡镇，其余如南庄、狮潭、三湾、公馆、铜锣、三义、大湖等，则以客家人较多。

台湾省新竹县新埔镇枋寮义民庙，王和安摄

第四章 开枝散叶闯世界

客家人的身影不仅遍布赣闽粤边的崇山峻岭之间，东南亚、欧美、大洋洲乃至非洲等海外地区亦能发现客家人辛勤劳作的身影。客家弟子“走川生，越重洋，离乡井，背父母，以蕲补救，未及成童，既为游子”（民国《大埔县志》卷十一《民生志下》）。他们乘坐“大眼鸡”木船，扬帆驶向外埠，踏足人烟稀少的荒芜之地，筚路蓝缕，以启山林，“以南洋为外府”，在海外开枝散叶。客家人不忘先祖教导，在迁入地立下“纲常”，以其在客家大本营掌握的生存技能立足他乡，为迁入地的发展做出了不可多得的贡献。

1994 年，“世界客属第十二次恳亲大会”在梅州召开。据会议资料统计，全球客家人数约有 6562 万，中国大陆约有 5290 万人，香港约有 125 万人，澳门约有 10 万人，台湾约有 460 万人，海外各地约有 677 万人。2016 年，据相关资料分析，海外客家人主要分布在东南亚地区，数量以印尼为第一，之后依序为马来西亚、泰国、新加坡。美洲客家华人较少，约 30 万人，主要分布在美国西部的旧金山、洛杉矶，东部的大纽约地区，以及太平洋岛屿夏威夷等地。

一、有太阳的地方就有客家人

客家人移民海外的高峰出现在以下三个历史时期：南宋末年到明清鼎革之际，清初顺治到同治前期，三是清同治前期以后。12 世纪到 16 世纪中期全球海洋贸易兴起前，客家海外移民以政治性移民为主，自 16 世纪中期开始，海外客家商人群体势力渐增，至 18 世纪完全成熟，外出营商成为客家人出洋谋生的重要动机。自 16 世纪以降，全球海上贸易网络逐渐形成，客家人用功海外，成为西方国家在东南亚进行殖民活动的劳动力来源。此外，赣闽粤毗连区内部的人地关系紧张，同样是促使客家人播迁海外的重要原因。

客家先民下南洋的历史可上溯至宋朝末年。元朝势力已入赣粤之地，文天祥率军抗元，在他的号召下，八千勇士与元兵激战，最终收复梅州。但元兵实力强大，文天祥军队被迫退守松口。在此地，八百卓姓勇士投到文天祥麾下，但因寡不敌众，最终败走潮州，又乘船逃往崖山（今江门市新会区南）。在海上逃难的过程中，船只倾覆，落水而亡者十之八九，而有一个名叫卓谋的人幸免于难。卓谋与其他幸存者乘着木船，随洋流漂泊到了南洋婆罗洲，可谓九死一生。卓谋等人很有可能是最早出洋谋生的客家先民。在婆罗洲，卓谋率领族人开荒拓土，渐成聚落，华人势力日增。（罗英祥：《飘洋过海的客家人》，河南大学出版社，2005，第4页）明清易代，由于赣闽粤毗连区人地矛盾愈发尖锐，另为躲避沿海地区的战火，客家人从粤东及闽西出发，前往吧城（今印度尼西亚雅加达）、旧港（在今印度尼西亚）、马六甲、海珠屿（在今马来西亚）、暹罗（泰国）、安南（越南）、

客家人下南洋的帆船。图源自广东省情网

老挝、柬埔寨等地，这股迁移浪潮在清初达到高潮。以嘉应州为例，在乾隆年间该地曾有数千人到安南、老挝、柬埔寨等地谋生，其规模不可谓不大。在南洋侨界，长期流传着“客家人开埠，广府人旺埠，闽潮人占埠”的民谚，可见客家人的开拓之功。

19 世纪中期以降，国内时局动荡，广东珠江三角洲出现大规模的土客械斗事件，社会局势混乱。在此背景之下，部分客家人再次踏上迁徙之路。其时，包括客家人在内的华人出洋主要有两种形式，一种是契约华工。一些民众因生活所迫，与招募赴外务工的洋行商馆签订卖身契。卖身契签订后便不得反悔，一些客家人经此渠道奔赴海外。一些商馆或洋行为招徕契约华工，甚至会采取诱骗或绑架等方式。被绑架到海外的华工，被称作“猪仔”，而绑架华人出洋的商行组织，被称作“猪仔馆”或“猪仔行”。客家人出洋的另一种形式是自愿出洋务工。由于原居地人地矛盾激化，社会动荡不安，部分民众自愿出洋务工。他们经劳务经纪人或劳务承包公司介绍出洋，这种劳工的人身自由相对较大。部分无钱购买船票但又想出国务工的民众，会向经纪人或劳务公司赊欠船票，待获得酬劳后再归还。这种华工被称为“赊单华工”。这种借款出洋的方式，被称作“赊欠船票制”。（杨国标、刘汉标、杨安尧著，朱杰勤主编：《美国华侨史》，广东高等教育出版社，1989，第 29—30 页。）

（一）客家人在东南亚

广东省梅州市梅县区松口镇是一个宁静的客家城镇。但潮起潮落的梅江，与镇上富有南洋风格的建筑，暗示着这座小镇非同寻常的过往。松口镇位于赣、闽、粤三省交界之处，客家先民多自此入粤。凭借优越的水陆交通条件，松口镇日渐兴盛，松口港亦成为一个极重要的内河港口。到了明清时期，客家人又从此乘船出发，前往海外，而南洋则是客家人的目的地之一。在明清以至近代，包括马来群岛、菲律宾群岛、印度尼西亚群岛及中南半岛在内的东南亚地区，被统称作“南洋”，其对应具体的国家包括越南、老挝、柬埔寨、缅甸、新加坡、马来西亚、印度尼西亚、菲律宾、文莱和东帝汶等国。南洋地区离我国东南沿海相对较近，

梅江松口段宽广的江面，客家人从这里出发，播迁至世界各地。图源自广东省情网

且地处热带，自然条件优越，适合垦殖，该地便成为客家人迁入的首选之地。

早年间，广东梅县、大埔等地的客家人大多由松口镇出发，沿着韩江顺流而下，在潮汕饶平的柘林港或澄海的樟林港换船出海，通过近海航行，绕过海南岛、中南半岛，终抵南洋。1860 年，汕头开埠通商，客家人于此出洋者与日俱增。广东惠州的客家人则多从广州、澳门等地出海谋生。在 19 世纪中期以前，客家人下南洋主要乘坐一种被称作“大眼鸡”的帆船，单程航行需要 20 至 30 天。这种帆船的特征是“平底、方头、高尾、四角帆”，主要依靠风力作动力。每年冬季风劲吹的时候，客家人从故乡出发，扬帆起航。若要返回，则要等到夏季西南季风吹起时才能登船。19 世纪中期以后，蒸汽轮船被运用于广东至南洋的航线上，这使得往返南洋不再依赖于季风，且时间大大缩短。这加速了客家人下南洋的进程。

闽南诏安等地的客家人，早年直接由东山、南澳等地出海，后多从厦门等口岸搭乘航班出海。龙岩、永定等地的闽西客家人多沿汀江一线步行至广东省大埔县的茶阳镇，于此乘船至汕头，随后换船出海。广西客家人多从合浦、钦州等地直接出海，或从梧州沿着西江到广州，他们或从广州直接出发，或辗转香港，换船出洋。

至19世纪，英国建立起英属海峡殖民地，有着“马六甲海峡咽喉”之称的新加坡开埠，并成为东南亚重要交通枢纽。随着西方殖民势力在东南亚的扩张，南洋诸地对中国劳动力的需求亦与日俱增，在此背景之下，中国与新加坡建立起若干固定的航线，兹举如下：

新加坡（星洲）—香港—厦门—上海—日本线；

香港—新加坡—槟城—仰光—加尔各答线；

马来西亚—香港—厦门—上海线；

仰光—槟城—新加坡—香港—汕头—厦门线；

香港—海口（琼州）—新加坡—暹罗线；

吧城（巴达维亚）—新加坡—香港—汕头—厦门线。

此时，受季风、洋流影响较小的新式轮船取代了帆船成为主要运力，交通时长显著缩短，运输效率大幅提升，大大便利了客家百姓出洋谋生。

1. 客家人在泰国

泰国位于中南半岛中南部，东南临太平洋，西南临印度洋，南部国土延伸至马来半岛，与马来西亚相接，全境大部位于热带季风气候区。早在14世纪，客家人便开始迁至泰国（时称暹罗），并在吞武里、曼谷等地建立关帝庙。18世纪20年代，中国与暹罗间贸易往来频繁，大量瓷器、刺绣、木雕、竹木器等商品及菜籽等农产品通过“红头船”从广东澄海输往暹罗，再从暹罗运回大米、香料、药材、锡等特产。此时，客家人如潮水般涌入泰国，他们或在航运途中充任船员，或乘船到泰国经商谋生。

19世纪60年代，汕头港被开辟为通商港口，客家人多选择在此登船前往泰国。亦有客家民众经东江转陆路，随后取道粤西至广西、云南，随后抵达泰国。（陈思慧、郑一省：《泰国的客家人与客属总会》，《八桂侨刊》，2014年第1期，第32页）

至第二次世界大战结束后初期（1946—1948），包括客家人在内的约20万至30万华人前往泰国谋生。1949年以后，泰国政府限制华人入境，

“红头船”

每年约有 200 人获准进入泰国。据估算，“二战”后进入泰国的客家人有数万人。

如今，华人人口约占泰国总人口的 14%，约有 260 万客家人。2003 年第十八届世界客属恳亲大会报告称，泰国客家人主要来自广东省梅州市的梅县区、丰顺县、大埔县、兴宁市与广东省惠州市，主要分布在泰国沿海口岸及铁路沿线商埠，如泰国南部靠马来西亚边境的宋卡府（Songkhla）、南方的普吉岛（Phuket Island）。

在泰国宋卡府合艾市，流传着“合艾之父”谢枢泗的故事，从中可见客家人对于泰国经济社会发展的贡献。合艾位于马来半岛中部，是泰国西南部重要的商业中心。如今的合艾市以旅游业闻名于世。在合艾市，客家人谢枢泗的铜像巍然屹立。谢枢泗（1886—1972）被称作“合艾之父”，他以敢于开拓、不畏艰险的精神带领广大客家侨民，在合艾闯出一片天地。

谢枢泗是广东梅县人。1904 年，年仅 18 岁的谢枢泗迫于生计，离开家乡，乘坐小火轮从松口镇出发，前往泰国。谢枢泗先是在曼谷的酒行中当店伙计，他精明灵巧，办事仔细，深受店内主顾欢迎。1909 年，谢枢泗得知泰国政

谢枢泗

府拟在南部修建铁路。他认为该地发展潜力巨大，便从酒行辞职，到铁路公司工作。谢枢泗凭借着过人的办事能力，担任南段铁路其中一段的总经理与巡检官。20 世纪初的泰国南部，人迹罕至，水洼遍地，丛林荆棘密布，开垦的难度可想而知。但谢枢泗不惧艰险，带领潮客民众六千余人，开拓荒野，用短短一年多时间便完成了修建任务。由此，谢枢泗名气大增，成为人人知晓的实业家。

在修建铁路的过程中，谢枢泗慧眼识珠，发现合艾是一个值得仔细耕耘的地方。其时，合艾只是泰南铁路线上的一个小村。谢枢泗先买下土地，建起商店与酒店，而后又在此处开辟锡矿场与橡胶种植园。经过谢枢泗的不断努力，合艾从一个泰南小村逐渐变成了一个繁荣富庶之地，谢枢泗也获得了"合艾之父"的美称。（广东省《梅州市华侨志》编委会，梅州市华侨历史学会编：《梅州市华侨志》，2001 年，第 169 页）

2. 客家人在马来西亚与新加坡

新加坡、马来西亚两国的客家人为数众多。在 20 世纪前期，马来西亚的客家人口比例占华人总人口的第二或第三位。（黄贤强：《导言：新马客家》，《全球客家研究》，2017 年第 9 期，第 69 页。）其中，八成的客家人分布在西马的吉隆坡、雪兰莪（30 万）、柔佛（14 万）、霹雳（13 万）、吉打、吉兰丹、槟城、彭亨、森美兰、马六甲等地，以及东马的沙捞越（16 万）、沙巴（15 万），人数达到 88.5 万。在各州的华人人口中，客家人在沙巴的比重最高，达到 58%，接着是沙捞越（32%）和森美兰（30%）。

客家人垦殖马来西亚的历史逾两百年之久，当地素有"客人开埠"的传说。在19世纪上半叶，马来半岛北部发现了大量锡矿，急需大量劳动力。与此同时，客家腹地人地矛盾日显，粤省内土客械斗频发，大量客家人背井离乡，其中相当部分的客家人来到马来半岛的矿场工作。在赴南洋佣工的客家人中，约两成是“契约劳工”，经“水客”带领或随亲朋好友同去南洋的占八成左右。所谓“水客”，指的是往来南洋与中国之间，以传带信件、财货，以及带人出洋为业的人。水客在客家人过番的过程中，发挥着重要的作用。梅县《风土咏》这样称赞水客：“一年大小两三帮，水客往返走海忙。便利侨民并益己，运输财币返家乡。”客家人出国谋生，千辛万苦积累下钱财后，总想着将钱寄回家乡。直接寄送钱财风险很大，且并不方便，外出务工的客家人往往委托往返于故乡与外洋的水客将汇款凭证带回故乡。这种通过民间渠道和金融邮政机构寄送回国，连带家书或简单附言的汇款凭证，叫作“侨批”。故乡亲人拿到汇款单后，便可凭单支取款项。一封封侨批，饱含着客家游子对家人的思念，更是客家人四海为家却不忘故土的明证。（广东省梅州市梅县区松口镇志编纂委员会编：《松口镇志》，方志出版社，2017，第53—54页。）

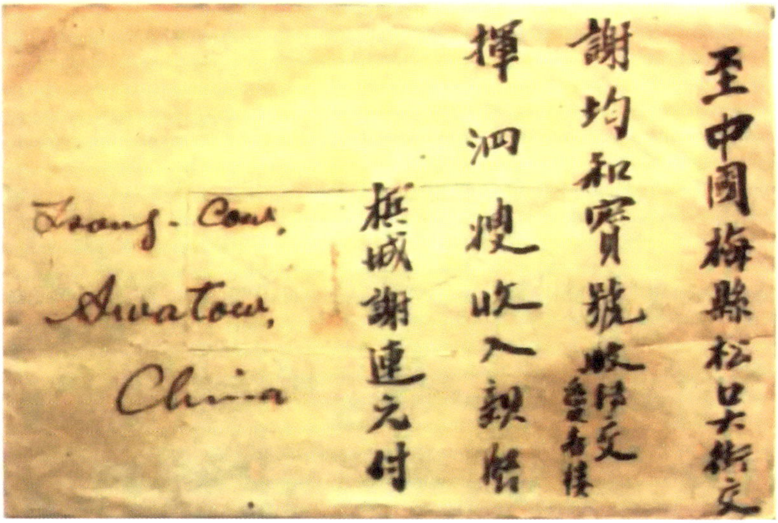

侨领谢逸桥家族侨批。图源自《松口镇志》，方志出版社，2017，第53页

如今，马来西亚有150万客家人。以马来西亚的沙巴州为例，直至2016年，马来西亚沙巴州有380余万人，华人是当地除原住民族群外最大的族群。在沙巴州，超过八成的学校为客家人所建，足见客家人在马来西亚社会中发挥着重要作用。

新加坡由新加坡岛与周边诸多小岛组成，它扼守马六甲海峡的咽喉，是沟通印度洋与太平洋的交通要道。至21世纪初，新加坡有逾400万人口，其中将近八成是华人。在华人中，客家人口约有20万人，他们主要来自粤东地区的梅州、惠州、揭西及闽西永定等地，其中，祖籍梅州大埔者比例较高，约有四成。尽管人口比例并不算高，但客家人在新加坡社会的影响却不容小觑。初抵狮城之时，客家人主要投身药材业、典当业。此外，他们在玩具制造、制衣、制革、建筑、旅游等行业中亦发挥着重要作用。

3. 客家人在印度尼西亚

印度尼西亚位于亚洲东南部，国土横跨赤道，地处太平洋和印度洋之间，是世界上最大的群岛国家。客家人在印度尼西亚的华人人口中所占比例很高，如在棉兰的50万人口中，有约三成为客家人。在爪哇岛，客家人主要居住在雅加达、三宝垄、泗水、万隆等经济文化中心；在苏门答腊岛，客家人主要居住在棉兰、巨港等地；此外，加里曼丹岛的坤甸、山口洋，苏拉威西岛的望加锡，邦加岛、勿里洞岛与帝汶岛等地，均为客家人的聚集地。

在明初之时，客家人来到印度尼西亚爪哇岛北岸及苏门答腊岛等地区。到了清朝，迁入印尼的客家人数量愈发增加。清初，参与抗清斗争的客家人南逃至印尼，除爪哇及苏门答腊之外，客家人进一步开垦了加里曼丹岛及邦加岛。加里曼丹岛的坤甸、山口洋等地黄金与钻石资源丰富，客家人抵达后便以开采矿藏为业。18世纪时，客家先贤罗芳伯在加里曼丹岛的坤甸创立起“兰芳公司”，组织客家人开发加里曼丹岛。时至晚清，参与太平天国运动的客家人南逃至印尼避难，还有大量客家人以“契约华工”的身份来到印尼。这部分契约华工主要投身于印尼的种植业与采矿业中。在19世纪70年代，梅州客家先贤张榕轩在棉兰设立万永昌公司，利用棉兰丰富的光热条件，广植烟草、橡胶、甘蔗等经济作物，收获颇丰。

位于广东省梅州市梅县区松口镇的张榕轩故居　庄庆勇摄

客家人在印度尼西亚形成了几个具有代表性的生活地区，其中包括爪哇、西加里曼丹和苏门答腊三地。其中，爪哇是印度尼西亚人口最为密集的地区，同时也是印度尼西亚客家人的主要分布地区。当地客家人主要来自广东省梅州市梅县区、大埔县、平远县和惠州市，以及福建省龙岩市永定区、上杭县等地。迁居于此的第一代客家人能流利地使用客家话交流，但第二代、第三代客家后裔几乎完全融入当地，日常生活使用当地语言沟通交流。如东爪哇和中爪哇地区的客家后代，一般使用爪哇话，西爪哇使用的是巽达话，雅加达则是使用柏大维话，20 世纪 50 年代，客家话仍是雅加达商业活动中的通行语言。

西加里曼丹的客家人主要居住在该省首府坤甸，当地华人有相当多的是客家人。卡普阿斯河（Sungai Kapuas，当地人又称卡江）将坤甸分为东、西两部，东部称“老埠头”，西部称“新埠头”。居住在老埠头的华人几乎全讲潮州话，新埠头则讲客家话。当地客家人所讲客家话亦有差异，如有的客家人操梅县腔，有的则操海陆腔。溯卡普阿斯河而上，沿线分布着十余个城市，这些城市的华人居民中约有九成是客家人，他们大多经营土特产品贩运，椰干、橡胶、木材等当地多有客家人经营出口。此外，还有大量客家人在西加里曼丹从事种植、养殖与捕鱼。西加里曼丹还有一批“新客华人”，他们在19世纪末到20世纪初期自广东海陆丰迁来，主要投身橡胶、胡椒种植业，并参与渔业生产活动。山口洋是西加里曼丹的滨海城市，此地的开发与客家人的迁入密切相关。18世纪60年代，来自广东梅县及周边的客家人抵达山口洋从事矿业生产，随后在此地形成客家聚落。扎根于此的客家人与当地女性（主要是达雅族）通婚，逐渐融入当地社会之中，但客家方言一直在山口洋得以保存。

苏门答腊的客家人主要分布在邦加岛和勿里洞岛。勿里洞岛客家人所操客家话与坤甸地区的客家人相一致。受当地主要华人群体语言使用习惯的影响，棉兰客家人与当地福建人一样讲闽南语，北部的亚齐地区以客家人居多，故当地出现了福建人亦讲客家话的情况。邦加岛客家人占总人口的三成到五成，所讲客家话以海陆腔为主。邦加岛盛产锡矿，初抵该地的客家人多在矿井谋生。

（二）客家人在大洋洲、欧洲与非洲

1. 客家人在大洋洲

大洋洲主要由澳大利亚大陆和太平洋各岛屿组成，诸岛散落在赤道两侧。如今约有30万华侨华人生活于大洋洲，其中澳大利亚华侨华人最多。大洋洲的客家人约有6万，分布在11个国家和地区。其中澳大利亚4.3万人，主要居住在墨尔本、悉尼、新威尔士、维多利亚以及南澳州、珀斯及塔斯马尼亚州；另外在塔希提、斐济、新西兰、所罗门群岛、马绍尔群岛、巴布亚新几内亚、瑙鲁、西萨摩亚也有客家人聚居。

迁居至大洋洲的客家人主要居住在澳大利亚。近代以来广东等地民众出洋务工，几成风潮。在寻觅金山、发家致富、改变命运的诱惑之下，以台山、新会、开平、恩平为代表的广府四邑青壮劳力前往澳洲务工。而在务工潮中，部分居于广府四邑的客家籍青年亦前往澳洲。他们三五成群，怀揣着“金山梦”踏进狭窄逼仄的船舱，经过数月航行，抵达澳洲。初到之时，华侨

多以挖矿为业，稍有积蓄，便改行经营洗衣店、杂货店等小商业。积蓄颇丰者，还经营钱庄，经营货币汇兑业务。20 世纪 50 年代至 70 年代，越南、柬埔寨、老挝等国及东帝汶地区政局动荡，原定居于这些国家的客家人纷纷逃往澳大利亚避难，这构成了澳大利亚客家人的重要一支。还有相当部分的澳大利亚客家人来自马来西亚、新加坡和印度尼西亚等国，以及中国香港和台湾，这部分客家人多因留学或经商迁居至澳大利亚。（肖文燕：《华侨与侨乡社会变迁：清末民国时期广东梅州个案研究》，华南理工大学出版社，2012，第 339—340 页）

2. 客家人在欧洲

根据 1994 年“世界客属第十二次恳亲大会”公布统计数字显示，欧洲的客家人约有 20 万，分布在 16 个国家和地区。其中英国最多，约有 15 万人，法国约有 3 万人，瑞士、荷兰、比利时、卢森堡也有数千人至上万客家人。欧洲的客家人大多是“二次迁徙”，即出洋时先到东南亚或美洲等地，再二次迁移到欧洲定居，并在英国、奥地利、瑞典等地的客家聚居点。

3. 客家人在非洲

广袤的非洲大地也有客家人开拓荒野、辛勤耕耘的身影。如今，非洲约有 8 万名客家人，主要分布在毛里求斯、塞舌尔、马达加斯加、南非等地。其中毛里求斯的客家人较多，约 3.5 万，南非约 2.5 万，留尼汪约 1.8 万。

1815 年，一批来自广东梅县、南海及顺德等地的木匠和泥瓦匠以契约华工的身份来到南非，这些客家工匠在合约期满后便返回祖国，并未在南非久居。1840 年鸦片战争后，大量生活无着的客家人成为契约华工，他们经过长途跋涉，抵达南非，在矿井与种植园中谋生，日夜辛劳，还不得不忍受种植园主和矿场主的压榨。太平天国运动失败后，相当数量的客家人为避祸而逃往海外，其中有一部分客家人先南渡至东南亚，在印度尼西亚、马来西亚、泰国等地居住，而后几经辗转前往非洲。20 世纪初期，在南非发现大量的黄金与钻石，当地劳动力严重不足，金矿主与钻石矿主便赴中国招募华工。在 1904 年至 1906 年期间，共有逾 5 万名华工被运往南非，其中客家人所占比例不小。在雇佣期满后部分客家人留在了南非。

印度洋岛国毛里求斯距离非洲大陆 2000 余公里。该岛全境大部分是亚热带海洋性气候，多雨湿润，非常适合种植经济作物。1830 年，毛里求斯开辟出大规模的种植园。为获取更为充足廉价的劳动力，种植园主开始招募华工。在这一时期，相当数量的客家人被招至种植园从事垦殖。他们在种植园辛勤劳作，将荒野开垦成一片沃土。如今，有 3 万多客家人在毛里求斯生活，他们从事餐饮、零售等行业，有的客家人还成为政府高官。客家人还在毛里求斯建起关帝庙，成立会馆，兴办学校，强化客家乡亲的联系，并为广大华人华侨提供帮助。

位于非洲东南方的法国海外省份留尼汪是西南印度洋上火山岛，面积约 2500 多平方公里，共有人口约 85 万人，其中有约两万名华人，客家人占大多数。法国殖民者于 19 世纪侵占这一地区，并由法国东印度公司招徕黑人奴隶种植甘蔗、咖啡等经济作物。19 世纪后期，罪恶的黑奴贸易终被废除，法国开始从中国及印度招募劳工。初抵该地时，留尼汪殖民当局会发给居留证明，但每隔半年须缴纳人头税。20 世纪初期至 1939 年第二次世界大战以前，大量客家人前往留尼汪甘蔗种植园佣工。

（三）客家人在北美洲与南美洲

华人迁居美洲的历史非常悠久。据传，早在 16 世纪中期，西班牙人曾从菲律宾运输丝绸与工艺品等中国商品前往墨西哥，一些中国商人及仆役等经这条航线抵达墨西哥。在 18 世纪晚期，一些华人曾随英国船只抵达美国洛杉矶、加拿大温哥华等地。在 18 世纪末 19 世纪初时，夏威夷产的檀香木因气味芳香、质量上乘而在中国市场大受欢迎，中国与夏威夷的檀香木贸易十分兴盛，故夏威夷又被称作“檀香山”。至 19 世纪 20 年代，已有百余名华商在檀香山投资兴业，一些客家人也参与其中。

客家人定居中南美洲的历史可上溯至 19 世纪中期。如今，中南美洲生活着约 20 万客家人，其中，有超过 10 万客家人生活在牙买加与秘鲁，在巴西、圭亚那、古巴、苏里南、特立尼达和多巴哥、巴拿马、阿根廷、厄瓜多尔、委内瑞拉、智利、多米尼加、哥伦比亚、危地马拉、玻利维亚等国，都有客家人辛勤劳作的身影。

1. 客家人在南美洲

19 世纪后半期，罪恶的黑奴贸易逐渐停歇，南美洲种植园出现用工荒。其时，英美等国在华派员设馆招募华工，几成风潮。占据古巴的西班牙种植园主也通过所谓的“商馆”或“洋行”在华招募华工。包括客家人在内的华人或自愿出洋，舍弃未来若干年的自由换取一张前往古巴的船票；或听信募工代理人，相信南美洲遍地黄金、生活富足的神话，签下卖身契约，踏上开往南美的船只。赴中美洲与南美洲佣工的华工多来自广东台山、恩平、开平与江门等地，以台山人居多，其中客家人亦有相当的比例。（陆国俊：《美洲华侨史话》，天津教育出版社，1991，第 18 页）船主为节省成本，竭力增加运输人数，航船内环境逼仄，舱内空气污浊不堪，不少华工因环境不良而生病，更有甚者则死于旅途之中。华工对海外生活的幻想很快被焦虑不安的情绪取代，船上甚至会出现华工集体暴动事件。对此，西班牙种植园主派出的募工爪牙则对华工进行血腥镇压，轻则鞭挞起事者，重则直接枪杀。

经过历时数月的海上航行，出洋务工的客家人终于到达目的地。其时，西班牙种植园主多在古巴种植咖啡、烟草与甘蔗。这些经济作物亦多出现于客家大本营地区，客家人对这些作物的种植技术十分熟悉。客家人的到来，填补了中南美洲的劳动力缺口，促进了这一地区的农业经济发展。在卖身期满之后，华工会获得一纸证明自由之身的“满身纸”。（陈兰彬著，王杰、宾睦新编：《古巴华工事务》，广东人民出版社，2018，第 256—265 页）

离开种植园后，华工多前往城市谋生，古巴哈瓦那的省下街是华工的聚集之地。在华工到来前，省下街及其临近的几条街道是一片无人居住之地，污水遍地，蚊虫滋生，非常不适宜居住。由于哈瓦那城中再无空地，包括客家人在内的华人迁入后，清除污水，填平沟壑，平整土地，原本污秽不堪的环境日渐宜居。华人在省下街建起房屋，开起贩卖各种水果、中国土产的杂货铺与兼卖中西菜品的菜馆，并经营洗衣业。1886 年，古巴废除奴隶制，获得自由的华人也进入省下街。久而久之，省下街及其附近的街区日渐兴旺，成为一处繁荣的商贸之地，包括客家人在内的华人的实力逐渐提升。

至20世纪40年代，中南美洲的客家人数量已经十分庞大。巴拿马的华侨中一半是客家人，古巴有数千客家人，牙买加华人几乎全为东莞、惠阳与宝安等地的客家人。在特立尼达和多巴哥，客家人以经营工商业为生，所拥财富甚巨，社会地位很高。在苏里南，客家同胞数量有数千人之众。苏里南无论以面积还是人口排名都是南美洲最小的一个国家，汉语中的客家话却是苏里南共和国的法定语言。2014年4月，苏里南政府将中国春节定为全国永久性公共节假日，这在美洲地区尚属首次。综上所述，客家华人已经在南美洲落地生根。

2. 客家人在北美洲

（1）客家人在美国

1848年，美国西部的加利福尼亚州发现了大规模的金矿。其时，已经有少部分广东商人在加州经营土产贸易，这些商人在参与金矿发掘后获得暴利。其发家致富的消息传回国内后，同乡大为艳羡，竞相效仿。他们登上开往加州的客船，也想在异国他乡赚得盆满钵满。一些船主发现淘金热带来的中美太平洋航线有利可图，便到广东沿海招揽生意。他们印制宣传广告，将加州描绘成环境优美、生活条件优渥、食物充足之地，人们只要稍事劳作，便能有丰厚的收入。19世纪中期，广东沿海战火频仍，社会动荡，在老百姓看来，宣传广告上的图景与天堂无异。一时间，大量居民不惜倾家荡产，甚至以身相抵，也要买一张前往加州的船票，到海外寻找“金山”。1863年，美国动工修筑自西向东横贯美国中西部的“中央太平洋铁路”，劳动力需求大幅提升。在华洋行积极招揽华工充任筑路工人，大量华人由此进入美国。据美国政府估算，1850年至少有4018名华人在加州旧金山居住。夏威夷是美国另一重要的华人聚居地，在19世纪前期，该地有约三成的华人是客家人。

至1852年，美国加州包括华人数量已有两万余人，两年后，北美华人有4万人之众。至1865年，共有38600名华人旅居美国，其中有客家人1780人。自1868年至19世纪80年代，共有20万华人旅居美国本土，其中有客家人 1.3 万人，加之移居夏威夷的客家人，在美客家总人数可能超过两万人。同乡会馆是旅美客家人主要活动场所。1853 年，客家人在美国旧金山成立新安会馆，该会馆于 19 世纪 60 年代更名为协杰会馆，后于 70 年代改称人和会馆。19 世纪 80 年代，广东惠州籍客家人加盟人和会馆，1905 年，“人和总会馆”正式立案注册。

（2）客家人在加拿大

加拿大有人口 3700 万，其中华裔人口近百万，客家人约占华裔人口比例的 10%。19 世纪中期以降，北美金矿开采及铁路修筑吸引了大批华工，工程完工后，华人遂遭排挤，包括客家人在内的华人群体迁入加拿大。相较美国而言，加拿大客家人数量不多。至 1940 年，加拿大建立起客家同乡组织“人和会馆”，该会成立之初有会员 46 人。1971 年，人和会馆长老黄池、黄国连、黄朝伦和邱石英以会馆基金购置会所并向官方登记，注册成立“加拿大温哥华客属崇正会”。如今，加拿大有十余个客属社团组织，为旅居加国的十数万客家人服务。

二、客家名人享誉海内外

客家人从中原走出，自北向南一路迁徙，直至走向世界。在这个漫漫历史过程中，无数名人层出不穷，数不胜数，享誉海内外，如洪秀全、张榕轩、黄遵宪、廖仲恺、罗香林、胡文虎、叶剑英、朱德、叶挺、杨成武、赖传珠、郭沫若、黄石华、曾宪梓、黄子卿、卢嘉锡等等，无论是从农、从工、从教，从商，还是政界、军界、侨界、科技等社会各界，客家英贤，灿若群星，留在社会进步及人类文明发展的苍穹之上。在这里，我们仅就近代开拓海外的客家先贤列举一二。

（一）罗芳伯与西婆罗洲的开发

在广东梅县石扇镇西南村，有一座简朴的瓦房。这座房屋坐北朝南，白墙青瓦，以土木砖石建成，历经百年沧桑，已经显现出疲态。而在这座其貌不扬的瓦房里，走出了为南洋婆罗洲开发立下汗马功劳，被誉为一代“坤甸王”的客家先贤——罗芳伯。

罗芳伯画像

罗芳伯于清乾隆三年（1738）出生在广东梅县石扇镇大岭下。罗家世代务农，罗芳伯幼时曾入学堂求学，但其求学之路并不顺利，35岁时乡试不第。罗家家境尚可，但罗芳伯在解决自身温饱问题的同时，还需要赡养老人，并接济两个弟弟，身上的负担并不算轻。于是他决定放弃学业，加入浩浩荡荡的“下南洋”队伍之中。

其时，婆罗洲（今加里曼丹岛）土著居民已经发掘金矿。客家人素有经营矿冶业的传统，婆罗洲统治者听闻华人善于开矿，曾从文莱招募20名华工开采金矿。在客家地区，有传闻称在南洋替人洗一双草鞋，就能获得半个金盾，这让不少人心生出洋淘金之意。婆罗洲盛产黄金，该地又被华人称作“金山”。罗芳伯在前往印度尼西亚前即对此地金矿业有所了解，断定能在此处发一笔大财。他抵达婆罗洲后，留意到坤甸一带地势平坦，土地肥沃，非常适合垦殖。而且他发现，坤甸蕴藏着丰富的矿产资源，如能协力开发，必能发家致富。罗芳伯再次发挥其豪爽大方的人格魅力，成功地团结起来自不同地域的侨民，一同开矿垦荒。在罗芳伯的带领下，坤甸地区成为一方繁荣富庶之地。

由于坤甸华人势力甚众，在贸易上占据优势，荷兰殖民者并不敢对华人轻举妄动，但却对当地土著横加欺凌。当地华人与土著关系和谐，他们联合起来，共同反抗荷兰人的殖民压迫。一日，罗芳伯目睹荷兰人侵占坤甸土著居民宅地、肆意鞭打土著居民的恶行，他万分激愤，便大声喝止。荷兰殖民者见状将罗芳伯团团围住，试图给这个不知天高地厚的华人以颜色。可他们没想到，芳伯自幼习武，身怀绝技，三两下便将身边的荷兰殖民者撂倒在地。随后，罗芳伯在其他伙伴的帮助下赶走了欺凌土著的荷兰殖民者。由此华人与坤甸土著的联系更加紧密。罗芳伯还曾协助婆罗洲苏丹平定祸乱，由是获得了土著苏丹的信任。土著苏丹将东万律一带的大片土地划给罗芳伯经营。罗芳伯在婆罗洲的势力进一步壮大了。

为了适应坤甸金矿开采规模日渐扩大的新形势，罗芳伯决定联合周边规模较小的金矿挖掘团体，建立“兰芳公司”。在很长的一个时期内，坤甸华侨以地缘与血缘关系为纽带建立了 7 个采矿团体，各自分散，难以形成规模化经营。每个团体力量有限，在与当地统治者苏丹接触及遭遇荷兰殖民者侵扰时，往往处于不利地位。在实力稍增后，罗芳伯先后兼并了坤甸的多个华人开办的矿产企业，最终于 1777 年建立起了兰芳公司，总厅设在东万律。罗芳伯任该公司“大唐总长”，实行“大总制”，在各地设立起地方自治机关，各机关的首领由各地华侨及当地土人担任。

兰芳公馆匾，张应龙摄，叶曙明：《印尼华侨华人史话》，广东教育出版社，2018，第 63 页

在南洋开拓史上，兰芳公司发挥了如下作用：第一，组织华人进一步

兰芳公司印章

垦殖坤甸。在此之前，各矿区各自为政，缺乏联系，各区之间交通不畅。兰芳公司成立后，罗芳伯率众铺筑道路，将各矿区连为一体，统一调配劳动力，生产效率大幅度提升。与此同时，兰芳公司组织人力开垦荒地经营农业，农垦区鼎盛之时面积达20万平方公里。闽粤民众本就非常擅长种植水稻、烟草、咖啡、橡胶等作物。婆罗洲位于热带雨林气候区，水热量非常丰沛，再加上客家人种植技艺娴熟，兰芳公司在农业经营上收获颇丰。兰芳公司还在坤甸附近开辟出20余处商埠，进一步促进该地的商贸发展。在贸易活动中，罗芳伯等人用犁、耙、锄头等生产工具与当地土著居民进行以物易物交易，并不厌其烦地教当地土著居民使用生产工具，还将更为先进的农业种植经验传授给土著居民，促进当地农业发展。

第二，协调华人内部及华人与当地政府的关系。兰芳公司是罗芳伯联结起来的华人自治组织，其首要任务是开采金矿，分配收益。当荷兰殖民者侵犯华人利益时，兰芳公司会组织军事武装反抗。兰芳公司还肩负着与当地苏丹政府接洽的重任。在兰芳公司成立之前，华人组成一个个规模较小的矿冶开采组织，力量薄弱，在与当地苏丹政府的接洽过程中往往处于不利地位。兰芳公司成立后，各矿山经由该公司统一收取并缴纳税款，这样一来减少了华人在税务上与当地政府之间的龃龉。在地方势力受到外来入侵时，兰芳公司还会派出武装，协助坤甸苏丹政府抵御外敌。这为坤甸华人创造了安全稳定的发展环境，同时使得华人与地方政府的关系更加密切，大大提升了华人在坤甸的社会地位。

第三，兴办学校，将中华文化传播至东南亚。罗芳伯深知教育之重要。在初抵婆罗洲时，罗芳伯便曾设馆教书，教育华人后代。在很长一段时期内，坤甸并无学校，为解决华人子弟的就学问题，兰芳公司在坤甸建立学校，教华人子弟书写汉字、研读儒家经典著作。兰芳公司所建的学校亦向当地土著居民的子弟开放。以此为契机，中华文化在坤甸传播开来，在海外落地生根。

1795 年，罗芳伯逝世于一生耕耘的坤甸，时至今日，坤甸还保存着罗芳伯的墓园和纪念厅。（罗香林：《西婆罗洲罗芳伯等所建共和国考》，中国学社，1961）

（二）叶亚来与吉隆坡的开发

在马来西亚华人社会中，客家人叶亚来的名字可谓无人不晓，其建设吉隆坡的事迹，为他赢得了“吉隆坡王”的美誉。

叶亚来（1837—1885），原名叶茂兰，字德来，出生于广东省惠阳县（今惠州市惠阳区）。叶家以务农为业，丁口甚多，非常贫困。为了家人能过上更好的生活，叶亚来毅然选择漂洋过海，前往马来亚的马六甲谋生。

叶亚来于 19 世纪 50 年代抵达马六甲。他先是在富人家中佣工，这份工作十分繁琐，收入有限，遂萌生退意。在族叔叶国泗的介绍下，叶亚来到距马六甲约 10 里的锡矿场中做工。矿场的工资稍涨了些，但这仅能满足自身生存，无法积累下钱款寄回家中。繁重的体力劳动和微薄的工资让叶亚来十分沮丧，但为了生存，他只能咬牙苦干，坚持在矿场卖力。尔后，又有人介绍叶亚来到另一位族叔叶五的杂货店当伙计，怎奈族叔老迈年高，一年之后关掉了杂货店。后来，叶亚来听说双溪乌绒有更多的致富机会，便决心前去一探究竟。

叶亚来像

在双溪乌绒（今芙蓉市），叶亚来结识了同乡刘壬光，这让他的生活出现了转机。刘壬光是双溪乌绒甲必丹（意为“首领”）盛明利的保安队队长，身负保卫矿区免遭匪徒袭击的重任。刘壬光发现叶亚来吃苦耐劳，做事认真，便请叶亚来担任其矿场的保安队队长。其时，双溪乌绒地区的土著集团经常因争夺锡矿而展开武斗。华人矿场经营集团亦分两派，刘壬光、叶亚来属于盛明利领导的“海山党”，另一派为“义兴党”，二者多有利益纠葛，水火不容，又有各自支持的土著集团。叶亚来任双溪乌绒矿场的保安队队长时，合理调配华人武装力量保卫矿场，成效显著。

叶氏在与海山党人的交往中积累下丰富的人脉。在19世纪60年代，海山党卷入了土著集团争夺矿区的斗争，叶亚来担任副统领，协助盛明利与刘壬光，因保卫矿区身负重伤。在这次斗争中，盛明利战死，刘壬光逃往吉隆坡。凭借着在战斗中的英勇表现，叶亚来在身体康复后成为双溪乌绒甲必丹。之后，叶亚来又至吉隆坡协助刘壬光经营矿场，保卫华人免遭土著滋扰，逐渐成为刘氏的得力助手。与此同时，叶亚来亦自行集资办矿，积累了不少的财富。刘壬光于1868年去世，叶亚来凭借着不断增长的经济实力与保卫华人过程中积累起来的威望，成为吉隆坡华人首领。

其时，吉隆坡是华人会党势力、马来王室与英国殖民势力等多方力量较量之处，曾因战乱、火灾及水灾而三度被毁。作为华人首领，叶亚来勇敢地承担起重建吉隆坡的重任。1873年，经历战乱的吉隆坡一片废墟，华人矿工纷纷离开这个混乱的地方。面对这种局面，叶亚来没有气馁，而是想尽一切办法，恢复吉隆坡的社会经济秩序。在经济上，叶亚来着力提振吉隆坡经济。在1873年至1877年间，叶亚来一方面力劝矿工留在吉隆坡工作，另一方面从芦骨、双溪乌绒等地招募矿工，补充劳动力缺口。1875年，叶亚来从故乡招募了2000余名工人。大量工人投入锡矿开采中，吉隆坡的经济逐渐恢复起来。鼎盛之时，叶氏拥有的锡矿场占地1000余英亩，其产业规模在吉隆坡所在的雪兰莪地区首屈一指。1878年，叶亚来还率先引进蒸汽抽水装置，以取代原先锡矿场使用的人力抽水车，抽水效率大幅提升，锡矿场的产量大大增加了。叶亚来还组织工人修筑道路，巴刹街、茨厂街、苏丹街、古路街等繁华街道，均是由叶亚来组织修建的。叶亚来积极组织人力物力清洁街区卫生，改善吉隆坡市容环境，使得城市面貌焕然一新。叶亚来还组织人力发展种植园产业，进行粮食及经济作物生产，并发展手工业，以满足锡矿工人的生产生活所需。在叶亚来的不懈努力之下，吉隆坡的经济水平进一步提升。

吉隆坡的发展势头蒸蒸日上，这引来了英国殖民者贪婪的目光。1867年，包括吉隆坡在内的海峡殖民地由印度殖民政府的殖民地升格为英国王室直辖殖民地。之后，英国殖民者将雪兰莪的首府迁至吉隆坡，这使得叶亚来不得不经常与英国殖民当局接触。在与英国殖民当局打交道时，叶亚来不卑不亢，竭尽全力保护侨民的合法权益。叶亚来在吉隆坡势力强大且深孚众望，英国殖民当局对他敬畏有加。在很长的一段时期内，叶亚来占据着吉隆坡市中心的大半土地。迫于叶亚来在吉隆坡巨大的社会影响力，英国殖民当局不得不将华人社会的治安权交给叶亚来，并委任其为“华人法官”，主理侨界纠纷，这在很大程度上使得华人免遭殖民当局的欺凌。叶亚来还非常注意经营与马来亚土著居民的关系，想尽一切办法避免与土著居民发

吉隆坡叶亚来街，图源自梅州网

生矛盾。在处理华人与土著居民的纠纷时，叶亚来秉持公平公正的原则，因此，他在土著居民中也享有盛誉。

随着经济发展，社会稳定，吉隆坡的华侨人数不断增加，华侨后代的求学问题日渐凸显。为解决华侨弟子的求学困难，叶亚来兴办唐文义学，让侨民子弟有学可上，此举亦使得中华文脉在海外华人社会中得以延续。此外，叶亚来捐出其在吉隆坡市中心黄金地段的房产，兴建庙宇及同乡会馆，让包括客家人在内的广大侨民在心灵上有所依归。为实现“病有所医”，叶亚来建起医院，吉隆坡民众只需交纳极为低廉的诊金，便能得到悉心治疗。为解决孤寡侨民的养老问题，实现“老有所养”，叶氏还建起养老院，容留生活无着的孤苦老人。在叶亚来的不懈努力下，吉隆坡兴旺发达，最终成为雪兰莪地区首屈一指的繁盛之地。而叶氏亦因经营吉隆坡之功，被后世称为“吉隆坡王”。1885 年，叶亚来因病去世。出殡当天，吉隆坡市政机关停止办公，官员及数万吉隆坡民众为叶亚来送行。此后，每逢叶亚来的诞辰日——农历二月初八，吉隆坡当局均要举行纪念活动。如今，吉隆坡有叶亚来街，马来西亚的客家会馆中几乎都能见到叶亚来像，这都是为了铭记叶氏的开埠之功。

（三）“葡萄酒之父”张弼士

在广东省梅州市大埔县西河镇车龙村有一座“光禄第”，这座围屋坐东朝西，由三堂四横一围组成，可见其规模之宏大。光禄第雕梁画栋，在大门两侧的斗拱有鎏金通花狮子滚球木雕，中厅两侧的斗拱则雕有麒麟、凤凰与其他飞禽走兽，刻工精细，栩栩如生，好不气派。这座客家围屋建于清光绪三十四年（1908），它的主人就是大名鼎鼎的葡萄酒之父张弼士。

红酒味道甘美，老少咸宜，是家庭餐桌上的常见饮品。唐代诗人王翰所撰《凉州词》云：葡萄美酒夜光杯，欲饮琵琶马上催。醉卧沙场君莫笑，古来征战几人回。诗句所描绘的便是唐代戍边将士的夜饮场景。中国酿制葡萄酒的历史悠久，但由于制作技法较为传统，酒水品质一般，一直未能打入国际市场。而改变这一局面的，则是因质优味美而被广为称道的张裕白兰地葡萄酒。1915 年，张裕葡萄酒在巴拿马万国博览会上获得大奖章（最高奖章）。张裕葡萄酒与一位客家人息息相关，这位客家人曾在印尼开基立业，又回国兴办实业，发展葡萄酒酿造工业，被誉为中国“红酒之父”。这位客家人便是张弼士。

张弼士（1841—1916），出生在广东省大埔县一个略通医术的乡村塾师家中。张弼士的父亲张兰轩在乡间传道授业解惑之余，给四邻诊病疗伤。母亲张卓氏为张家添丁四名，弼士排行第三。张弼士自幼聪敏好学，由于家中并不富裕，他只在私塾中读了三年便辍学回家，替人佣工。张弼士 18 岁时，大埔县数月干旱，粮食颗粒无收，百姓生活困苦。车轮坪村一位南洋华侨正巧回乡探亲，便送给同村每户一斗大米以解决燃眉之急，并向生活无着的乡亲施舍财物。张弼士见此情景，大受触动，心想：南洋竟是一个如此富庶之地，便萌生了跟随同乡前往南洋谋生的念头。得知这位华侨不日要返南洋后，张弼士鼓起勇气前去拜访，表达内心所想。同乡被张弼士的决心所感动，同意带他前往印尼。

张弼士像

张弼士抵达印度尼西亚吧城（即巴达维亚，今印度尼西亚首都雅加达）后，暂居大埔会馆中。这个会馆是大埔籍客家商人联络乡情、沟通商业信息之所。在这里，张弼士找到了他在海外的第一份工作——米行雇工。他每天搬运沉重的米袋往返于货仓与店面之间，还要帮助店主处理店面内杂事，销售货物，忙得不可开交。由于米行盈利有限，张弼士收入微薄，加之人生地不熟，生活颇为潦倒。但张弼士并未垂头丧气，而是发扬客家人勤劳肯干的精神，踏实工作，没有丝毫怨言。

在米行附近，有一家由印尼华侨温氏家族经营的大型商栈。老板温先生每天都在柜台后招呼客人，打理店内事务。张弼士每天在街上奔走，又总在米店内忙碌，温老板便留意到了这个客家青年。他独具慧眼，发现张弼士具有勤劳肯干、吃苦耐劳的品质，便以高于米行的工资将张弼士延揽至自己的造纸坊当伙计。纸坊的待遇显著高于米行，而且工作环境也优越，张弼士对这份工作倍加珍惜，更加卖力地干活。工余，张弼士还自学当地语言，提升与当地居民交流的能力，以便更好地向当地百姓推销店中商品。

张弼士的努力，温老板都看在眼里。经过一番仔细考察，温老板让张弼士负责管理店内商品销售事务，并核算往来账目情况。在充任店伙计时，张弼士服务热情，体贴周到，为商行发展了不少回头客。在接管商行销售事务后，张弼士将待客技巧传授给店内其他伙计，并经常打点之前积累下的人脉资源。一些熟客感于张弼士体贴真诚的服务，还会给张弼士介绍新顾客，这使得温氏商行的顾客越来越多。在处理账目时，张弼士仔细核对每笔进出款项，以免东家遭受损失。在他的管理下，纸坊账目明细清楚，井井有条。张弼士为人正直，从未发生过贪污漏报、中饱私囊之事。如此，他成为温老板的臂膀，深得温家认可。温老先生决定将自己的女儿嫁给张弼士。就这样，张弼士开始作为温家的一份子参与管理企业。

在温老先生去世之后，张弼士开始全面接管温家的产业。在张弼士的悉心经营之下，产业规模越来越大，他决定扩展经营领域。在仔细考量一番后，张弼士发现在南洋各地，专营烟酒贸易者数量不多，如投身于此，盈利机会很大，于是创办酒业贸易商行，随后建立起联系南洋多地的酒业贸易网。在此过程中，张弼士积累了相当多的制酒知识，这为其以后建设张裕酒厂奠定了基础。张弼士还承包了吧城与荷属东印度群岛部分岛屿的烟税，以及新加坡典当业的捐务，藉此，张弼士拥有的财富不断增加。

其时，荷属葛罗巴埠、苏门答腊等地人烟稀少，有大片待开垦的膏腴之地。这些地方地处热带雨林区，全年长夏无冬，降水丰沛，非常适合种植经济作物。由于开发难度较大，荷属东印度的殖民者默许华人开发这些地区。张弼士趁机进一步在荷属葛罗巴埠、苏门答腊等地发展垦殖事业。他先是募集资金，并在吧城及附近地区招募华工，亲自带领华工垦殖荒岛，在19世纪60年代至19世纪末，先后创办了荷属葛罗巴埠裕和垦殖公司、苏门答腊亚齐垦殖公司、怡厘裕业垦殖公司、爪哇日里笠旺垦殖公司等专事农业垦殖的公司。在张弼士的部署下，这些公司因地制宜地开展生产，种植橡胶、咖啡、茶叶、烟草、椰子等经济作物，获利颇丰。至19世纪90年代，仅爪哇日里笠旺垦殖公司就开辟8个橡胶种植园，有数以万计的华工在园中作业，可见其规模之巨。1898年，张弼士在马来亚的彭亨州组建东兴公司，专事锡矿生产。由此，张弼士的商贸范围从印尼吧城扩展至婆罗洲一带，经济实力大幅度增强。

张弼士还重视与祖国的商贸联系，营建起了联系海内外的中药材交易网络，国内人参、鹿茸等名贵药材经张弼士的药行销往国外，海外西药亦通过张氏药行销售到国内。张弼士凭借着良好的商业信誉和经营理念，在上述诸行业中均获利丰厚，成为侨界有名的富翁，在南洋侨界的影响力不断扩大。

由于经营范围逐渐扩展，张弼士经常乘船往来南洋诸岛之间。一日，张弼士一行人正打算从印尼吧城乘轮船前往马来亚，但运营这艘轮船的德国公司却执行种族歧视政策，不允许张弼士一行人登船，张弼士等人只能另觅船只，这番遭遇深深刺痛了张弼士。试想，一个在侨界颇有地位的华人尚会遭遇白人的种族歧视，一般华人所遭遇的歧视更不待言。张弼士决心自办轮船公司，经营往来南洋诸岛航线，以免同胞再遭遇种族歧视和欺凌。不久张弼士便与他人合作，在印尼吧城创办裕昌远洋轮船公司，在亚齐创立广福远洋轮船公司。他又在爪哇日里办起日里银行，专营华侨储蓄、信贷和侨汇，大受华侨欢迎。至此，张弼士在侨界的影响力进一步提升。长期染指南洋的英国与荷兰殖民当局，想利用张弼士在侨界的势力扩大在南洋侨界的影响，向张弼士许以高官厚禄，但被张弼士婉言谢绝。张弼士曾言，

“生为中华民族，当效力中华民众”，“吾华人只为祖国效力”。可见张弼士深晓民族大义，心系中华。

张弼士在侨界的影响力引起了清廷的注意。光绪十八年（1892），清廷驻英公使龚照瑗出洋考察期间途经新加坡，曾为探讨南洋诸岛情形，专门拜访张弼士。在与张弼士的交流中，龚照瑗被张弼士的拳拳赤子之心感动。其时，清廷正缺熟谙外国事务、在南洋侨界能孚众望的外事人才。经龚照瑗举荐，张弼士于1892年担任清廷驻槟榔屿首任领事，1894年任驻新加坡总领事。在担任领事期间，张弼士特别注意维护华人的权益，深得广大侨民的爱戴。之后清廷又任命张弼士为粤汉铁路帮办及总办、广东佛山铁路总办、考察南洋商务大臣、槟榔屿管学大臣、督办铁路大臣、中国通商银行总管等职。1900年，黄河决口，朝廷命张弼士督办直顺赈捐兼办河南工赈。张弼士对如上任命均一一应允。在协办铁路事务，考察、协理南洋商务等事上，张弼士无不尽心尽力。在任督办铁路大臣主管粤汉铁路期间，张弼士还竭力支持张煜南、张鸿南两兄弟兴办潮汕铁路。为讨回利权，扩建铁路，张弼士奔赴南洋各地筹款，所得之款项，全部用于复建粤汉铁路及修筑从广州到广西三河口的广三铁路。如上种种事迹，均体现出张弼士的拳拳爱国之心（梅州市地方志办公室编，黄玉钊主编：《梅州人物传》，梅州市地方志办公室，1989，第121–125页）

在国内，张弼士与清廷大员盛宣怀过从甚密。1891年，盛宣怀曾邀张弼士至山东烟台商议兴办铁路及矿冶事宜。张弼士发现烟台盛产葡萄，凭借早年间在南洋经营酒类贸易的经验，再加上对烟台多日的实地考察，张弼士断定该地是发展葡萄酒酿造业的绝佳之地，便决定在该地兴办酒厂，拟定名为“张裕”。为筹办酒厂，张弼士回到印尼，发动人脉，花费重金延聘国外酿酒师。他先是与一名英国酿酒师合作，怎奈这位酿酒师尚未到任，便因病去世。随后选聘的荷兰酿酒师竟是个骗子，险些将酒厂带入歧途。这个骗子到任时，张裕酒厂已经获准开办，但此人酿出的葡萄酒质量却让人不敢恭维，张弼士毅然终止合作。最终，张弼士请一位奥地利酿酒师总领酒厂酿酒之事。在这位奥地利酿酒师的带领之下，张裕酒厂的酿造事业走上了正轨。在葡萄品种的选择上，张弼士本想选用烟台本地的葡萄酿酒，但多次试酿均不能令人满意。在奥地利酿酒师的建议下，张弼士从奥地利引进良种葡萄。这种葡萄在烟台长势喜人，酒厂试酿取得成功，为正式酿造打下了坚实的基础。

为防止自己所创品牌被人仿冒，1895年，张弼士禀告晚清重臣王文韶，请求“张裕”之名享30年专利，在直隶与东北三省范围内，中外人士均不得仿制，且张裕酒厂所产酒品应免税三年。王文韶上疏清廷，清廷对这些要求一一应允。当年张裕酒厂获准开办，其正式名称为“张裕酿酒公司”。张弼士安排侄子张琢玉主理厂务，并安排侄孙张子章、亲戚朱寿山等人向国外酿酒师学习酿酒技法。最终，张裕酿酒公司用良种葡萄成功酿出了“玫瑰香”红葡萄酒。其后，张裕酒厂又改良技术，在酿造白葡萄酒的过程中添入中药材，酿成了带有中国风味的“味美思”酒、白兰地酒等优质美酒。

在与清廷打交道的过程中，张弼士真切认识到了清廷的腐朽。他意识到，实业救国的目标是无法在清朝统治下实现的。清末，孙中山领导的革命势力日渐增长，张弼士开始暗中支持革命党人，号召南洋商界支持革命力量。中华民国成立后，张弼士在国内投资兴业，在沿海地区兴办了矿冶、航运、酿酒等企业。1912年，孙中山曾参观张裕酒厂，并为该厂题写“品重醴泉”四字，以表彰优质国货，感谢张弼士为革命提供的经济支持。

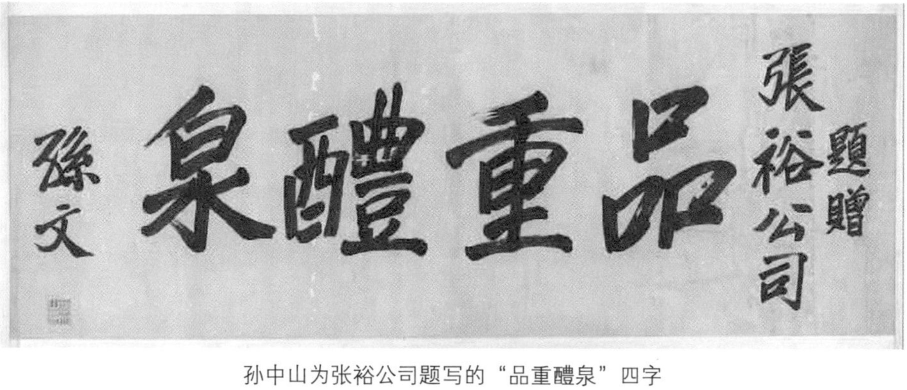

孙中山为张裕公司题写的“品重醴泉”四字

and believing he would be making a mistake to tell his story before his trial, he had said nothing. He would probably have been held to the grand jury and have remained in the county jail for weeks if not a couple of months before the trial that would have cleared him on the charge of grand larceny.

These boys are fortunate in having an understanding and humane judge presiding over the court, but should justice be left to the caliber of the judge? Are we going to submit to having lads arrested on such ridiculous charges as many of those on which 607 boys were arrested, or are we going to insist that this wholesale arresting of boys must cease for the sake of the "men in the making" to whom we are teaching a contempt of the officers of the law, a contempt of our courts, a contempt of our justice?

For the sake of your own boy you must answer this question. For it may be your boy who must undergo this outrageous treatment tomorrow unless such indiscriminate arresting of boys is stopped.

"JOHN D." OF CHINA LOOKS JUST LIKE OUR OWN JOHN D.—DOESN'T HE?

The accompanying illustration shows the John D. of the United States and the "John D." of China.

The "John D." of China is Chang Chen Hsun, a member of the commercial commission of the republic of China that is now touring this country.

He is 74 years old and worth $60,000,000, and is the richest private citizen in the orient. In many ways his facial characteristics resemble those of John D. Rockefeller, who is 76 years old and worth more than $100,000,000.

Both have the same drawn appearance about the eyes and the pronounced pouches beneath them, the same squinted eyes and the same lines around a firm set mouth.

One is the richest man of the eastern world, the other the richest of the western world—some say of the world.

1915 年 6 月 10 日，芝加哥《每日纪事报》将张弼士和洛克菲勒的照片并列，左为张弼士，右为洛克菲勒。图源自中国新闻网

民国初年，张裕酒厂进一步发展，张弼士倾心于提振国内工商业发展，曾任中华商会联合会会长与南洋劝业会总计，积极推销国货，推介质优国货参与国外赛会事宜。1915 年，张弼士将张裕酒厂的拳头产品“可雅”白兰地酒、“玫瑰香”红葡萄酒及味美思酒送往巴拿马万国博览会，一举获得最高奖章——大奖章。红葡萄酒、白兰地酒与味美思酒均属“洋酒”，而中国企业生产的“洋酒”竟能在国际博览会中夺得桂冠，这大大提振了国人的民族自信心与自豪感，张弼士亦被誉为中国“葡萄酒之父”。

（四）“万金油大王”胡文虎

在福建省龙岩市永定区下洋镇的中川村，有一座“虎豹别墅”。这座中西合璧的别墅建成于 20 世纪 40 年代末期，占地面积将近 3000 平方米。建筑共有三层，外圆内方，前高后低，形似一只下山的猛虎。它的主人便是南洋侨商胡文虎。

胡文虎（1882—1954），生于缅甸仰光，其父胡子钦自福建远渡重洋，扎根缅甸。在永定，胡子钦曾随人采集中药，因而略通医术。到缅甸后，胡子钦经营一家中药铺，名为永安堂。缅甸气候湿热，蚊虫众多，百姓经常受到疫病的困扰。在仰光，胡子钦既销售中药材，又坐堂看诊，永安堂的顾客越来越多，药铺生意日渐兴隆，胡氏家族在缅甸侨界崭露头角。

胡家以中医药在仰光立足，胡子钦自然想让后代继承祖业。他深知若要研学医理，必须识文断字，还需对中华传统文化有所了解。文虎自幼长在

胡文虎

胡文豹

缅甸仰光，对千里之外的家乡与祖国认识模糊，这并不利于文虎今后在侨界发展。在文虎 10 岁时，胡子钦将其送回祖国读书。经过四年的学习，文虎回到仰光，协助父亲处理商业事务。胡文虎在故土学习的时间并不算长，但这段时间已经足以让他全面了解祖国风貌与中华文化，这为其日后拓展国内市场做了准备。

1908 年，胡子钦老先生谢世，胡文虎与弟弟文豹继承家业。经过胡老先生数十年的经营，永安堂已经是仰光医药界的一块招牌，但胡文虎并不满足。1908 年，胡文虎考察日本、泰国与中国香港等地的医药发展情况。他发现，西药行环境整洁，药品分门别类存放，给人以专业、卫生之感；西药多是以水送服的片剂、冲剂和口服液，不必煎药，服用方便。外用药如药膏、药水直接涂抹在患处，使用便捷。胡文虎意识到，如果想要扩大药品销路，提升产品质量，则必须采用现代技术进行生产。永安堂经营数十年，积累下的药方数不胜数，如能将之与现代药品生产技术结合起来，生产出携带方便、服用简便的药品，那永安堂的销售规模与影响力必定能提升一个台阶。在考察途中，胡文虎购入一些西药，回到缅甸后，胡文虎请谙熟西文的弟弟胡文豹翻译这些药品的说明书，以便更加全面地了解各地所销西药的主要功效。回到缅甸仰光后，胡文虎重整店面，并招徕销售人才，延聘药师，制售新药。

早年在祖国的求学经历与协助父亲营商的经历，使得胡文虎对华人华侨的所急所需十分熟悉。他深知华人对中药有着近乎本能的信任，但中药材须经煎煮才能服用，如煎煮不当则药效尽失。因此一些华人会选择服用简便的西药。针对华人群体青睐中药制剂、希求服药便捷的消费习惯，胡文虎确定研制方向，由所聘中西药师负责研发，将永安堂热卖的丹、膏、丸、散等传统中药制剂改良成干净卫生、服用方便、耐保存的新式药品。在夜以继日的不懈努力之下，胡文虎团队最终研制出百余种药，包括万金油、八卦丹、头痛粉、清快水、止痛散等虎标良药。其中八卦丹有生津、清热、镇静之效；头痛粉及止痛散专治头疼不适、周身酸痛等症；清快水为内服药，专治水土不服、腹胀胃胀等症。这些药品甫一上市，便大受欢迎。海内外市场中多流传这样一句话——“虎标永安堂万金油、八卦丹、头痛粉、清快水，居家旅行不可不备”。

永安堂虎标广告

为进一步扩大永安堂的影响力，胡文虎采取以下举措：一是为永安堂设计了一只威武雄壮的大老虎为商标，并将永安堂改名为更为响亮的“永安堂虎豹行”。辨识度极高的商标和店名，有效提升了虎标药品的知名度。二是增设药厂。在19世纪末及20世纪，马来亚与新加坡是南洋侨界的中心，包括客家籍华人在内的大量华侨华人云集于此。如果想要扩展永安堂药品的销路，马来亚与新加坡是一个重要的突破口。此时，万金油等虎标良药虽然已经行销至南洋诸埠，但要想在新加坡立基，胡文虎仍需动一番脑筋。1914年，他将仰光永安堂的事务悉数交给弟弟文豹打理，自己从仰光携带印制精良的广告前往新加坡和马来亚，开创新的事业。

20世纪20年代，胡文虎采用“美女伴猛虎”广告标，吸引消费者购买虎标永安堂药品

在新加坡及马来亚，胡文虎展开宣传攻势，亲自带人走街串巷，张贴广告。一时间，民众目之所及，尽是虎标药品的广告。随后，胡文虎在新加坡设立永安堂总行，建起药厂。至 1920 年，永安堂的新加坡药厂已有技术人员及生产工人 600 多名。尔后，胡文虎先后在南洋多地及香港、澳门、上海等地设立药厂，发展代理药行，进一步扩大经营规模。凭借着雄厚的财力，胡文虎甚至将永安堂的代理经销处发展到了南洋各埠及中国的村镇之中。

在南洋生意场上打拼多年的胡文虎深谙团结同仁方能互利共赢的道理。20 世纪 20 年代，胡文虎的生意扩展到了新加坡。该地客属人数众多，他们组成新加坡客属应和会馆等大型客家同乡组织，同时也设立了上杭、惠州、永定等地的小规模同乡组织。1923 年，客属应和会馆与丰永大公会拟联合各个地方客家同乡会，组建南洋客属总会，身为永定客家人的胡文虎在客属总会筹办过程中出力最多，捐出款项为诸方之最。

南洋客属总会庆祝会留影

1929 年，南洋客属总会成立，胡文虎被推举为会长。除南洋客属总会外，在胡文虎的部署下，马来亚、沙捞越、缅甸和印度尼西亚等地均建立起了客属公会。这些客家同乡会在胡文虎的领导下加强内部团结，保护客家民众的合法权益，代表客家民众表达诉求，并经常组织捐款，扶弱济困。尤为值得一提的是，在抗日战争期间，这些同乡会多次组织赈灾筹款活动，为抗战做出了重大贡献。

胡文虎不仅是一位极具经营智慧的商人，更是一位具有爱国情怀的商人。1931 年，日寇的铁蹄践踏我国东北三省，胡文虎捐出两万余元资金及药品支持马占山将军抵抗日军侵略。在 1932 年“一・二八”淞沪抗战时，胡文虎将上海永安堂所存药品悉数分发给贫苦民众，并向部队捐献药品。在抗战期间，胡文虎多次捐款捐物，并以国民政府劝募委员会总会常委和南洋客属总会会长之名义，发表演讲，在南洋侨界为祖国募捐。据有关研究，在全面抗战爆发后，胡文虎身体力行，认购公债 50 万元。在他的带动下，至 1938 年底，南洋侨界认购大笔公债并积极筹款，有力地支持了祖国抗战。1939 年，南洋客属总会成立十周年时，筹赈祖国难民大会举行，胡文虎以 10 万元购买名誉券一张以援助国内难民。

胡文虎不仅捐款捐物，还积极参与抵制日货运动，与日本药品展开商战。全面抗战爆发后，日本药品“仁丹”充斥川渝市场。为了将“仁丹”赶出中国市场，胡文虎印发宣传单，组织抗日宣传队，在街头巷尾表演歌舞、快板等文艺节目，同时免费赠送药品，宣传抵制日货运动。在胡文虎的不懈努力下，仁丹终于退出了川渝市场。在抗战期间，胡文虎还捐建了南京中央医院、广州民众医院、上海麻风病医院等多所医院，以期纾难济困。1941 年，香港沦陷，胡文虎被日本人拘禁在寓所内。面对日本人的威逼利诱，胡文虎大义凛然道：“我是中国人，本爱国天职，当然出钱捐助政府抗日。”显示出了高尚的民族气节。

胡文虎也倾心于文教出版事业。出于壮大华人声势、团结南洋华人、劝导民众与扩大商业影响的多重目的，胡文虎在多地兴办报业，其中尤以 1929 年创刊的《星洲日报》影响最广，其内容包括报道华埠新闻，改良封建习俗，传播文化、政治、经济知识等方面。在抗日战争期间，胡文虎主办的“星字报系统”积极宣传抗日，激发华人爱国热情。除兴办报业之外，

广州永安堂旧址，今为广州市越秀区少年儿童图书馆

胡文虎还在南洋各地兴办学校，数量达40余所，这些学校有效解决了华侨子弟无学可上的难题，使得他们不必回国便可学习中华文化。总而言之，“万金油大王”胡文虎不仅在南洋打造出了药业帝国，还兴办报业，以一己之力团结起南洋侨界，壮大华人声势。在抗战期间，胡文虎更是以实际行动说明“爱国是华侨的天职”，展现了一名爱国商人的责任与担当。

三、联结乡情的客家社团

随着客家人在世界各地扎下根来，客家同乡组织开始在世界各地逐渐形成。凡有客家人聚集之处，必然少不了客家会馆的存在，这些会馆在联络客家乡情、沟通商业情报、传播中华文化、扶弱济困等方面发挥着重要的作用。由于在20世纪中后期，世界各地成立的客属同乡组织不胜枚举，本节主要介绍东南亚的几个客家海外社团，并以全球客家·崇正会联合总会为例说明客家社团在世界范围内的影响。

（一）新加坡的客家社团

东南亚是客家人在海外的主要聚居区之一，此地客家人数量甚多，因此客家同乡组织亦较多。1822年，新加坡应和会馆（原名应和馆）成立，包括程乡、镇平、长乐、兴宁、平远在内的嘉应五属客家人活动于此，是新加坡历史最为悠久的会馆。应和会馆首办新加坡华人学校，集资购地，安葬客死异乡的客家乡亲，在新加坡侨界颇有影响。据《南洋客属总会成立八十周年特刊》载："嘉应州客家人的会馆，而以应和会馆来命名，其意义在于嘉应州人远渡重洋，异地谋生，凡是应以和睦共处，和衷共济，以和为贵，可见草创时期新加坡客家人结社的组织经营形态，核心价值观体系、族群间的人际关系开展和社会的价值行为规范要求。"应和会馆在成立之初呈庙宇形态，以"共奉一龛香火"联结同乡，会馆内供奉关帝。关帝结异姓兄弟为盟，义薄云天之气概，正是应和会馆成立的初衷。

百余年前，广东省丰顺县的客家人南下星洲，以制作舢板为生。1873年，由谢顺邻、朱诗合、谭东合等筹划的丰顺公司成立，作为联络同乡的大本营，成员主要是丰顺籍客家同乡。公司致力于增进同乡情谊，互帮互助。如丰顺公司在同乡初抵之时为其介绍工作，大量"新客"经其介绍前往加冷盆地及芽笼等地生产木炭。1903年，丰顺公司更名为丰顺会馆，并成为正式注册的华人社团。1916年，旅新永定同乡全体大会在胡必育、胡秀容、张滋楼、胡星阶等人推动下召开，会上决定成立永定会馆。两年后，永定客家乡亲的大本营——永定会馆正式注册成立。第二次世界大战后，永定会馆重新登记会员，并于 1946 年出版《永定会刊》。

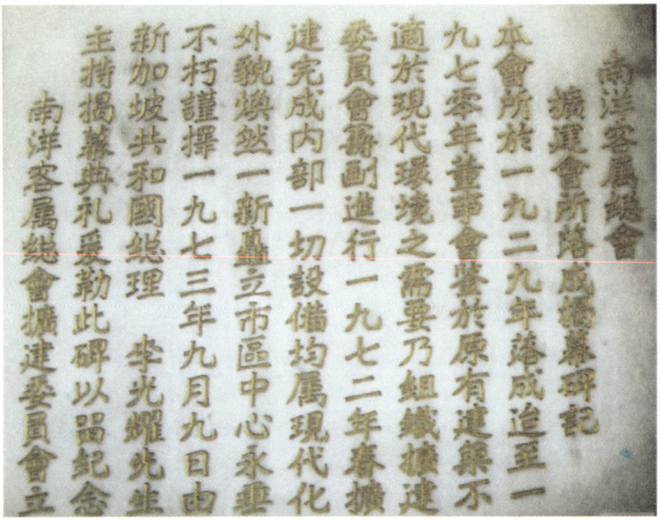

1973 年南洋客属总会扩建会所落成揭幕碑记

20 世纪 20 年代，南洋地区已经形成了若干会馆组织，各会馆各自为政，消息往来不畅，组织联系各方的大规模同乡组织实有必要。1923 年，客属总会在汤湘霖等人的倡议之下开始筹建，设筹备处于应和会馆。1929 年，总会正式建成。在汤湘霖的倡议之下，各客属同乡组织以应和会馆为基地，建立客属总会。在筹办期间，茶阳会馆、永定会馆、丰顺会馆、惠州会馆、三和会馆（现为广西暨高州会馆）及上杭同乡会，相继成为赞助团体。1937 年，为广泛联系东南亚客家民众，南洋客属总会发动东南亚各地客家同仁，在马六甲、雪兰莪、怡保、森美兰、双溪乌绒、沙捞越、亚庇、三宝垄、雅加达等地成立了 53 个客属公会。分散在东南亚各处的客属公会均接受南洋客属总会的领导。1941 年，日军攻陷新、马等地，南洋客属总会陷于停摆。直到 1946 年，该会才恢复运作。1948 年，总会组织召开代表大会，决定冠以“南洋”之名，正式名称为“新加坡南洋客属总会”。1965 年，新加坡宣布独立，南洋客属总会则成为新加坡内部客家社团的最高机构。

如今的南洋客属总会大厦，李彦浩摄

（二）马来西亚的客家社团

马来西亚的客家同乡会遍布该国各地，它们是客家人联络乡情、进行商业往来的绝佳场所。其中，创建于1801年的槟城嘉应会馆是马来西亚华人社团的鼻祖，会馆前身是仁和公司。据称，该会馆地契记载，会馆成立之初有多个名称，“往昔名称不一，初曰仁和公司，继又称客公司、嘉应馆、嘉应州公司、嘉应会馆，数名并用，不以为异，盖乃置产所用不同名称而已”（《槟城嘉应会馆成立一百八十六周年暨举办马来西亚嘉联会馆第三十六届代表大会纪念特刊》，嘉应会馆，1987，第13页）。会馆主要联络广东梅州、兴宁、五华、平远和蕉岭的客家乡亲。至1923年，“嘉应会馆”方正式定名。

两百多年前，广东省大埔县的客家人结众来到马来西亚，聚居在吉隆坡、霹雳、槟城、沙巴、沙捞越等地区。为加强同乡往来，共谋发展，大埔籍客家人于1878年成立茶阳公司，活动地点在吉隆坡安邦律。为解决同乡求医问药之难，茶阳会馆专设回春馆为同乡诊病施药，此馆还惠及其他族群人士，并将中国古老的中医文化传播到了南洋。1909年，茶阳会馆在半山芭购置土地房屋，树立“茶山园”牌楼，茶阳会馆最终有了固定产业。1941年，会馆事务因战火停滞，直至1945年方逐渐恢复。1947年，茶阳会馆召开第二次世界大战后的首次会员大会，选出理事，推行馆务。会馆主席杨雪华倡议将“茶山园”建设成为会馆永久建筑物，以其收益助力大埔同乡发展。

雪隆惠州会馆始建于1864年，由华侨领袖叶亚来创设于吉隆坡罗爷街吧生河畔，原名为“惠州公司”，后于1868年迁入吉隆坡市中心的茨厂街。1885年，会馆建设成雕梁画栋的中式馆宇，由晚清御史邓承修书赠牌匾“惠州会馆”悬于门上。20世纪30年代，马来亚殖民当局企图征收会馆地址移作他用，会馆紧急召开大会，最终决定以重金置换上地，最终于1938年建成一幢新的会馆大厦。而在日寇入侵期间，会馆遭日人占据并被辟为赌场，客家乡亲据理力争，要求恢复产权，最终重新控制了会馆大厦。1949年后，马来亚政府颁布社团管理条例，会馆依法办理相关事务，并于1954年正式注册“雪兰莪惠州会馆”。吉隆坡后改为联邦直辖区，会馆随之更名为“雪隆惠州会馆”，1986年正式获得官方批准。

（三）全球客家·崇正会联合总会

除了分散在各国的客家同乡组织外，旅居香港的客家人还成立了立足香港、面向海内外的客家组织。1998年9月27日，时任香港崇正总会理事长、永远名誉会长的黄石华先生在国务院侨务办公室领导的提议和鼓励下，发动、联络海外数十个国家（地区）有代表性的客属社团领袖在香港召开代表大会，成立了全球客家·崇正会联合总会（简称“全联会”）。从1998年至2002年，黄石华博士既是香港崇正总会理事长，同时担任全球客家·崇正会联合总会会长、总执行长。

2002年，黄石华卸任香港崇正总会理事长，主理全球客家·崇正会联合总会工作。他秉承客家人特有的家国情怀，高举爱国主义大旗，把弘扬客家精神、促进中国和平统一、为海内外客属社团开展文化与经贸交流提供平台与服务作为办会宗旨。在全联会的努力之下，2001年9月27至28日，全球客属促进中国和平统一大会于深圳举行，海外104个国家（地区）

客属社团的领袖或代表1500多人参会，在海内外产生强烈反响。2015年5月22日，“全球华人华侨客家人促进中国和平统一大联盟”在马来西亚沙巴成立。为弘扬河洛文化、寻根文化，全球客家·崇正会联合总会提议并率先出资，在洛阳偃师兴建了中原客属先民南迁出发圣地纪念碑，被海内外客属誉为“天下客家第一碑”；在河南潢川兴建了“春申君黄歇公陵园”。这些举措加强了海内外客属对中原故土的认同和归属感。全联会至2023年10月换届时，已有40多个国家和地区的180多个客属社团的领袖在全联会中担任地区执行长或监事长。由此，全球客家·崇正会联合总会成为全球性、联合性客属社团。

全球客家·崇正会联合总会创会会长黄石华，也是担任40多年的香港崇正总会理事长。1971年9月28日经他提议、策划、发动，世界第一届客属恳亲大会成功举办，其时恰逢崇正总会成立五十周年暨香港崇正大厦落成。在这次盛会上，与会代表通过决议，将世界客属恳亲大会建设成定期举行的世界性客家乡亲的联谊活动。至2023年，世界客属恳亲大会先后在世界各地成功举办了32届，成为全球客家人心目中最高规格的盛会。同时，全联会逐渐成为各地申办和举办世客会的引领及协办组织。

1994年第十二届世界客属恳亲大会在广东梅州召开

四、海外客家对中华文化的承传

海外客家虽从故乡辗转漂泊至异国他乡，但始终没有忘记身上的中原血脉，时刻牢记祖祖辈辈“莫忘祖宗言”的嘱托，将辉煌灿烂的中华文化传播至海外，极大地提升了中华文明在全球范围内的知名度与影响力。可以说，客家人迁往世界各处、扎根异乡的过程，同时亦是中华文化播撒至域外的历程。具体来看，海外客家人致力于普及华文教育，长久保持着对祖先的崇拜。此外，衣着、饮食等文化符号中，均能看出海外客家对中华传统文化的坚守。

（一）在日常生活中坚守中华文化

海外客家对中华文化的继承与传播体现在日常生活的各个方面。19 世纪中后期，新加坡华人在服饰、语言、礼仪、风俗等方面“尚守华制”，西贡华人“衣冠风俗皆守旧”，客家人也不例外。（邹代钧：《西征纪程》，《晚清海外笔记选》，海洋出版社，1983，第 30 页）20 世纪 20 年代，印度尼西亚客家华人“衫裤式样，俱属华装”，他们的中式服装影响着当地居民的服装款式。（冯尔康：《南洋华侨的中华生活方式》，《清人生活漫步》，中国社会出版社，1999，第 234—235 页）

所谓“民以食为天”，海外客家华人将故乡的饮食习惯带到迁居之地。在 19 世纪，菲律宾小吕宋（今马尼拉）华人所穿服饰、所用器具等皆从中国而来，据时人观察，“（华人）服食器用，皆由中国供之”（崔国因：《出使美日秘国日记》，《近代中国史料丛刊》，台湾文海出版社，1973，第 274 页），越南西贡醉乡楼饭庄“所有菜蔬肉食果面皆中华味”，可见包括客家人在内的东南亚华人依旧继承着祖地的饮食习惯。在马来西亚，以酿豆腐为代表的客家美食已经进入马来人家庭，成为被马来人所接受的菜肴。当下，客家饮食已经成为维系客家身份认同、助力客家文化海外传播的抓手。如 2015 年，新加坡南洋客属总会曾举办讲座，邀请客家美食家赖法源主讲客家饮食文化，其内容涵盖客家菜的形成与特征、客家酒文化、客家特色小吃——“粄”、豆腐与客家人的渊源等方面。新加坡永定会馆则走进校园，邀请学生品尝客家特色美食，从而达到承传客家文化的目的。（张佑周主编：《龙岩华侨史》，华南理工大学出版社，2020，第 361 页）

海外客家人大多维系着大家庭制度，重视祖宗祭祀，同时注意维持家庭和睦和族内团结。在马来西亚槟榔屿，有林、杨、邱、李、谢、黄、王、胡、梁、陈等姓的宗祠，在印度尼西亚则有汾阳世家、高阳公祠、杨氏联谊会。各大家族极重视祭祖活动，逢年过节必祭，清明时节组织扫墓活动，婚嫁典礼亦需前往宗祠祭拜。值得注意的是，经过漫长的迁徙历程与岁月涤荡，不同姓氏的海外客家人出于文化与种族上的认同逐渐超越对一家一姓的认同，故而海外客家的宗祠亦会包含不同姓氏，同时祭祀客家人的共同先祖。如海内外客家人共同祭祀闽西宁化石壁客家公祠，正体现着其对客家之根与祖源地的认同。

客家人还将国内民间信仰带到海外，其中以伯公崇拜为代表。“伯公”又称木头公、土地公、本宅土地，被客家百姓视作“伯公”的神明可分为“地祇”与“人鬼”两类。其中，地祇类是有关社稷、五祀、五岳、山川、林泽、四方、百物等的神明精灵，如“田土伯公”“树公伯公”“水头伯公”等。而“人鬼”是指祖先崇拜与无主的鬼魂崇拜，比如“古君伯公”“开基伯公”等。（潘朝阳：《台湾传统汉文化区域构成及其空间性：以猫里区域为例的文化历史地理诠释》，台湾师范大学地理研究所博士论文，1994 年，第 234 页）伯公崇拜被客家人带到南洋，他们将马来人所崇拜的拿督公也作为土地爷加以膜拜，在全马随处可见拿督公庙，其中供奉一个穿马来服饰的拿督公像。“拿督”本系马来语，有“祖父”“地方神”的含义，后又变为马来亚的一种爵位。华人到达马来亚以后，将本地信仰的“拿督”作为土地神供奉，甚至创建华式小庙，既有塑像又有牌位，固定了这种信仰的形式。一般在神主牌位上写着：“唐、番拿督神位”，小庙还有一副门联：“拿管威灵生意旺，督理出入保平安。”以上种种，均可说明在日常生活中坚守中华文化。

（二）支持海外华文教育

1904 年，张弼士在槟城倡议建设华文学校一所，名为中华学校。该校草创之时，因资金不足，只能暂借会馆场地，学校发展未免受限。之后，张弼士捐出 7 万余元租赁宽阔校址，完善教学设施。在张弼士的支持之下，中华学校实力显著提升。中华学校开设的课程不可谓不齐备，查其课程表，该校开设的课程包括修身、读经及讲经、国文、外国语、历史、地理、算学、物理学等。其中，读经课与讲经课以《左传》为课本，修身及历史课则以国内高等小学教科书为课本。从课程设置上不难看出中华学校兼收中西的特征。学校以读经讲经、修身、历史及国文等课程引导学生承传中华文化，进而推动了中华文化在海外的传播。在创设中华学校时，为扩大学校的影响力，也为学校募集更多的办学资金，张弼士提出“不分畛域，通力合作”的办学原则。张弼士指出：华校在南洋各地的实力不强，各同乡组织应摒弃畛域之见，一同合作，充实办学经费，扩大办学规模。除了张弼士的巨额捐款之外，中华学校还收到了来自广府、潮汕、福建等多地同乡组织的捐助。

槟城中华学校旧影

在新加坡，应和会馆除兴办学校外，还创办各类华文作文比赛。自1995年起，应和会馆与新加坡华文教师总会合办“全国小学现场华文创作比赛”，每届比赛均有数百以至千人参加。自2000年以来，比赛设“非华族生组别”，让有兴趣学习华文华语的非华族学生参与比赛。从2007年开始，该比赛与马来西亚柔佛州的“小学生现场华文创作比赛”同步进行，到2008年，比赛进一步扩展至中国福建福州、屏南、古田等侨乡。由海外客家会馆牵头的举办的华文作文大赛，进一步扩展了中华文脉在世界范围内的影响力。

（三）坚守爱家爱国情怀

旅居海外的客家人距祖国千里之遥，但仍然心系祖国。在19世纪末至20世纪初，孙中山为策动反清革命，多次到海外筹款。客属同乡组织积极组织客家乡亲为孙中山捐款。1905年，孙中山在日本成立同盟会。日本客家华人华侨不仅捐款捐物支援革命，还身体力行参与革命行动。

在抗日战争和日军入侵东南亚期间，东南亚客家华人社团号召客籍华人投身反侵略事业，鼎力支持祖国抗战。如在印度尼西亚爪哇等地，客家

槟榔屿华侨抗战殉职机工罹难同胞纪念碑

同胞参与“抗日民族解放大同盟”。来自广东梅县地区的客家华侨多在当地的华人学校，口头表达能力强，因此他们多投身抗战宣传工作，充分揭露德、日法西斯残暴的侵略行径，宣传抗敌捷报，鼓舞士气。（广东省地方史志编纂委员会编：《广东省志·华侨志》，广东人民出版社，1996，第136页）

在印度尼西亚的苏门答腊、棉兰等地，客家人参与组织“华侨抗日协会”。在这些组织的号召下，客家乡亲积极捐款捐物，甚至回到祖国，直接参与对日作战。在越南、老挝、柬埔寨、菲律宾等地，客属华侨积极参与“华侨救国会”“华侨抗敌委员会”等抗日救亡组织。在新加坡及马来亚地区，抗战期间共成立两百余个华侨抗日救亡团体，其中由客属同乡组织主导的不在少数。

新加坡丰顺会馆亦积极响应南洋华侨筹赈总会的号召，组织抗战筹款活动。如该会曾组织妇女小组卖花队售卖鲜花，一首卖花词传遍南洋，“先生买一朵花吧，这是自由之花呀！这是胜利之花呀！”女子卖花队售花所得皆捐往国内支援抗战。与此同时，丰顺会馆组织文工队表演活报剧，建立歌咏队演唱抗日救亡歌曲，组建国术团登台举行义演，所得款项如涓涓细流一般汇入中国支援抗日。在马来西亚，惠州会馆组织客家同乡捐款活动，并组织救国部队，返回家乡参与抗战。1937年，全面抗战爆发。马来西亚槟城的龙岩会馆设立演剧酬赈委员会，排演抗战话剧并组织捐款义演。据槟城华侨蒋人麒回忆：“龙岩会馆仗义响应，一鸣惊人，成绩破槟华剧赈记录，实为会馆有史以来之空前壮举。”话剧义演共募得款项8000余元，“成绩为各社团剧赈之冠”。（张佑周主编：《龙岩华侨史》，华南理工大学出版社，2020，第255页）

此外，印尼客家侨商及著名侨领丘元荣曾号召南洋各客属组织抵制日货，支持国货，以“商战”之法支持国内抗日战争。在丘元荣的动员之下，客属商人不再售卖日货，或将手头日货存货售尽后，不再购入新的日本货物。此外，东南亚客家同乡组织还动员客家乡亲不要替日本人运输货物，不在日资企业内务工。在东南亚地区，客家人是矿场、种植园等企业的主要劳动力。他们技术精湛，勤劳肯干，深受雇主的欢迎。客家工人集体退出日资矿场，重创日本在东南亚地区的经济势力。为使离开矿场的客家矿工不至于生活无着，不少客家乡亲伸出援手，或援助川资，方便其到别处务工，或直接提供工作岗位。在客家人的齐心努力之下，抵制日货运动效果明显，打击了日本人的嚣张气焰，有力提升了国人的民族自尊心与自豪感。（谢重光：《客家形成发展史纲》，华南理工大学出版社，2001，第 302 页）

长期以来，客家侨胞一直关心着家乡的经济社会发展。在粤东地区，1913 年，客家华侨丘燮亭、谢逸桥、叶子彬捐资创办梅县东山中学。在 20 世纪 30 年代中期，梅州客家华侨先后捐建了梅江桥、锦江桥和梅东桥三座跨江大桥。20 世纪 20 年代末至 30 年代初，梅县先后兴建梅松、梅宫、梅西等十余条公路，这些公路均由当地客家华侨捐资兴建。在闽西地区，华侨胡子春于 1906 年捐资兴办犹兴学堂和全丰中学，后又于永定、龙岩、连城、上杭捐建了师范讲习所、劝学所等学校。1937 年至 1947 年，连城客家华侨捐资 12.25 万法币及 400 亩土地，用于建设明耻中学（今连城一中）。随着这些学校的建成，闽西地区的教育水平有了很大改善。改革开放以来，客家华侨先后在梅州独资建设了曾宪梓中学、田家炳第一中学、丰顺中学、永光中学等学校。客家华侨田家炳不仅捐建了一批学校及教学楼，还在家乡广东省大埔县捐建了湖寮大桥、田家炳大桥、党溪大桥等 48 座桥梁及 6 条道路。客家侨胞还积极为教育基金捐款。1994 年，梅州市组织首届“教育基金百万行”活动，客家侨胞姚美良、陈泰来等捐资 301 万元。可见，家乡的经济和社会发展，离不开海外客家侨胞的关心支持，殷殷桑梓情，拳拳赤子心，海外客家侨胞对祖国的真情回报和无私奉献，正是中华民族高尚品质的生动体现。

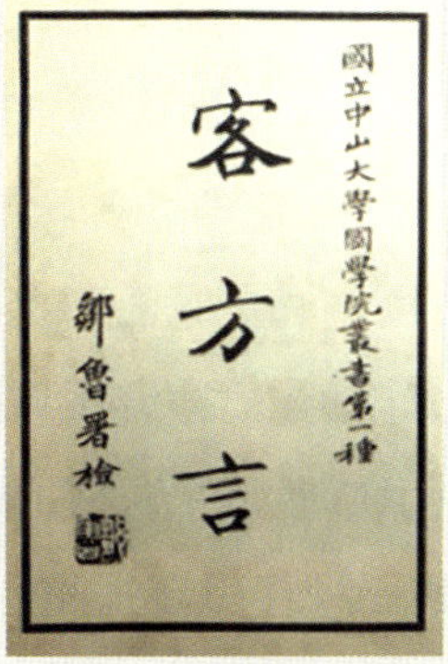

第五章 方言足证中原韵

少小离家老大回，乡音无改鬓毛衰。

儿童相见不相识，笑问客从何处来。

——（唐）贺知章《回乡偶书》

客家方言是客家人最鲜明的文化特征。在异国他乡，客家乡亲听见乡音，总会倍感亲切。客家方言是维系着客家群体的情感纽带，在建立客家人身份认同的过程中发挥着重要的作用。客家方言中蕴含着大量的中原元素，由此生动地体现出中原与客家的紧密联系。

“宁卖祖宗田，不忘祖宗言。”客家人素来重视对客家方言的传承，从客家先贤的话中，亦能看出其对中原故地的眷恋。那么，什么是客家方言？客家方言有哪些特色？客家人为了传承客家方言，又做了哪些努力呢？

一、客家方言的分布

客家方言又被称作客家话或客话，是汉语十大方言之一。在一些地区，客家方言被称作“倕话”或是“麻介话”。在客家话中，“倕”是“我”的意思，“麻介”（么介）则是“什么”的意思，这两个词是客家方言中的常用词，因此老百姓常用二者指代客家话，又将客家人称作“倕人”。客家方言学者罗鑫认为，客家话可以分为广义和狭义两种。广义的客家话，指的是“全体自认且公认为客家人的语言”，狭义的客家话指的是“梅州城区口音的梅县话”，在他看来，这是“客家话中的普通话”。不同地区的客家话虽然在语音或词汇上略有差异，但语法基本一致，可以互相沟通。（罗鑫：《客家话概说》，暨南大学出版社，2019，第 9 页）

游汝杰将客家方言区分作八片，其中四片位于广东省与台湾地区，一片在福建省，三片在江西省与湖南省。具体来说，粤台片位于粤东、粤北及台湾西北部与南部；粤中片位于广东中部地区；惠州片位于广东省惠州市；粤北片位于韶关市等广东北部地市；汀州片位于龙岩等闽西山区各地市；宁龙片位于江西南部宁都至龙南一带；于桂片位于赣南于都到湘南的桂东等地；铜鼓片位于江西西北部的铜鼓到湖南东北部的平江。此外，在广东东部的普宁、潮州、揭阳、潮阳，广东西南部的化州、遂溪、雷州、徐闻、电白等地，广西东南部的玉林等地，湖南南部的江永、江华一带，四川中部，海南儋州及三亚等地均有客家方言分布，呈现出方言岛的特征。（游汝杰：《汉语方言学教程》，上海教育出版社，2016，第16—17页）

赣闽粤毗连区素有“客家大本营”之称，这一地区的客家方言格局可由四条边界划出。其中，自福建西南的漳平—龙岩至福建南部的南靖—平和—云霄—诏安一线，再至粤东饶平—揭阳—普宁，这是现代客家方言格局的东部边界。西部边界自赣中井冈山起，南沿赣州西侧，延伸到粤北南雄—仁化—始兴—曲江—英德一线。北部边界以赣西南的遂川为起点，经万安到泰和，再经赣南兴国—宁都一线，向北到赣东的广昌县，再向东延伸到闽西宁化—清流—明溪一线。客家方言格局的南部边界从位于珠江三角洲腹地的从化区开始，向东延伸至增城—博罗一线，从化—增城—博罗一线，则是客方言与粤方言的边界，这一边界北侧以客方言为盛，以南则粤方言势力更强。（王东：《那方山水那方人：客家源流新说》，广东人民出版社，2018，第48页）

二、客家方言的形成

汉语方言学认为，方言是一种语言的地方变体，其表现出鲜明的地域性，呈现群体性的特征。由于所说方言不同，方言人群能十分简便地将“我群”与“他群”区别开来。客家方言是最能代表客家民系的本质特征，它将客家人与非客家人区分开来，同时不断强化着客家人的自我认同。一个客家人之所以会将另一个客家人划入自己所在的群属，恰恰是因为对方讲着与自己相同的语言。因此，客家方言是客家人的文化标志。

客家方言是北方汉人南迁的产物，它与原始赣语的联系非常紧密。汉语方言学研究告诉我们，客家方言与赣方言均源于唐中期形成的原始赣语，而其直接源头则是唐代“安史之乱”后迁入江西北部和中部的北方移民带来的北方方言。在赣闽粤边相对独立的地理空间内，赣闽粤边居民曾与畲族等少数民族居民长期互动。经过长时间的互动交流，一种新的方言——客家方言便诞生了，其诞生时间不晚于元代中后期。客家方言中保留着相当部分的畲语词汇，在语序上也受到了畲族语言的影响。而赣中北地区处于长江中游交通要冲之地，自唐中叶以来一直是北方人口南下的迁入地或中转站。在北宋末“靖康之变”引发的人口迁移大潮中，赣中北地区接纳的迁入人口仅次于长江中下游地区，位居第二。北来人口多次涌入的过程中，形成于唐中叶的原始赣语与北方汉语不断融合，最终形成了现代赣语。

人口迁移是方言传播的最主要渠道，客家方言的形成与赣闽粤边地区的人口格局变易有着极为密切的关系。赣闽粤边地区，也就是所谓的“客家大本营”地区，在历史上经历了多次人口迁入、内部人口交融过程。外来语言进入相对封闭的赣闽粤边山区，并与当地土著语言发生互动，一种通行于赣闽粤客家大本营地区的新方言——客家方言最终形成。

三、“风声气息颇类中州”

客家方言是客家百姓最为重要的精神纽带，是客家文化的重要组成部分。赣闽粤毗连区是一个地形相对封闭的区域，人口迁入此地之后，与外界交往相对较少，故迁入居民能在很大程度上保留了原居住地的风俗及方言。但作为一种移民文化，客家文化在承传中原文化精髓的同时，亦受到赣闽粤边地理环境与当地文化的影响，这一点在客家方言上表现得十分明显。

在赣闽粤边地区，南迁汉人的主流文化作为一种强势文化不断“向下渗透”，影响赣闽粤边的地方文化。与此同时，赣闽粤边的地方文化“向上传送”成为客家文化的一部分。可以说，客家文化与客家方言，都是主流文化与地方文化进行文化合成过程中主流文化“地方化”的结果。下面我们一起来看看客家方言如何承传中原文化精髓，又在多大程度上受到了地理环境与土著文化的影响。

客家先民自中原迁来，汉文化作为一种强势文化进入赣闽粤毗连区，因此客家方言保留了相当数量的古代汉语词汇。以家庭成员称谓为例，在古代，伯、仲、叔、季为兄弟排行，在《诗经》中有“伯氏吹埙，仲氏吹篪”句。而客家人称哥哥为“老伯”，显然沿袭了古代对兄长的称谓。在唐代李延寿的《南史》中有这样的记载：一日，颜延之与何偃同行，何偃遥呼颜延之为“颜公”，颜延之听后回道：“身非三公之公，又非田舍之公，又非君家阿公，何以见呼为公？”其中“君家阿公”指的是祖父，而客家人亦称祖父为“阿公”。在元代揭傒斯的七言律诗《梦两雏》中有“雨声断道风惊屋，阿婆独抱诸孙哭”，而客家人亦将祖母称作“阿婆”。客家媳妇称公公为“家官”“家官爷”，“官”在古代南方被用以称呼丈夫的父亲。据宋代庄绰的《鸡肋编》记载：“广南俚俗……又呼舅为官，姑为家”，其中的“舅”就是“家公”，“姑”指的是“家母”。据《南唐书·谈谐》记载：一户人家翁媪并坐，家中的媳妇端来饮食，礼节十分繁复，长辈道：“自家官，自家家，何用多拜耶？”这里的“家官”指的就是丈夫的父亲，可见客家媳妇对夫家长辈的尊称保留了古时的称谓。

再如，客家唤姐姐为“阿姊”。在北朝民歌《木兰诗》中有：“爷娘闻女来，出郭相扶将。阿姊闻妹来，当户理红妆。小弟闻姊来，磨刀霍霍向猪羊。”在唐代诗人李商隐的《骄儿诗》中有“阶前逢阿姊，六甲颇输失”，可见古时百姓将“姐姐”称作“阿姊”。古代尊称男子为“郎”，在《正字通》中有“郎，男子之称也”。在清人顾炎武的《日知录》中有这样的记载：“北朝人子呼其父，亦谓之郎。”而在客家人的观念中“长兄如父，长嫂如母”，因此客家媳妇以“大郎”称丈夫的兄长，此处亦保留了古称。（温昌衍，王秋珺：《客家方言》，暨南大学出版社，2015，第43页）

在客家方言中，还有不少日常生活用语源自古代汉语。如在客家话中，“晡”是用来指代白天的时间词，而据清代阮元《经籍纂诂》记载：“晡，日映时也。”可见古人以“晡”指代日间的时间。在客家方言中，蒸米饭的木桶叫作“饭甑”，古时的“甑”就是蒸饭器具。又如客家人称陶罐为“罂”（即“罌”），而在北方地区：“赵魏之郊谓之瓮，或谓之罂（罌），东齐海岱之间谓之罂，罂其通语也。”客家方言承袭古代汉语的例子还有很多，如冰称作“凌冰”，饭粒称作“饭糙”，将“黑”说成“乌”，将脸庞称作“面”，将脖子说成“颈”，将沸腾说成“沸”，说“砍柴”为“斫樵”，等。此外，客家话中普遍使用的古词还有行（走），徛（站），翼（翅膀），食（吃），疾（痛），面（脸），衫（衣服），系（是），择（选）等。如上种种，均能说明客家方言与古代汉语之间的联系，这样看来，客家方言确实是古汉语的“活化石”。

上面我们已经谈到，在汉语方言学中，客家方言与赣方言属于同系方言，二者在语音上的差异并不明显。从词汇上看，客家方言与赣方言确实存在着一批用法及读音都颇为相近的词汇，这些词汇遍及称谓、时令、婚丧生育、饮食起居、自然万物等各个方面。在此以赣方言中的都昌方言与客家方言相对比，在称谓方面，两种方言中的第一人称“我”为“㑊”，“自己”为“自家”，第三人称“他”（她、它）为“佢”，“妹妹”称为“老妹”；在说到时令时，在两种方言中“年年”是“每年”之意，“夜夜”为“每晚”之意，“一日到夜”为“整天”之意；在说到自然现象时，客赣方言将打雷说成“响雷”，起雾说成“下雾”，“起风”是刮风之意，“炙火”为烤火之意；在谈到动植物时，客赣方言中的“脚鱼”指鳖，“雁鹅”指大雁，“生鱼”指“活鱼”；在日常生活中，客赣方言中的“不吃”念作“唔食”，修筑土墙称作“舂（chōng）墙”，划火柴称作“刮火柴”，将绳子称作“索”，将脸称作“面”；等等。客赣方言在词汇方面的相似性还出现在如下词汇之中：几多（多少）、酾（shāi酒）、圳（水沟）、天光（天亮）等。

在介绍客家形成过程之时，本书已经提到：客家先民迁入赣闽粤边山区后，和畲族产生频繁深切的文化互动。在此过程中，少数民族百姓接纳了汉文化，而其语言对客家方言亦产生着一定的影响。客家方言中存在着相当数量的非汉语词汇，这些词汇主要来自迁入地的土著语言。如在亲属称谓上，客家人以“娓”称女性长辈。客家儿女亲昵地将母亲称为“娓”，称伯母为“伯娓”，舅妈称作“舅娓”，婶婶叫作“叔娓”，这体现了畲族早期语言对客家方言的影响。在梅州客家话中称曾祖父为“公太”或“公白”，称曾祖母为“婆太”或“婆白”，而在畲话中称“曾祖”为“白”，客家方言中以“白”称曾祖便来源于此。

在语序上，客家方言中常出现中心词在前、修饰语在后的现象，如紧要（要紧）、人客（客人）、鸡公（公鸡）、牛公（公牛）、尘灰（灰尘）、地土（土地）、气力（力气）、人客（客人）、闹热（热闹）等。在短句中亦可发现这一现象，如“多吃点”谓“食多滴子”，“再吃点”说成“食滴子添”。这种中心词在前，修饰成分在后的语序是早期畲语的典型特征，如今壮侗语族和苗瑶语族语言的基本语序仍然如此。

从语言习惯中亦能发现少数民族语言对客家话的影响。如客家方言中存在“来”“去”连用的语言习惯。福建西部长汀县的客家话将“去进城”说成“来去进城”，“去玩”说成“来去嬲（niǎo）”，“回家”说成“来去归”等。这种语言习惯并不见于汉语，却能在苗瑶语族的语言中溯其源头，如苗语黔东方言中有“来去做活路”（去干活），“来去赶集”（去赶集）等。再如，汉语中“个”用作量词，如“一个人”“一个房间”。而在客家方言中，“个”被虚化为助词，相当于普通话中的“的”。如客家话中有“做活个”（做活的），“瘦个”（瘦的），“肥个”（肥的），“食个饭”（吃的饭），“打铁个”（打铁的）等。如今壮侗语族也存在将“个”做助词的语言习惯，如“个高那”（高的那个），“个大那”（大的那个）等。此外，客家方言存在大量有音而无字的词汇，如表示“粘连、附着”“丢、扔”“咬”“玩”“清洗（衣物）”“回转”“张开（嘴）”“拍（手）”等动作性词汇，表示“稠”“不好”“（捆）紧”等状态性词汇，以及“牛轭”“臭虫”等名词，都能从现代苗瑶语族或壮侗语族的语言及地方变体中找到相关词或对应词。

总之，客家方言中异乎汉语的语言习惯，往往能在周边少数民族的语言中找到源头。由于中原汉文化是一种强势文化，因此非汉语言在族群互动的过程中逐渐隐没在该区文化的底层。但从客家方言词汇中，仍能看出客家大本营中非汉文化的印记。

四、客家方言中的文化风貌

所谓“文化”，广义上指的是人类在历史发展过程中创造的总成果，狭义上指的是相对于政治、经济而言的全部人类精神活动及其产物。我们知道，经过长期的生产生活实践，包括精神文化与物质文化在内的人类文化逐渐形成其内涵，包括某地区之内人类生活要素形态，包括了衣食住行等诸多方面。随着人群迁移，原居地的文化被带入迁入地，并与该地原有文化发生互动。在此过程中，一种新的文化诞生了。语言是文化的结晶，在文化创造和传承的过程中，语言发挥着表现、记载与传播的作用。因此，通过分析一个民系的语言或方言，可以把握方言人群的社会文化特色。

客家方言群是汉民族的一个支脉。客家先民自中原故地出发，几经辗转，最终落脚在赣闽粤边的崇山峻岭之间。中原故地文化繁荣，其文明程度自然要比赣闽粤边地区更高。客家先民将华夏文化带入相对封闭的赣闽粤边地区，在交通不甚发达的历史时期，地理环境相对封闭的赣闽粤山区受外界影响相对较少，在这种条件下，客家方言群能在很大程度上保留着中原文化的精华。客家方言中有大量词汇来自古代汉语，这便是客家方言群传承中原文化精华的明证。但中原文化传入赣闽粤边之后，不可避免地受到当地环境与原有文化的影响，这一点从客家方言词受到非汉语言的影响便可看出。那么从客家方言中能看出哪些客家文化风貌呢?

其一，客家方言词与依托方言流传的歌谣民谚体现出赣闽粤边地区的山居稻作文化。“南稻北麦”是我国粮食种植格局的基本特征。在距今六千多年的黄河中下游地区，半坡居民已经种植粟，而生活在长江中下游地区的河姆渡居民则种植水稻。由于自然条件发生巨大变化，从北方故地南迁至赣闽粤边地区的客家先民开始从事稻作农业，因此在客家方言中有大量词汇与稻作农业相关。“禾”原指的是“粟”，客家先民以此指称稻谷，并由此衍生出了如“旱禾”“畲禾”之类带“禾”字的词语。客家方言中的“秆”

（稻草）“莳田”（插秧）“砻”“碓子”“磨”（以上三个都是碾压粮食的工具）“甑子”（蒸米饭的工具）等，都是稻作文化的体现。

客家发粄　李伟燕摄

客家方言词汇体现出客家百姓以稻米为食的饮食习惯。比如客家人将大米做成的糕点叫作“粄”。“发粄”是将酵粉与黏米粉混合，加水充分发酵后，再放在小碗里蒸熟的粄；“甜粄”是由糯米粉和白糖做成的粄，还有清明粄、味酵粄、笋粄等，这都体现出客家人种稻植禾、以水稻为主要粮食作物的特征。在客家谣谚中有不少与“禾”或“米”有关，如“食老米”比喻丢掉营生，只能靠积蓄过活，“老米”是陈年粮谷的意思。再如“人怕老来穷，禾怕寒露风”，其意为人到年老之时没有积蓄，日子将难以为继，禾苗遭遇低温冷风侵袭，粮食便会歉收。这句谣谚告诫人们要节俭度日，为老年生活做好准备。有客家谚语：“落水天担秆，紧担紧重”，在下雨天挑秸秆，雨水落在秸秆上，其重量自然越来越重，这句谚语比喻生活负担越来越重。还有客家谚语道：“早禾莫莳隔夜秧，番禾莫莳隔夜田。”其中“早禾”与“番禾”分别指的是早稻和晚稻。不论是早稻还是晚稻，都应及时插秧，否则会影响收成。这句谚语劝告百姓要今日事今日毕，不可拖延。牛是农业生产中极为重要的牲畜，因此在以耕田为主业的客家人口中，流传着大量与牛有关的方言谣谚，如“牛角唔尖唔过岭”，说的是如果没有真本事，就不要外出谋生；“再好草岗也有瘦牛”，这句谚语说的是哪怕是身处优越的环境，若是自己不思进取，到头来也将一事无成。

在客家方言中，还有大量词汇与“山”有关，这反映出客家地区多山的地理特征。在客家话中，“岃”是较低矮的山，“嶂”是较高的山，“软坳”是跌宕起伏的山峦，等等。客家百姓还以“山”作为形容词，如形容一地偏远闭塞，人迹罕至，就称该地“很山”“蛮山”。客家方言中还有大量与山有关的谣谚，如“摸目上山，唔知高低”，“摸目”就是盲人的意思，盲人爬山时不知道山势高低，这句谚语劝诫人们说话办事要通达事理，不能不知深浅。还有谚语道，“眼大不见山”，这句谚语比喻一个人粗心大意，竟然连近在咫尺的山岭也看不见，也比喻不知天高地厚，没有自知之明。

客家方言中的方位词同样体现着客家百姓久居山区长期务农的生活状态。在客家方言中，方位词多以“背”或是“头”为中心给各个方向命名。如前面称“前背”，后面称“后背”“背后”“后尾”或是“尾下”，里边称“里背”或“里头”，外面称“外背”或“外头”，上面称“上背”，下面称“下背”，等等。客家百姓世代以耕田种山为业，每日面朝黄土背朝天，辛勤劳作，因此百姓以“背”或是“头”为中心来表述方位。

其二，客家方言词体现出客家百姓重视家庭、慎终追远的文化心理。在客家方言中，“转屋下”表示回家之意。在客家百姓的观念里，“家”

群山之下的粤东客家村落　何其乐摄

就是家族成员共同居住的房屋。历经多次辗转迁移的客家先民，最终在赣闽粤边落脚。他们建起外墙高耸、墙壁厚实的土楼，聚族而居，共同抵御外敌进犯。对于客家百姓而言，“屋”就是“家”，同一个屋檐之下，生活着同根同源的家人，故而“家”便是“屋下”。客家百姓建好房屋之后举家居住于此，世世代代在此地繁衍生息，不会随意改变房屋的建筑布局，更不会随意迁址。若是出现居住面积不够的情况，客家百姓会在原有房屋的外侧加建新的房屋，而不是选择分家，这也是客家百姓重视家庭的体现。从一定程度上，可以认为客家百姓对家庭的重视，与其重视家族历史的心理相一致。在客家地区，有不少地名由姓氏加“坊”组成。如在闽西长汀有谢坊、涂坊、童坊等，在连城县有罗坊、林坊等。在古代，城内街市里巷被称为“坊”。如在《唐六典》中有“两京及州县之郭内分为坊，郊外为村”。闽西客家百姓以“坊”称乡村，很有可能是因为该地百姓的祖先原为城中望族，迁居闽西之后，虽然居住在乡野之地，但仍不忘曾居住在城中，故以“坊”字命名所居住之处。将姓氏冠于“坊”之前，则说明该姓家族成员世世代代居住于此，这体现出客家百姓安土重迁的文化心理。

其三，客家方言谣谚表达出客家百姓的品质与对美好生活的向往。众所周知，客家谣谚只有用客家方言朗读才朗朗上口，别具韵味，而这些谣谚往往反映出客家人为人处世的态度。如有谣谚“五华阿哥硬打硬”，粤东五华地区的石刻石雕艺术十分发达，由五华石匠雕出的石雕石刻造型精美、栩栩如生，因此“五华阿哥”以石雕手艺出名，哪怕是再坚硬的岩石，也能在五华阿哥的锤凿之下变成精美的工艺品。这句谚语借石匠能让岩石改变模样，暗喻客家人意志坚定，不怕困难。还有谚语道，“唔怕人穷，就怕志短”“人要面，树要皮，唔争名利争口气”，这些谚语都表现出客家百姓不怕困难、意志坚定的品质。客家大本营地区的自然条件相较周边地区而言并不甚优越，在这种相对艰苦的自然条件下生产生活，客家人深知人在大自然面前是十分渺小的，要因地制宜，因时制宜进行生产，量力而行，而不能违背自然规律，更不可好大喜功。在客家方言谚语中，有不少是用来说明为人处世要量力而行，不可妄自尊大。如有客家谚语道，“灯蕊再粗难做柱，月亮再亮难炙谷”，句中的“灯蕊”指的是灯芯，“炙谷”指的是晾晒谷子。

还有客家谚语道，“唔会精打细算，枉有家财万贯”“食唔穷，着唔穷，唔划唔算一世穷”，这告诫客家百姓要生活节俭，过日子要精打细算，不可铺张浪费。注重个人涵养，讲求诚实守信是客家百姓的传统，谣谚道，“积善成德，积恶成灾”“道高可伏虎，德高可降鬼神”，这说的是要注重个人品德修养，养成良好品格。“待人宽三分是福，处世让一步为高”“受得香火成得神，受得委屈成得人”“忍得一时气，免受百日灾”“忍事息事，自然无事”，这些谚语告诫人们应心胸宽广，不要斤斤计较。还有谣谚道，“小时唔管束，大时对佢哭”“人要幼时教，竹要嫩时屈”“大做样，细学样”“大个带哩唔好样，细个学哩唔晓几像”（意为：大人没有做好榜样，小孩子便会有样学样），这几句谚语说的是孩子年幼时就应好好管教，让孩子们接受教育，而不要枉费青春，待到年长之后追悔莫及。客家人世代以耕读传家，非常重视对后代的教育。有谚语这样说道，“秀才唔怕衫破，就怕腹里无货”“唔读书，白目珠”，所谓“白目珠”就是“睁眼瞎”的意思。这些谚语体现了客家百姓看重后代教育，重视文化传承的传统。

流行于客家地区的谣谚，是客家百姓精神世界的体现，其中韵味只有用客家方言朗读才能体会。这些客家谣谚所承载的客家人文精神代代相传，成为一代又一代客家人的精神寄托。客家子弟以乡音传唱这些蕴含着朴素人生道理的谣谚，将客家文化传播向五湖四海。

五、不忘祖宗言：客家方言的保护与传承

客家方言是客家文化传承的基础，亦是客家人身份认同的根基。正因为如此，客家百姓非常重视客家方言的保护与传播。以客家方言为依托，客家山歌、传统曲艺、民间谣谚才能世代传承。据客家方言学者罗鑫的统计，时至今日，全球范围之内讲客家方言的共有五六千万人之众，其中有近一半的客家方言人群生活在广东，在江西、福建、广西、四川、湖南及台湾

等地也有相当多的客家人分布。在海外，客家方言人群主要分布在东南亚、北美、西欧等地，可见客家方言分布之广。（罗鑫：《客家话概说》，暨南大学出版社，2019，第 8 页）

回首历史我们不难发现，客家人有着自觉整理方言文献的传统。成书于明代正德年间的《兴宁志》、嘉靖年间的《兴宁县志》等地方志中均有关于客家地区方言的资料。到了晚清，客家知识精英归纳总结客家方言的音韵特征，形成了一批客家方言的早期研究成果。其中，黄钊所著的《石窟一征》是开先河之作。黄钊是广东镇平人（今广东省蕉岭县），《石窟一征》中专有两卷研究客家方言。他对客家方言的基本词语进行解释，考证了这些词语的出处并附上其汉字写法。黄钊于咸丰三年（1853）猝然长逝，其《石窟一征》尚未完稿，直到三十多年后才公之于众。

光绪三十三年（1907），嘉应州人杨恭桓所著《客话本字》问世。这是一部客家方言字典，其内容主要包括客话双字、客话叠字、客话单字及客话补遗等方面，重点收录客家方言中与官话差异较大的词语。到了 1922 年，兴宁客家人罗翙云的《客方言》面世，该书共有十二卷，对客家方言

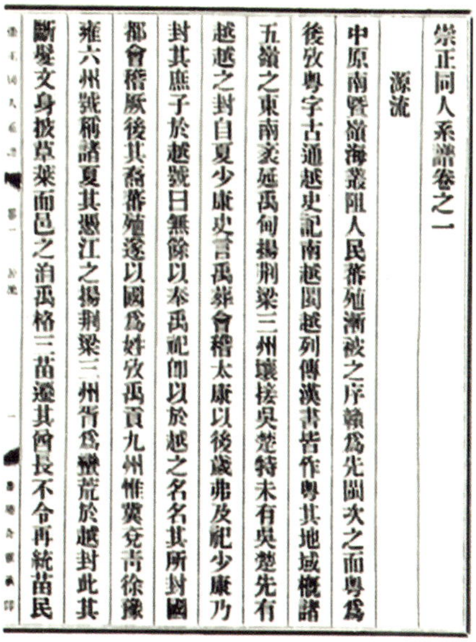
崇正同人系譜卷之一
源流
中原南暨嶺海叢阻人民蕃殖漸被之序賴爲先閩次之而粵爲
後攷粵字古通越史記南越閩越列傳漢書皆作粵其地域概諸
五嶺之東南亥延禹甸揚荆梁三州壤接吳楚特未有吳楚先有
越越之封自夏少康史言禹葬會稽太康以後歲弗及祀少康乃
封其庶子於越號曰無餘以奉禹祀卽以於越之名名其所封國
都會稽厥後其裔蕃殖遂以國爲姓攷禹貢九州惟冀兗青徐豫
雍六州號稱諸夏其悉江之揚荆梁三州皆爲蠻荒於越封此其
斷髮文身披草萊而邑之洎禹格三苗遷其酋長不令再統苗民

赖际熙编：香港崇正总会编印《崇正同人系谱》，香港崇正总会出版部，1995 年

的词汇进行了详尽的考述。三年以后，赖际熙主编的《崇正同人系谱》问世，该书设有专卷介绍客家方言，其中收录了三百余条客家方言词汇与谣谚，并分析了客家方言与中原古韵的关系。

1933 年，罗香林所著《客家研究导论》在广东兴宁希山书藏出版发行，该著被视作客家学的奠基之作。当代客家方言学者罗鑫指出，在研究客家方言时，罗香林强调田野调查，采用国际音标注音，将西方语言学与中国传统音韵学的研究方法相结合，兼顾历时性与共时性研究，同时重视客家方言的语法研究。该著奠定了后世的客家方言研究的基本框架。

在民国时期，非客家籍的知识精英也参与了客家方言的研究。如章太炎曾编订《岭外三州语》，并为罗翙云的《客方言》作序，称赞客家文化为“中州遗俗”。1936 年，汉语史研究专家王力所著的《中国音韵学》（后改名为《汉语音韵学》）问世，其中便有专章记录梅县客家方言的音系。1946 年，语言学者董同龢在四川成都记录华阳凉水井的客家方言。次年，他撰成《华阳凉水井客家话记音》并于 1948 年发表，这是第一份运用现代语言学方法记录客家方言的调查报告。如上由非客籍学人编撰的著述，同样推动了客家方言的研究。

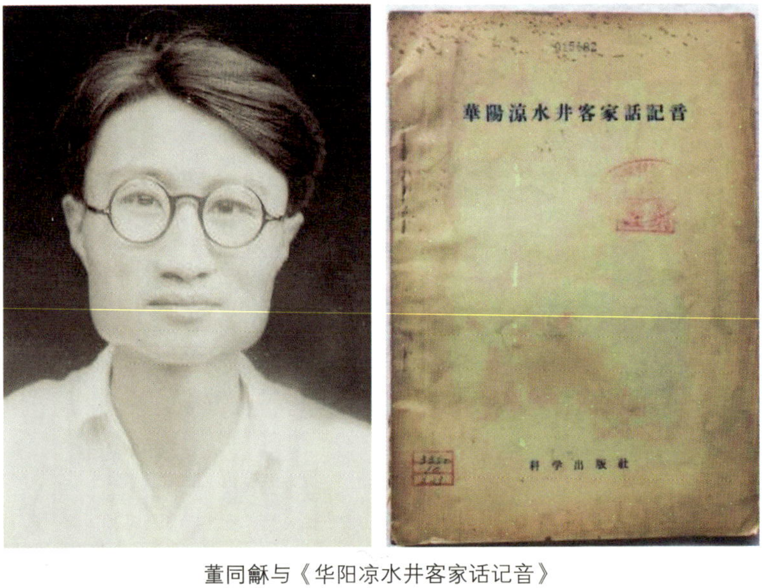

董同龢与《华阳凉水井客家话记音》

1949年中华人民共和国成立后，客家方言研究翻开了新的一页。1955年10月，中华人民共和国教育部和中国文字改革委员会联合召开全国文字改革会议。这次会议的核心议题是推广普通话与简化汉字。会议决议建议“中国科学院与各有关高等学校合作，进行全国方言调查，编写普及普通话的教材和参考书，以便利各方言区人民学习普通话”（《全国文字改革决议》，中共中央党校理论研究室编：《历史的丰碑：中华人民共和国国史全鉴13·文化卷》，中共中央文献出版社，2004，第115页）。在此背景下，中山大学、暨南大学、华南师范学院等广东地区高校派出师生，开展以一县为一点的方言普查工作，形成了一批方言调查报告，其中包括一批客家方言调查报告。1960年，中共中央发出《关于推广注音识字的指示》，全国上下掀起了制定方言注音方案的热潮。在中共广东省委文教部的领导之下，广州、客家、潮州与海南四种方言拼音方案草案出台，并面向广州市内各高校语言学学者、语文工作者与工农群众进行意见征询，最终公布了包括客家方言拼音方案在内的四套方言拼音方案。

播迁海内外的客家同胞十分重视对客家方言的传承。播迁各处的客家人将客家话带到迁居之地，同乡相遇则必用乡音交谈。所谓“有潮水的地方就有客家人”，随着客家人一同到来的，则是以客家方言为代表的客家文化。因此可以说，“有潮水的地方就有客家话”。在美国夏威夷，该地第一所华文学校用客家话授课。1978年，美国旧金山崇正会承办第四次世界客属恳亲大会，其中专门讨论如何保护客家方言，从而更好地传承客家传统。在越南胡志明市，客家团体开展了客家话课程等推广客家文化的活动。印度尼西亚的泗水惠潮嘉会馆专门设有客家话补习班，助力以客家文化为代表的中华文化的海外传播。在缅甸仰光，第三、第四代客家华侨，至今还有许多人能讲流利的客家话。有的人甚至因为当地很长时间没有华文教育而不懂汉语，既不能写也不能说，但却能讲流利的家乡方言。在20世纪20年代以前，新加坡的华文学校主要用包括客家话在内的方言进行日常教学。20世纪60年代之前出生的新加坡客家人多能流利地讲客家话。如今，新加坡还保留着客家话广播节目。

“方言足证中原韵，礼俗犹留三代前。”客家方言是客家传统文化的重要载体。所谓“美不美，故乡水；亲不亲，故乡人”，漂泊异乡的客家子弟听见乡音，思乡之情油然而生。因此，客家方言是客家人的黏合剂，是海内外客家百姓形成身份认同的重要纽带。如今，这带着中州古韵的乡音仍在客家乡亲们中间口口相传。

第六章 围屋土楼客家居

渠侬不做万户侯，渠侬乡里倒骑牛。
渠侬住得转城屋，走马围龙四角楼。
——（清）胡曦《竹枝词》

当你踏进闽粤赣边的崇山峻岭之间，一定会被山脚下一座座古朴雄浑的环形建筑吸引。这些建筑由生土夯筑而成，或圆或方，有数层之高，如磐石一般矗立在山岭之间。这种外形奇特、建筑工艺独特的建筑名叫土楼，是客家地区典型的民居样式。勤劳勇敢的客家人历经千难万险，从中原故地迁至赣闽粤边山区，在土楼中繁衍生息，以灵巧能干的双手与超群的智慧在南国大地之上开辟出一片新的天地。开篇的竹枝词由清代胡曦所写，其中提到的“走马楼”“围龙屋”“四角楼”是客家地区常见的民居样式。

华夏民族素来非常重视认祖归根。家族中的长辈总会告诉家中后代祖地位于何处。为生计漂泊在外、终日忙碌的客家游子也总想着有朝一日能回到故乡，落叶归根。而“祖地”和“根”的物理空间便是家族栖居的房屋。历经迁徙的客家百姓在赣闽粤边落脚之后，必定要认真选择落脚之地，然后营建房屋，作为家族历代繁衍生息之所。罗香林在《客家研究导论》中称，客家百姓在营建房屋之时，“地基必求其敞，房间必求其多，厅庭必求其大，墙壁务极坚固，形式务极整齐”。可见客家百姓对民居要求之高。客家民居规模不小，“有房子四五百间，能住男女四五百人，求之其他各地，真不易看见这类大屋”。客家百姓的大屋，多半是由创榛辟莽的开基始祖建造的，创业者将房屋分给子孙后代，后代中有能力者再在原有房屋的外围营建新屋，但不管历经多少代，房屋中的正厅永远归家族共同所有。

有谚语道：“福佬好食粥，客人好起屋。”客家民居以土楼和围龙屋为代表，是客家百姓根据闽粤赣边山区的地理与气候特征创制出来，带有鲜明地域特征的民居建筑，蕴含着深厚的人文底蕴。这些客家民居是历代客家人的栖居繁衍之所，同时也是客家人聪明才智的体现。那么，客家地区有哪些典型的民居建筑，它们具有什么样的特征，在其中又有哪些扣人心弦的故事呢?

一、客家地区的典型民居

福建省漳州市南靖县是一个山川秀丽、群峰叠翠的地方，这是闽海之地最古老的县份之一，“南者以在福建之南，靖者取安靖之义”。自古以来，南靖之地祸乱频仍，统治者取“靖”作为地名，希望该地能社会安定。踏足南靖的人们往往被这里的客家民居建筑所震撼。站在山间远眺，这种建筑外形呈圆柱形，土黄色的外墙，黑色的屋瓦，旁开小窗，中开大门，上书楼名。这种形制奇异的客家民居叫土楼，当地人又称之为圆寨。在南靖，客家土楼数不胜数，其形制或圆或方，形制恢宏，造型奇特。除了土楼之外，客家地区还常见半月楼、围龙屋、五凤楼等不同类型的民居。这些民居缘起为何，又有哪些特征呢?

土楼是客家地区典型的民居样式。当你漫步闽粤赣边的山岭之间，总能为这些圆形或方形、占地面积甚巨的客家民居所吸引。这种造型古朴的

福建省龙岩市永定区下洋镇初溪土楼群

建筑，其风格与精雕细琢的江南宅院，碧瓦飞甍、彩绘雕墙的广府宅第迥乎不同。这不能不让人思考，其奇特的建筑类型究竟源于何处呢？翻检史料，我们不难觅得答案——这种奇特的建筑与历史时期战乱频发的社会环境息息相关，同时又受到了闽粤赣边原有建筑风格的影响。

在宋代，福建漳州祸乱频发，当地百姓为求自保，占据高处扎起营寨，这些小城寨的遗址现今仍有保存。明末清初，顾炎武在《天下郡国利病书》中记录下“漳州土堡”：明朝嘉靖年间福建漳州地区寇乱频仍，闽粤沿海的百姓纷纷筑起土围和土墙，以抵抗祸乱。在福建漳州的沿海地区，现今仍存有大量的圆形寨堡的遗址，这些圆形寨堡与客家土楼关系密切。

漳州平和县寨河村的寨堡

江西土围子，宁化、长汀等地的土寨、土围对土楼均有影响。闽西客家百姓多从江西迁来，将江西的土围子带到闽西。在闽西客地，客家百姓将原本的江西土围子与闽海土堡结合，建成了外形独特、兼具居住与御敌双重功能的土楼。（谢重光：《福建客家》，广西师范大学出版社，2005，第 253 页）

土楼的广泛营建，还与客家、福佬两方言群的矛盾有关。在明代中期以后，客家地区生齿日繁，人地矛盾加剧，同样的情况也发生于福佬民系栖息的闽南滨海之地。面对越来越紧张的生存资源，客地居民又踏上了迁徙之路。在这次迁徙中，一部分客家人向西回迁入江西，另一部分则向东进入玳瑁山与博平岭等山岭地带，而东迁的福佬人也把此地作为迁入的目的地。这样一来，两民系的百姓在山岭之间相遇，双方争山林、争耕地、争水源，甚至争风水较佳的土地。为了保证自身安全，客家人在此地兴建土楼，既可栖身，又可御敌。

经过长时间的发展，客家民居发展出五凤楼、方形土楼、圆形土楼、围龙屋等不同样式。总的来说，客家民居逐渐从方形土楼演变为圆形土楼，方楼之中的五凤楼承中原民居“四合院”而来。赣闽粤边地理环境特殊，贼寇甚多、战乱频繁，这要求居住建筑具有更强的防御性。由此，五凤楼逐渐向方形土楼转变。为进一步增强防御性，扩大住所面积，方形土楼被抹圆，演变成圆形土楼，围龙屋则是第三代客家民居建筑。

（一）五凤楼与方楼

我们先来看看五凤楼。这种客家民居多用歇山顶，由前至后高度不断提升，形状宛若飞凤而得名。五凤楼一般修筑在前低后高的坡地之上，整

福建省连城县培田古村落中的歇山顶　王旭阳摄

个建筑呈现中轴对称的特征。“三堂两横”是五凤楼的典型布局。所谓“三堂”，指的是沿中轴线排列的下堂、中堂与上堂。下堂紧靠大门，一般用作门厅。下堂两侧的小屋，一般用作贮藏室。

中堂位于五凤楼的正中心位置，这是土楼人家供奉祖先牌位，举行年节庆典和婚丧仪式的地方。在中堂设有客厅与厨房，方便接待客人。上堂又称后堂，是五凤楼的最高处。上堂是五凤楼的主楼，家中人员居住在此。

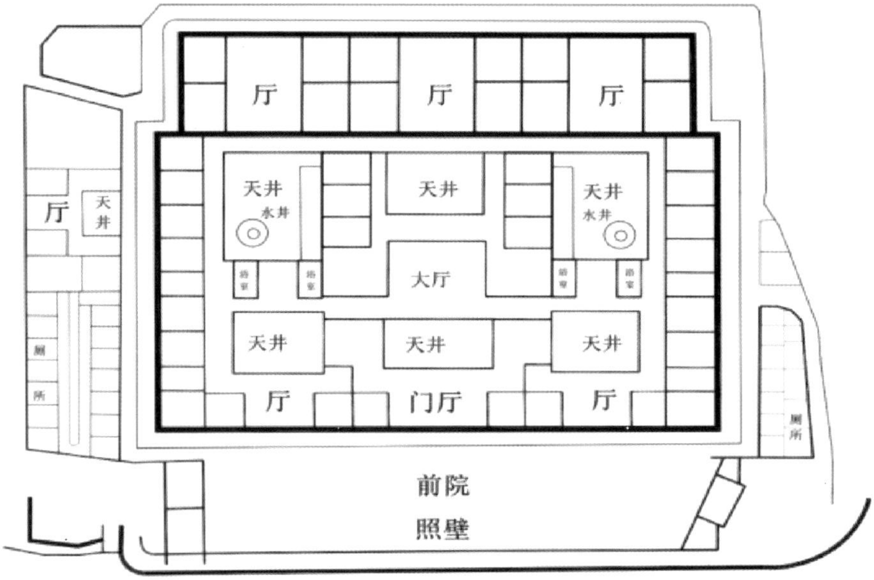

福裕楼平面示意图　丁理琦绘

在下堂与中堂、中堂与上堂之间，各有天井，便于采光与空气流通。在上堂之后一块半圆形的空地，以围墙隔出，被称作“楼背”或“屋背伸手”。而在大门之外是一块长方形的晒谷坪，四周以围墙隔出，围墙之外是一半圆形的水塘，象征“五湖四海”。水塘与“屋背伸手”恰好合成一个圆形，象征团圆美满。如果晒谷坪没有围墙，则晒谷坪与水池之间会有一照壁相隔。

五凤楼的“两横”指的是堂屋两侧的横屋。在形制较大的五凤楼中，横屋与“三堂”有天井相隔。其中下堂两侧的横屋较低，一般用作学堂或供佣人居住；中堂及上堂的横屋层高较高，一般是家中长辈居住。客家土楼的屋顶一般较平，但五凤楼保留了北方宫殿的形制。

福建省龙岩市永定区高陂乡大塘角村有一座大夫第，这座五凤楼的屋顶为斜形的大出檐九脊顶，严格遵照“三堂二横”的形制营建。壮观的九脊顶大气庄重，更增加了五凤楼敦厚朴实之态。五凤楼的样式承袭了中原四合院的特征，均呈现斜形屋顶、中轴对称、聚族而居的特征，这是客家民居传承中原文化的有力证据。

再来看方楼。顾名思义，方楼呈四方形，一般有两到五层高，全屋中心为中堂，位于方楼的天井处。家中的柴房、猪圈等并列在中堂两侧。内部房间围绕着天井，呈“日”字形排列。与圆形土楼类似，方楼的中堂位于中轴线的正中，在其前后均有一间房屋，其前一间称“下堂”，紧邻屋宅大门，中轴线最末端的一间称“后堂”。一般来说，下堂是门厅，是招待客人的地方。婚丧之礼、年节聚餐等族中大事，则放在中堂进行。后堂则供奉祖先牌位，是家族祭祖之所。

在方楼内部，底楼一般是厨房、饭厅与客房，二层贮存粮食，三层以

广东省大埔县的泰安楼是一座方形土楼，图为泰安楼大门　李伟燕摄

上为人居住之所。赣闽粤边气候湿热，人居设在高处则能防潮避湿，有效防止蛇虫侵扰，有利于客家百姓的身体健康。

还有一种名为“四点金”的四方形土楼，在常规方楼的基础上，四角建有小型碉堡。碉堡凸出外墙约一米。这一方楼之上的附加建筑中开有射击孔，这是供围屋人家守卫住所之用。在赣闽粤边的客家山区，百姓常遭土匪袭扰，而“四点金”式方楼能有效防御外敌进犯。如果说五凤楼保留了较多的中原建筑特征，那么方形土楼则在更大程度上体现了社会与自然环境对建筑的影响。为了加强防卫功能，客家先民吸收本地寨堡的营造方式，将五凤楼改良成方形土楼。

（二）圆形土楼

圆形土楼往往被视作客家民居建筑的典型代表。圆楼浑圆古朴，远远望去，圆形土楼仿佛圆柱，生土夯筑的外墙呈土黄色，中开一扇大门，门上写着楼名。在外墙的高处开有小窗，方便空气流通。同时，土楼居民能从窗户观察外部世界，防御外敌入侵。客家土楼墙体厚达一两米，墙体厚而坚固，除了大门之外，一般仅在四周旁开小门，如此种种均是为了有效抵御外来匪徒。

从高处俯瞰，圆形土楼呈环形，顶部屋檐外大内小，瓦片呈放射状排列。为避免出现屋顶覆盖不全而导致屋内漏雨的情况，客家工匠以三角形排列瓦片，从而避免了在排布瓦片时产生间隙。俯瞰圆楼，其中有一中轴线，两边对称，正中心露天处为天井，楼内各层房间围绕着天井，以环形排列，最外侧则是厚重的土墙与大门。

大门与天井均在中轴线上，大门进门处称“下堂”，用于待客。“中堂”是中轴线的中点处，这里一般设有祠堂，客家百姓在此祭拜祖先，放置族谱。在中轴线的最末端则是“后堂”，又称“祖堂”，是土楼人家举行丧礼之所。

土楼底层一般设有厨房、猪圈及客房，二层是谷仓，三楼及以上为卧室，天井之中往往还有水井。天井是土楼人家生活的中心。闲暇时，土楼居民在天井中乘凉聊天，客家妇女在底层厨房中劳动，孩子们在天井中嬉戏打闹，笑声回荡在土楼之中。一般来说，客家圆形土楼有三层高，能居住六到七

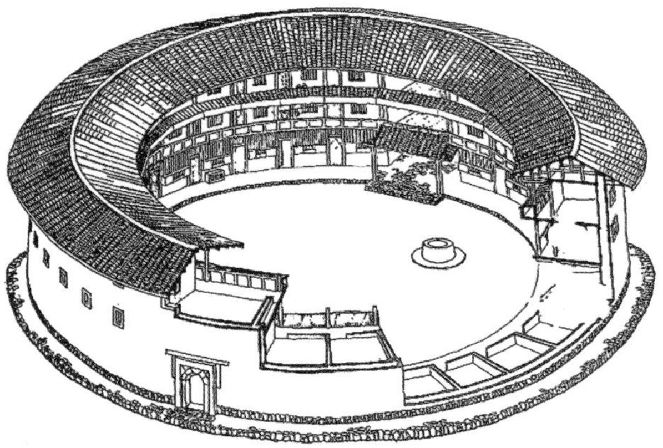

圆形土楼示意图　林嘉书：《客家土楼与客家文化》，博远出版有限公司，1992

户人家。但在闽西地区，土楼形制恢宏，房间数量甚多的也不少见。

位于福建省龙岩市永定区的振成楼由两个同心圆构成，楼内有内圈和外圈，共有房间两百余间。土楼内圈有两层，外圈有四层，内外两圈共享一个天井。外圈高而内圈低的形制，有利于土楼内的采光通风。相较方楼而言，圆形土楼更能适应赣闽粤边的自然地理环境，防卫效果更好。在圆形建筑中，房间更容易分成均等大小，且各个房间之中，通风效果与光照条件大致相仿，这样便于家族成员分配住房，不至于因居所选择问题而致家族不睦。与同等周长的方形土楼相比，圆楼内圈的面积更大，楼中居民能获得更广阔的生活空间。圆楼的外圈较长，内圈较短，全楼由土墙承重，楼内的扇形房间对木梁结构需求不多。因此相较方楼而言，圆形土楼能节省木料。楼中房间形制几乎一致，工匠能很快地计算出各个房间用料，修筑工期更短。

在屋顶形制上，圆形土楼的屋顶多为两坡顶，这种屋顶简单易造，造价不高且坚固耐用。此外，圆形建筑抵抗狂风与地震的能力更强。如上种种，均体现了客家百姓在承袭中原建筑传统的同时，因地制宜营建栖息之所的智慧。

（三）半月楼

半月楼的外形十分奇异，远远望去，半月楼仿佛半轮明月。这种形制的客家土楼大多分布在福建省诏安县，其中尤以霞葛镇与秀篆镇数量为多，在广东的大埔、饶平等地也分布着半月楼。一般来说，半月楼的中心是祠堂，各家各户围绕着祠堂，呈半月形营建房屋。

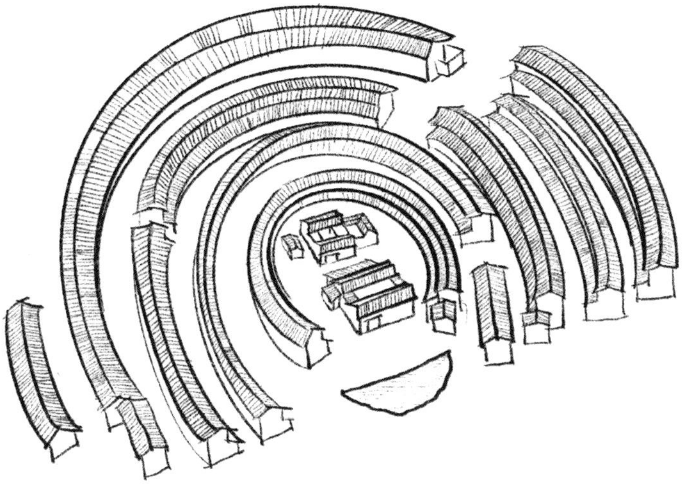

半月楼示意图　刘卓建绘

半月楼第一层的住房是毗连在一起的单体房屋，后面一至两排的住房则是呈半月形排列的连体住房。各排之间有宽达数米或十余米的巷道。随着家族成员越来越多，半月楼的层数也逐渐增加。各家各户以宗祠为中心修筑房屋体现了传统宗族社会的向心性。客家人素来慎终追远、崇敬祖宗，这种以宗祠为中心的半月楼着实体现了客家人对先祖的敬重及其对家族团结和睦的重视。从客家民居的发展历程上来说，半月楼是圆形土楼向围龙屋过渡的产物，其防御功能已经式微，仅保留着圆楼向心而建的特征。

除了单一形制的圆楼或方楼外，一些土楼将圆楼与方楼结合在一起，建造出外形奇特的综合型土楼。如在福建省诏安县，有一座名为“在田楼”的综合型土楼。这座土楼外圈为一座圆楼，而内圈是一座高约两层的方楼，

俯瞰福建省漳州市南靖县顺裕楼

诏安客家百姓将这座方楼称作“楼心”。在田楼外圆内方的形制恰寓意着天圆地方，与《周易》之义相符。

再如福建省漳州市南靖县的顺裕楼，外圈是一座高为四层的圆楼，外围的围墙高达15米，底层土墙厚约1.6米。这座土楼的外圈，每层有72个开间。内圈则是一座扇形楼，有两层楼高，内有房间80个。土楼主人本想在内圈修筑一座圆楼，但并未修完，遂修成了一座扇形楼。

建筑是凝固的艺术。土楼是客家文化一张亮丽的名片，现今仍存的福建客家土楼建筑有1000多座，在赣南、粤东、广西等客家聚居区内，也保存着一批客家土楼建筑。历经历史岁月的洗礼，这些客家民居仍在赣闽粤边山区巍然矗立，焕发着勃勃生机。在2008年，位于闽西的永定土楼被列入世界文化遗产名录。跨越数百年，土楼仍以其独特的风采吸引着八方来客。

（四）围龙屋与走马楼

在粤东客家地区，围龙屋是主要的民居样式，这种建筑主要分布在兴宁、梅县等粤东客家大本营地区。据《兴宁东门罗氏族谱》记载：

屋之后一层，自花胎前起，左右房间，渐次斜转，围至龙厅，或一层或二层，因地形而定，称曰围龙房屋。

这基本概括了围龙屋的建筑特征。一般来说，围龙屋依坡而建，讲究前低后高，总体形制呈一把太师椅状。屋前有一水塘，屋后为小山丘或树林。围龙屋是一种集居式建筑，它由纵向的堂屋与横向的横屋，以及月弓形的围龙组成，其前半部分为横屋与堂屋，后半部分有半月形的围龙。俯瞰围龙屋，这种造型别致的建筑呈轴对称的扇形。

围龙屋的主体结构是排列在中轴线上的一组堂屋。从大门起，一般有二至三个堂屋，堂屋之间有天井相隔。其中，沿中轴线自大门数起的第一间堂屋称“下堂”，为门厅。为保证围龙屋人家生活的私密性，下堂中建有屏风以阻隔视线。第二所堂屋为中堂，一般是大厅，面积较大。客家百姓在中堂里竖起巨大的木质“官厅架”，一般有六根或八根木柱，上端架有巨木。当地老百姓的年节庆典活动多在中堂里进行。家中长老多在中堂里议事，行礼宴客，婚丧嫁娶之事也一般在此进行。

中轴线上最后一所堂屋是“上堂”（又称“后堂”），这是客家百姓陈列先祖牌位，祭祀神灵与祖先的地方。有的围龙屋在上堂后侧专门辟出一间小屋，列祖列宗的牌位陈放其中。各堂屋之间由天井相连，天井又叫作“天阶”，起着增强围龙屋采光与通风之用。其中，连接下堂与中堂的为“下天阶”，连接中堂与上堂的为“上天阶”。在上天阶左右，各有两个小的厅堂，称作“南北厅”，为公共区域。

在堂屋的两侧建有横屋，这是围龙屋百姓的栖居之所。横屋多建在中堂及上堂两侧，与堂屋有走廊相连，如果横屋数量较多，则在横屋之间设有花厅，可用于待客。围龙屋的下堂朝外开有大门，每一列横屋朝外开有侧门，方便围龙屋人家进出。浴室、厨房等均位于横屋之中。在横屋之间还有水井若干，方便围龙屋人家足不出户就能获取生活用水。此外，为防御外来入侵，左右横屋之角上可见高楼，二座至四座不等，上下开有炮眼，以便击退来犯之人。

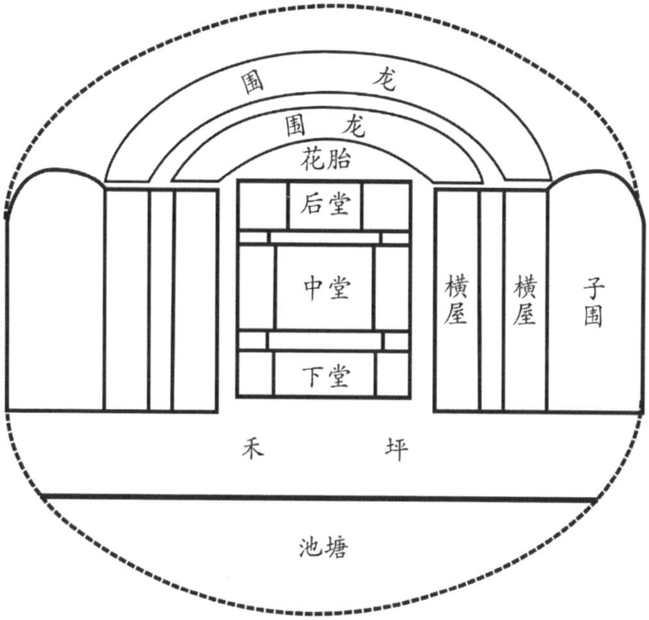

“三堂四横双围龙”式围龙屋平面布局示意图　王旭阳绘

围龙屋的后半部分是呈弧形排列的围屋，叫作“围龙”，这部分建筑呈半月弓形排列，连接着横屋。围龙与堂屋相隔之处，是一块向上隆起的半月形土地，名为“花胎”或“花头”“化胎”，又称“花头茎”，其上铺有鹅卵石，或种植竹木，形成屏障，意在全屋“地势至此，变化而有胎息”。

围龙是显示围龙屋特殊造型的关键之处。其中，上堂正好与围龙的正中间一间相对，这间房屋被称作“龙厅”，一般为围龙屋人家公有，正对祖龛神龛，是祭祀神灵与祖先之所。围龙间可用于放置物品，充当厨房之用，也可住人。一般而言，有两间堂屋，两排横屋，一圈围龙的围龙屋为“双堂双横”式；有三间堂屋，四排横屋，两圈围龙的围龙屋为“三堂四横双围龙”式，其命名规律以此类推。

常见的堂屋与横屋组合有二堂或三堂双横单或双围龙式、四横双围龙式、六横三围龙式等。规模恢宏的围龙屋中有“三堂四廊，九井十厅”，可见其形制之大。围龙屋规模宏大，可容纳大量客家百姓居住。一座三堂四横的围龙屋可居住百余户人家，而三堂六横的围龙屋则可居住数百户居

广东省梅州市梅县区松源镇的围龙屋与农田

民。这些层层叠叠的横屋与围龙未必是同时建成的，随着家族人数的不断增加，横屋与围龙的数量也相应增加。粤东地区，还有大量客家人居住在围龙屋中。本页图为广东省梅州市梅县区松源镇的围龙屋，左侧规模稍大的为“双堂双横两围龙”式围龙屋，右侧为“双堂双横单围龙”式围龙屋。

围龙屋的大门前，有一宽大的长方形场地，称作“禾坪”或“晒坪”。在收割粮食之后，围龙屋百姓将稻谷平摊在禾坪中晾晒。为保护收来的粮食不被偷走，抵御外敌进犯，有的客家百姓还在禾坪四周筑起围墙，围墙两端各开一门，名为“斗门”。再向外走，便能看见一个半月形的水塘，称作“门口塘”，又称泮塘、风水塘或莲塘。这口半圆形的池塘，恰与围龙屋内的半月形“花胎”一起构成一个完整的圆形，象征“天圆”。门口塘下洼蓄水，花胎上凸垒土，二者同时出现在建筑物内，象征阴阳调和。围龙屋内四四方方的横屋，则象征“地方”。这种独特的建筑形制，体现着客家人对人与自然和谐共处的追求以及他们对平安幸福生活的期盼。这种建筑形制还是客家人传承中原传统建筑文化的表现。中原故地的老百姓往往将村落规划成一块圆形的区域。在一块半圆形区域中建起房屋，房屋

广东省梅州市梅县区桥溪村宝善楼

之前划出一块方形的区域作为晾晒的场地和菜地。村落的另一半圆便是一口池塘，可用于浇灌和洗濯之用，如村中遭遇火灾，还可从中引水灭火。粤东客家的围龙屋与这种村落建筑形式如出一辙。

此外，还有一种造型特殊的客家民居，名叫“走马楼”。这种客家民居平面一般是方形，其中中轴线上有堂屋，两侧分列横屋，其楼高数层，因楼面宽阔，其宽度可容纳车马行驶，故得名“走马楼”。在走马楼的上部外侧有通廊，环绕楼面一周。一般来说，厨房、杂物间、牲畜栏和厕所等位于走马楼的底层，住房和仓库位于走马楼的上部。粤东气候湿热，潮气很重，走马楼楼层较高，人居与仓库设在走马楼的上层，能防虫避湿，有利于人的身体健康，粮食也能贮存得更久。

广东省梅州市梅县区桥溪村的“宝善楼”是一座形制经典的走马楼。宝善楼始建于清代光绪年间，占地面积约1500平方米，为二堂二横式合杠式走马楼。宝善楼依山而建，在中轴线上，依次为前厅与祖堂，二者由低到高排列，中间有天井相隔，天井两侧有花厅。二堂两侧有横屋，堂屋与横屋有过厅和天井相隔。

宝善楼的正面开有三个大门，中轴线上的大门为主门楼，两侧横屋之间开有两个对称的披檐式次门楼。二层布局与一楼相近，两层合计有房间 48 间，厅堂 12 个，可见其形制之恢宏。

（五）客家民居的文化意蕴

客家民居的整体布局体现着深厚的文化意蕴。不论是客家土楼、围龙屋等单体建筑，还是半月楼等聚落式建筑，其建筑布局均呈现四周建筑向中心围拢，中心为主体建筑，四周为附属建筑的“向心性”特征，多重建筑向心而建，拱卫中心。如在半月楼中，家族祠堂与最初兴建的两到三环围屋位于楼群中的中心位置。随着人口增加，新修建的半月形围屋以旧有建筑为中心，层层向外增加。又如同心圆状的客家土楼，它以中堂为圆心，向四周扩展，祠堂位于全屋的中心位置。新建起的小型土楼紧靠较早建成的大型土楼，二者或相距不远，或紧贴而建。如上种种，均是客家民居建筑向心性特征的体现。

“向心性”的“心”是土楼人家的宗祠。在客家民居中，祠堂未必位于全屋的几何中心位置，但却是全屋中地位最高、最为神圣的区域之一。在横堂相错的客家民居建筑中，宗祠一般位于中轴线的中端，即中堂之中；或中轴线的最尽头，即在上堂处。其中，以在上堂者为多。在围龙屋中，围龙正对上堂的一间，被称作“龙厅”，此处也常用于祭祖。土楼与围屋等客家民居一般修筑成前低后高的形态，上堂和龙厅一般位于客家民居位置较高处，在此处设置宗祠，体现出客家百姓崇敬祖先的传统。在家族成员居住位置的安排上，家中长辈一般居住在中堂及上堂的横屋处。这里往往地势较高，居住在此，能彰显家中长辈崇高的地位。不论是自成一体的土楼或是围龙屋，还是半开放型的半月楼，楼中居住的都是同一家族的成员。这种居所层层相连、聚族而居的特征，正是客家百姓重视家族和睦团结的体现。广泛修建的土楼与围龙屋，也是客家地区宗族兴盛的体现。只有在人丁兴旺、宗族实力强盛的背景之下，客家人方能建成如此规模宏大的栖息之地。

自中原南迁的客家先民深受天、地、人三者合一观念的影响，客家民居建筑便是一个典型的例子。客家民居不仅重视民居自身与周围万事万物的关系，更将宇宙万物具体而微地融入建筑之中。这种特征在客家土楼之中反映得尤为明显。如圆形土楼，其环形结构便象征着天地大宇宙，其中圆形的天井与太极形制完全一致。在方楼之中有象征着宇宙核心的中堂，全楼虽是方形，但楼中各房间围绕着中心展开，且具有明显的对称特征。屋前的半圆形池塘与屋后半圆形的屋背，正好组成一个完整的圆形，将方形的土楼环抱于圆形之内。屋背隆起的土堆，与屋前充满水的水塘，恰好构成了一阴一阳。围龙屋建筑的整体布局，亦反映出了客家人的天地观念。如在建造围龙屋时，客家百姓在屋前建造一口半月形的水塘。水塘除发挥蓄水、养鱼等实际功效之外，还与半月形的围龙恰好构成一个完整的圆形。这与呈方形的禾坪、横屋和堂屋，恰好象征“天圆地方”。在堂屋与围龙之间的空地上，有半圆形向上凸起的花胎，这与向下凹陷的水塘恰好构成阴阳调和之态。

二、客家民居的营造工艺

客家百姓根据赣闽粤边山区特殊的社会历史状况与自然环境，建起别具一格的民居建筑。在营建过程中，客家工匠们发挥聪明才智，就地取材，选择适宜的时间进行施工，建造出一幢又一幢的山间奇迹。那么，客家能工巧匠们采用了哪些技艺在山间建起可耐岁月洗礼的客家民居呢？

谈起客家民居，不能不提起生土夯筑之法。中原先民们将生土用木板夹起，使之固定成形，这种筑墙的工具被称为“版筑”。距今约 7000 年至 5000 年的仰韶文化时代，人们已经会夯平土地。考古学研究显示，在江苏淮安的青莲岗遗址中留存有人工夯打的居住面。在距今 4000 多年的龙山文化时代处于新石器时代晚期的人们已经掌握筑城技术，并已使用版筑。在河南偃师商城与郑州商城中，分层夯筑的技术的使用已经较为普遍。西周至春秋战国时期的高台，大多是经由夯土与分层夯筑技术修筑而成的。《周礼・考工记》记载有夯筑技术的标准，如在夯筑高墙之时，墙的高度应与墙基的阔度相等，土墙顶部的宽度应是墙基宽度的2/3等，可见此时夯筑技术已十分成熟。宋代《营造法式》中亦有提及夯土筑墙及用碎砖瓦块打地脚的方法。到了明代，夯土版筑技艺进一步发展。其时，人们用纯黄土，或用黄土掺上砖料与砂石，分层夯筑城墙，并在外侧包上青砖。时至近代，这种筑墙技术仍在使用。生土夯筑以造墙的技艺经久不衰，但在民居之中，由于夯土筑墙技术工序略显复杂，在造砖技术成熟之后，民居中多使用砖石砌墙。

工匠用夯筑技术砌墙

广东省大埔县花萼楼外观，可见厚重的外墙
钟俊杰摄

在客家民居之中，夯土技艺则得到了很好的承传。客家土楼高耸敦厚的墙体，均是以生土夯筑而成。客家百姓中的能工巧匠将未加烧制的黏土堆叠起来，中间以竹片、木棍做“墙筋”，增强墙体强度。为了增强黏土的黏度，提升墙体的强度，客家百姓在黏土中掺入细沙、石灰、红糖、糯米饭和蛋清，再用夯杵将黏土反复捶打、揉搡，而后用墙推板形塑成墙。砌成墙体之后，工匠们还要用墙槌板将墙面推平。这种土墙十分坚固，经久耐用，不论是捶打还是撞击都岿然不动。只有在墙体上钻孔，埋入具有相当威力的炸药方能将土墙炸毁，可见土墙之牢固。由此也可以看出，客家建筑传承了中原营造技艺。在房屋内部，客家民居中的梁木结构、楼板、窗棂及楼梯等木质构件多用松、樟、杉、楠等木材，这些木材取自山中。赣闽粤山区林木数量众多，取材难度不大。

还有一种就地取材的房屋构件，便是瓦片。客家土楼的瓦片多是青色薄瓦，多采用不含沙砾且韧度较强的田间土壤烧制而成。如果泥中含有沙砾，则会造成瓦片裂开。制瓦工匠先将符合制作标准的泥土放入巨大的泥池子中，往池中浇水，使之变得松软黏稠，随后以人力或是畜力踩踏之，增强泥土的韧性，匠人们把这道工序称作“练泥”。将泥“练熟”之后，制瓦匠将泥坯倒入由樟木做成的模具中，将之塑成瓦当的形状，随后晾干瓦坯，放入窑中。这样制作的瓦片强度很高，经久不坏。

一般来说，客家工匠在建房时先修外墙，以确定全屋的形制大小。在

土楼坚固的外墙　何其乐摄

层层叠叠的土楼瓦片　李伟燕摄

广东省大埔县泰安楼中的歇山顶　李伟燕摄，陈梦婷后期美工

悬山顶示意图

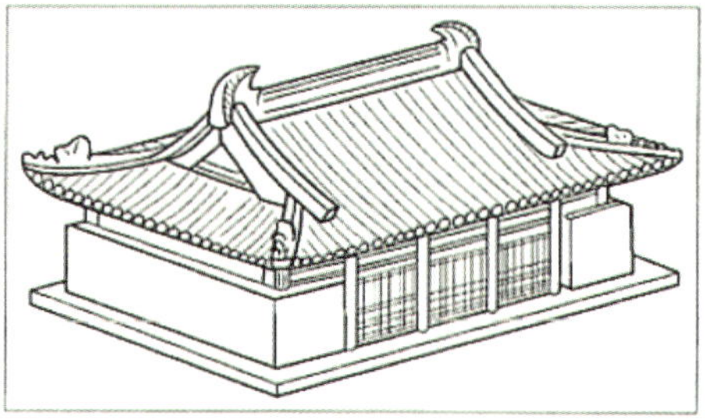

歇山顶示意图

福建省龙岩市永定区庆裕楼　王旭阳摄

修造房屋之前，工匠先在地上挖一道宽于墙体的基坑，这个程序又被称作“挖大脚”。三层之内的客家土楼，基坑一般深约 30 厘米，其中填入巨石块，石块与基坑的间隙，用细小的石料填好，以求坑基稳固。工匠在修好地基之后，还要将之夯实，以使基础牢固。修好地基之后，便可以往上修筑围墙了。

工匠一般在雨水较少的季节，以及秋冬农闲之时营造土墙。七位匠人分工筑墙，其中两人和泥，四人筑墙与夯平，另一人整饰墙体。七人分工协作，不日便可将土墙筑好。为了让墙体更加坚实稳固，工匠们在筑墙时加入竹片，并多次拍打垒好的墙体。筑墙时，墙体向内的一侧留出位置，插入巨型长条的杉木梁，以放置楼板。楼板多是松木板或杉木板。铺好楼板之后，还要架上屋梁，立起屏风，建好楼梯，盖上瓦顶。

客家民居多见歇山顶与悬山顶。悬山顶的坡度较缓，屋脊稍有起翘，屋檐的檐口相对较平。歇山顶又称九脊顶，这种屋顶的特征在于出檐较大，一律用轻薄的青瓦盖成，瓦片由砖石压住，以免瓦片松动。客家民居建筑

广东大埔县泰安楼的楼梯与连廊　李伟燕摄

的屋顶形制继承了中原宫室的屋顶风格。

再来看看屋脊。圆形土楼的屋脊比较朴素，仅铺上青砖。但五凤楼与方楼的屋脊上常常出现鸱尾、鸱吻、凤凰、孔雀等图案的装饰。这些装饰物常出现在古代宫廷建筑之中，其寓意各不相同。在古代传说中，大海中有一种大鱼，尾部好似鸱尾。大鱼摇动鱼尾，搅动其巨浪，天上便会降雨。人们将鸱尾或是鸱吻雕在屋脊上，是为了祈求上天保佑房屋免遭祝融之灾。凤凰是百鸟之王，屋脊上雕上凤凰的图案，能保佑屋宅安宁。

古人相信，朱雀、凤凰等禽鸟是吉祥如意的象征，因此客家民居的屋脊上亦常常出现这些禽鸟。客家民居屋脊上的装饰栩栩如生，丝毫不输古代宫廷建筑。这些精美的屋脊装饰，反映出客家百姓对美好生活的向往，也体现着客家百姓别具一格的审美旨趣。

广东省梅州市一处形制规整的围龙屋　何其乐摄

大门是客家人抵御外来入侵的重要屏障。在筑墙之时，工匠们会预留出安装大门的开口，四周嵌入木质或砖质的门框。客家土楼的大门以板门为主，门的上方与下方均有门栓，外侧有门环供锁门之用，门板的中部也有门栓。为了预防火攻，有的土楼大门中还通有暗渠，渠中可以注水。所谓“门多必失”，防卫功能本就是客家民居非常重要的考量因素，如开出的门口过多，防卫功能势必被削弱，也不利于“聚气”。因此，客家民居除大门之外，最多在大门旁或房屋侧面旁开两扇侧门。

土楼中的侧门、各个横屋及堂屋门多是木雕门，起着阻隔空间的作用。木雕门上多雕有松、竹、梅等吉祥图案，还会雕刻些简短的警句格言以教育族人。安上大门，全屋的外部形制便大功告成了。

在建好全屋之后，工匠们还要对细部进行整饰，如平整地面，加装窗棂，开出排水暗渠，等等。一般来说，堂屋中要铺上地面。客家工匠将三合土与石灰混合成泥浆，铺在地面。待泥浆干后，还要打磨光滑，这是为了显示出堂屋在全屋中较高的地位。在走廊及过道的墙上，设有刻着祥云图案，或雕刻“福禄寿”“吉祥”“双喜”等字样的石花窗，一扇扇精美的窗户显示着工匠高超的雕刻技艺。

客家民居中的木雕构件　钟俊杰摄

客家民居中还有壁画。这些壁画风格不一，素描、工笔、写意均有。壁画由专门的画匠绘制而成，其主题涵盖历史故事、花鸟鱼虫、笔墨纸砚、生活用具等，所绘制的内容非常丰富。这些壁画能美化客家百姓的居住环境，其中的历史故事题材亦可以发挥教育子孙后代的作用。如在壁画中，“苏武牧羊”的故事常常出现。客家先祖希望借这样的壁画教育后代应像苏武一样坚贞不屈，重视名节。此外，一些成语故事，如揠苗助长、刻舟求剑、铁杵磨成针等，也被绘制在客家民居的墙壁上。借着这些壁画，客家先祖告诫晚辈不能急功近利、好高骛远，应该脚踏实地、持之以恒，方能成大事。

在整体建筑建构完成之后，客家百姓会在房屋四角建起犄角形的炮楼，在房屋高处开出观察窗与射击口，或临近坡地高处建立防卫用的小型寨堡。这些与主体建筑紧密联系的附属建筑，无疑是为了增强客家土楼的防御能力。书屋和家塾也是客家民居重要的附属建筑。耕读传家是客家百姓的优良传统，建设书屋与家塾，便于族中子弟就近求学，更有利于家中形成崇文重教的氛围。

三、客家民居的堂号与堂联

堂号，即是客家祠堂的名号。堂号往往与家族祖地息息相关，客家先祖希望以祠堂的堂号来让后代铭记自己的先祖来自何处。所谓堂联，指的是客家百姓在祠堂大门两边张贴的对联。这副对联往往包含着先祖的祖居地，其作用与堂号相似。

堂联往往引经据典，以彰显家族悠久的历史。如在广东省梅州市五华县，魏氏家族将家族之源追溯至河北巨鹿，其堂联为“盛唐人鉴，炎宋儒宗”，这寥寥八个字有典可循。据《新唐书·魏徵传》记载，唐太宗在魏徵逝世后临朝叹息道：

> 以铜为鉴，可正衣冠；以古为鉴，可知兴替；以人为鉴，可明得失。朕尝保此三鉴，内防己过。今魏徵逝，一鉴亡矣。

堂联中“盛唐人鉴”指的正是魏徵这位唐代名臣。“炎宋儒宗”指的是南宋理学大家魏了翁。他诗文俱佳，在南宋学林颇有名望。五华魏氏选择魏徵与魏了翁入堂联，是因为二人在政界与学界均颇有影响，能彰显魏氏悠久的家族历史与优秀的家族传统，从而提升魏氏家族在五华地区的社会地位。借着这副堂联，魏氏家族的长辈亦能激励后代奋勇有为，勤于学业。

在广东省蕉岭县，还有林氏家族的西河堂，其堂联为“十德家声远，九龙世泽长”。据族谱记载：在战国时期赵国有宰相林皋，有子九人，分别名为仁、年、升、旭、文、曜、岳、佐、卫，才学品德俱佳，故有“九龙”之称。林皋也被称为九龙之父。九位有才学的儿子，再加上在朝为官的父亲，林氏一门有“十德”之称。蕉岭林家以林皋及其九子入联，道出了家族悠久的历史，亦教育后辈莫忘家族优秀传统。

同是在蕉岭县，有宋氏家族的“京兆堂”，其堂联为“赋梅昭世德，渡竹衍家声”。在唐玄宗时，宋璟被封为广平郡公，有《梅花赋》流传于世，故堂联以“赋梅”二字暗指宋璟。“渡竹”二字的由来更加有趣。相传有宋氏兄弟赴京考试，路遇洪水，溪水水位猛涨，所幸没有冲毁路基。兄弟二人见到水上漂浮的树叶上有一群蚂蚁，河水已经打湿树叶，群蚁性命危在旦夕。见此状况，兄弟二人将用以行船的长竹篙伸向水中，将群蚁转移至岸上。两兄弟如期抵达京中参加考试，试卷呈交皇帝批阅。宋氏两兄弟其中一人的答卷中，有一字少写一笔，皇帝阅卷时本想圈出这个错误，但在这个缺笔上总伏着一只蚂蚁，皇帝只好将答卷上的蚂蚁压死，而留下的印迹恰好补全了这个字。最终，宋氏兄弟双双金榜题名。皇帝得知二人在赴考途中以竹篙救蚂蚁的事迹后，特为二人题写一块“渡竹流芳”的牌匾。由上可见，堂名与堂联是客家百姓重视家族历史传统的体现，客家先祖以堂名与堂联教育子孙莫忘家世，传承优良家风。

福建省龙岩市永定区洪坑村福裕楼楹联：“福田心地，裕后光前”

广东省蕉岭县新铺镇冯氏祠堂“始平堂”，其堂联为“大树家声远，凌云世泽长”，联中的“大树”指的是东汉大将冯异，他有“大树将军”之名，是东汉光武帝刘秀手下“云台二十八将”之一。堂名“始平堂”亦源来有自。据族谱记载：冯氏有四代先祖任始平郡大夫，故冯氏祠堂名为始平堂。后来，冯氏家族有一支自岭东迁往台湾屏东。当屏东冯氏后人前往蕉岭寻亲时，便凭借着堂名和堂联寻找到了在蕉岭的祖地。

辗转迁流至台湾的客家人同样重视宗祠的堂号与堂联。如在台湾高雄市的美浓镇有曾氏家族的“三省堂”。“三省”语出自《论语》“吾日三省吾身：为人谋而不忠乎？与朋友交而不信乎？传不习乎？”以“三省”作为堂名，反映了客家先祖希望后代能常常自省，老实做事，为人忠厚，勤于读书。曾氏三省堂的堂联为“武城新世第，鲁国旧家声”，这副对联同样与曾子有关。曾子为春秋时期鲁国武城人，故堂联中有武城、鲁国两处地望之名。由此亦可见得台湾同胞与祖国的血肉联系，这种血浓于水的联结，纵然有海峡相隔也无法隔断。

客家楼主总会给民居起上一个楼名。楼名一般与楼主的文化素养、个人偏好及家族历史传承密切相关。楼名多采用史书典籍中的文字，先祖名

棣华居的大门与堂联

讳、曾任官职等，亦常常出现在楼名之中，如在客家民居中，常常出现“大夫第”“都督第”“司马第”“进士第”等名，让家中屋宇冠上官名，彰显家族实力。

客家楼名多取自经典。在广东省梅州市梅县区的白渡镇有一座“梧冈楼”。此楼名出自《诗经》中的《大雅·卷阿》：

> 凤凰于飞，翙翙其羽，亦集爰止。蔼蔼王多吉士，维君子使，媚于天子。凤凰于飞，翙翙其羽，亦傅于天。蔼蔼王多吉人，维君子命，媚于庶人。凤凰鸣矣，于彼高冈。梧桐生矣，于彼朝阳。菶菶萋萋，雝雝喈喈。君子之车，既庶且多。君子之马，既闲且驰。矢诗不多，维以遂歌。

其意为有德行与才华之人能遇到贤明的君主，方能有用武之地。梧冈楼的堂联为“梧高栖凤，冈耸访贤”，其意为凤凰只栖居在高高的梧桐树上，在高耸入云的山间，有贤达之人居住。对联化用《诗经》之句，表达出楼中先祖希望家族多诞生出有贤能之人的深深期许。

粤东名楼棣华居位于广东省梅州市梅县区西阳镇，楼名源自《诗经·小雅·常棣》，“常棣之华，鄂不韡韡。凡今之人，莫如兄弟。”其意大致是：棠棣花多么繁盛灿烂呀，人世间的情感，没有比兄弟之情更加深厚的了。棣华居中的客家长辈们以此教育族中后辈，兄弟之间应当和睦相处，珍惜手足之情，切不可兄弟不睦，分裂家族。棣华居大门的楹联为“棣棠并茂，华萼相辉”，表达出对族中各支亲族和睦的期许。

除了《诗经》之外，客家民居的楼名亦多取自历代文学作品。在广东省平远县的东石镇有一座“蕙楼”。“蕙”是一种叶片细长，开淡黄色小花的植物。屈原的《离骚》中有“余既滋兰之九畹兮，又树蕙之百亩。畦留夷与揭车兮，杂杜衡与芳芷”之句。在汉代王褒的《九怀·匡机》中，有“芷闾兮药房，奋摇兮众芳。菌阁兮蕙楼，观道兮从横。宝金兮委积，美玉兮盈堂”。在南朝齐王融所作《谢武陵王赐弓启》中有“殿下摛藻蕙楼，畅艺兰苑，敷积玉于风筵，叠连珠于月韵”。楼主以“蕙楼”命名居所，反映出其具备一定的文学素养，且希望子孙后代能美化民居环境，让族中居民生活在整洁清净的环境之中。（魏宇文：《客家民居建筑的人文魅力初探》，《嘉应学院学报》哲学社会科学版 2014 年第 3 期）

客家民居的楼名还反映着楼主对家中后世的教诲与后人对祖先的铭记。如在广东省平远县东石镇有一座“近道居”，这是民国矿业专家曾养甫的故居。近道居的堂联为“家传恕道，里载仁风”，横批“三省第”，其内容亦强调以“道”作为日常行为之规范。从楼名与堂联之中可以看出楼主的为人准则及其对后代恪守祖制的殷切期待。（平远县地方志编纂委员会编:《平远县志（1979—2000）》，广东人民出版社，2011）

在广东省梅州市西坑村有一座梗元楼，其中居住着曾氏家族。楼主在命名时苦思冥想也想不出一个合适的楼名。旁人便给他出了个主意，不妨以其父之名“梗元”命名，这样既能纪念家中的先祖，家中兄弟也不会有什么异议，“梗元楼”之名由此而来。总而言之，客家民居的楼名，反映出客家百姓慎终追远的传统，更能看出客家百姓的和睦宗亲、兄弟团结的美好品质。

对联文化在我国有着悠久的历史，这种字数相同、平仄相对、内容呼应的文字，时常出现在人们的生活中。贴春联是我国百姓的重要民俗活动。在客家民居中的大门两边设有门联，称堂联。这些门联或是写于纸上，张贴于门两边或是刻在木板上，悬挂于大门两边。与春联不同的是，这些门联一经张贴或悬挂便鲜有更换，其内容往往反映家族迁流经历以及建楼先祖对子孙后代的教诲，世世代代一直流传。门边对联镌刻着家族历史，教育着子孙后代，它们是客家百姓精神世界的反映，也是客家文化的重要组成。

在广东省大埔县百侯镇有一座肇庆堂，其门联为“敬祖千秋盛，修德万代传”，横批为“敬修衍庆”，其敬祖修德之意显而易见。旁开的两个小门，其中一扇门上书“毓桂”，门联为“一水护田将绿绕，两山排闼送青来”；另一扇门上书“培兰”，门联为“石寨长流千古画，桃花远影四时春”。两副对联均勾勒出肇庆堂周围优美的人居环境。在肇庆堂前的鱼池两边有对联“鱼跃莺飞分上下，天光云影共徘徊”，这副对联与水中悠游的鱼儿相映成趣。饭厅中亦有对联“居家百事皆宜忍，教子千万不若勤”，这副对联教导家族成员应戒急用忍，做事勤快。

在梅县松源镇，有一座“存爱堂”，其堂联为“存心养性，爱众亲仁”，其意与堂名恰相呼应。广东省平远县东石镇的“丰泰堂”，正门门联为“平山标秀色，曲水绕祥光”，描绘出了丰泰堂边的秀丽景色。梅县东郊的“留余堂”是我国知名作家张资平的祖居，其门联为：

孝友一家，庶可承忠厚绵延之泽
蒸尝百世，其毋忘艰难缔造之勤

这副对联告诫后世勿忘家族历史，保持坚毅品格。

在福建省龙岩市永定区的中川村有“安定堂”，其门联为“上承八代光前烈，下衍三房裕后谟”，昭示了家族悠久的历史。永定名楼振成楼的门联为“振纲立纪，成德达才”，横批为“成凤祥麟”，这副楹联直接刻在石质门框上，其中暗含楼名，颇有一番韵味。永定集庆楼的堂联为“集益鸣谦德，庆余积善徵”，横批是“物华天宝”，亦是将楼名融入门联之中。所谓“积善之家，必有余庆”，客家先祖借这副楹联教育后代要与人为善，广结善缘。

楹联虽寥寥数字，却能反映出客家百姓的精神世界。从楹联中不难看出，客家百姓崇敬祖先，不忘家族之根，他们崇尚勤劳致富，崇文重教，与人为善，团结宗族，字里行间体现着儒家文化对客家百姓的深刻影响。总而言之，楹联文化是客家文化的重要组成部分，值得继续发扬光大。2011 年，永定土楼楹联被福建省确定为该省第四批非物质文化遗产代表性项目，这无疑有利于对客家楹联文化的研究与保护。在其他客家地区，也有大量的地方文史工作者进行客家楹联的整理与研究工作。我们相信，客家楹联文化将凭借其深厚的底蕴与独特的魅力，继续焕发生机与活力。

四、楼中乾坤：客家民居中的故事

建筑是凝固的艺术，客家民居建筑凝聚着楼主的心血、施工匠人的汗水，更能看出客家人深厚的文化底蕴。客家百姓世世代代栖息于以土楼与围龙屋为代表的民居建筑中，其中的故事数不胜数。下面让我们一起探访客家名楼，领略其中的建筑特色与人文魅力。

（一）“土楼王子”振成楼

行走在闽西山间，处处是茂林翠竹，令人心旷神怡。福建省龙岩市永定区胡坑镇的洪坑村，矗立着大大小小百余座土楼，是名副其实的土楼村。其中，有一座名为“振成楼”的圆形土楼，形制恢宏，内设精美，享有“土楼王子”的美誉。振成楼坐落在一片苍翠的树林之中，其背靠树林，面朝一块空旷的平地，旁边还有清澈的溪水潺潺流过。这座土楼坐南朝北，门前视野开阔，屋后有树林依靠，可见建楼者在选址时颇为慎重。

振成楼由林鸿超兄弟等人所建。林氏家族以生产“日升”号烟刀起家。林家兄弟的祖父林在亭、父亲林仁山于清同治四年（1865）建起条丝烟刀

宏伟壮观的振成楼

厂，其生产的烟刀质量上乘，经久不坏，广受消费者喜爱。由此，林家积累下了万贯家财。清末民初，闽西之地仍不甚发达，道路泥泞，教育不盛。林家发家致富不忘乡邻，在家乡架设路桥，兴办学校。1912年林鸿超联合族中兄弟为林氏家族修起了土楼，供族人居住。这座土楼便是振成楼。

振成楼的楼名取自“振起成功”之意，其堂联教导林氏家族成员要奋发有为，不可安于享乐：

振作那有闲时，少时壮时老年时，时时须努力

成名原非易事，家事国事天下事，事事要关心

振成楼全楼有四层，主体是一座圆楼，在主楼的两侧各有一座半圆形的土楼，两座附属建筑与主楼紧紧相连，远远望去，全楼好似一顶官帽——主楼好似帽子，楼外左右两个半月形的土楼则似帽耳。全楼有内外两环，其中外圈四层，内圈两层。其中，底楼是厅堂、厨房与餐厅，左厢房是烟

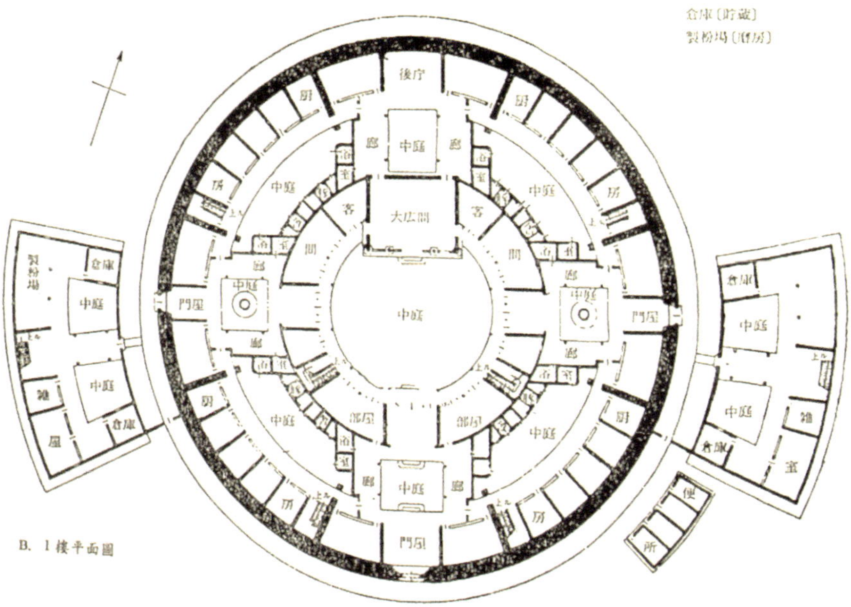

振成楼的平面图　林嘉书：《客家土楼与客家文化》，博远出版有限公司，1992

刀作坊，右厢房则是家中的书塾。振成楼的二楼为粮仓，三层与四层供族人居住。为隔绝噪声与防火，三层与四层均铺设青砖。土楼首层及二层不向外开窗，外墙之上设有射击口，这是为了防御外敌的袭扰。走进振成楼的大门，沿中轴线自南向北行进，首先要经过门屋，跨过天井。门屋与天井将外圈与内圈连接起来。天井的尽头是中厅，自此处起便进入内圈。

振成楼的内圈设有大门，门框门楣均为石质，门楣上镌刻着“里党观型”四个大字，旁有楹联“干国家事，读圣贤书”，门楣匾额为曾任民国总统的黎元洪所题，可见林家实力之显赫。振成楼的中厅是会客之处。在中厅的最北端，有八块镂空的木质活页门，一般拉起以阻隔视线。在中厅的东西两侧，各有一个厅堂，二者均在内圈之中。其中东侧厅室名为“超庐厅”，门上有楹联“振刷精神担当宇轴，成些事业垂裕后昆”。西侧厅室为“醒庐厅”，其楹联为“醒世金绳觉，庐山面目真”。楼中宽阔的敞院是林氏族人举行各类节庆活动的地方。

振成楼的祖堂坐落在中轴线上，层高两层，攒尖顶，是为林氏族人陈列先祖牌位，祭拜祖先之处。迥异于其他客家民居传统形制的祖堂，振成楼内的祖堂带有浓浓的西洋风格。祖堂的基底部高于整个土楼的楼面，以显示其在全屋中至高无上的地位。在祖堂前部，有四根西式圆形石柱，左右各二，高耸的石柱直达祖堂屋檐处。石柱之上镌刻着楹联，内侧两根石柱上的对联为“振乃家声，好就孝悌一边做去；成些事业，端从勤俭两字得来”，楹联告诫子孙应恪守孝悌之道，日常生活务必勤俭。外侧石柱上书：

能不为息患挫志，在官无傥来一金

自不为安乐肆志，居家无浪费一金

对联告诫教育家族成员应为官清廉，生活应保持简朴。祖堂入口处设有花岗石打造的栏杆，入口处与中轴线和天井相连。在厅堂正中，悬挂着由林鸿超亲笔题写的“言法行则，福果善根”。林鸿超借着对联告诫子孙后代应谨言慎行，切不可丧失底线。在祖堂之中还有一副对联，“从来人品恭能寿，自古文章正乃奇”，横额为“承基衍庆”，对联内容出自清代经学名家惠士奇，由黎元洪题写。

振成楼祖堂

在祖堂的后侧开有两道砖石砌成的拱门，两道门与外环的走廊相通。祖堂之中不仅陈列有先祖牌位，在后部及左右两侧墙上，还悬挂着名人题词。民国政要黎元洪曾多次给林氏家族题字，如其曾为林氏家族题写“承基衍庆”，为林鸿超的夫人题写“志洁行芳”，又给林仲山、林仁山分别题词“义声载道”与“义行可风”。祖堂既是林家族人祭拜祖先的地方，又是家族长辈商议族中要事之所。在节庆之时，此处是宴请宾客之处与观看表演的地方。

振成楼的上厅正中央，有楹联“振刷精神，功参妙一；成就福德，果证菩提”，横批为“观自在”。这副楹联不仅表达了林氏宗族对神明的崇敬，更表达出林氏先祖希望后辈能多做好事，广结善缘。振成楼设计精巧，内部格局周密，其中融入了古人的八卦智慧。这座土楼的外圈由夯土建成，而内圈则是砖木结构。内圈之中的木质结构以坚实的木梁与外圈相连，四对走马廊连接内圈和外圈，并在内圈和外圈之间隔出了四个天井，其中东西两个天井中各有一口水井。

在内部空间设计上，振成楼的外圈为圆形，但内侧划分出八个相对独立的单元，象征着八卦。东西天井中的水井，则象征着八卦图中阴阳两太极。每个单元外侧皆有弧形院落，可供饲养家禽家畜，晾晒衣物。每个单元之间有青砖墙相隔，其中设拱门供人通行。青砖墙起着防火墙的作用，哪怕其中一部分遭遇火灾，其他部分仍能安然无事，可见其中设计之精妙。

（二）“土楼之王”承启楼

在福建省龙岩市永定区高头镇高北村的西北方，有一座名叫承启楼的客家土楼。这座历史悠久的土楼由四个同心圆层层套叠而成，有着“土楼之王”的美誉。一首客家童谣唱道：“高四层，楼四圈，上上下下四百间；圆中圆，圈套圈，历经沧桑三百年。”唱的就是这座土楼。

这座恢宏壮观的土楼由江集成带领子孙修建，最终在康熙四十七年（1708）建成。承启楼落成之时，永定知县曾九寿为该楼题字“邦家之光”。土楼形制恢宏，占地面积5400多平方米。

走近承启楼，只见其大门两侧上书堂联“承前祖德勤和俭，启后孙谋读与耕”，门楣上“承启楼”三个大字引人注目。这副对联告诫江氏家族成员，

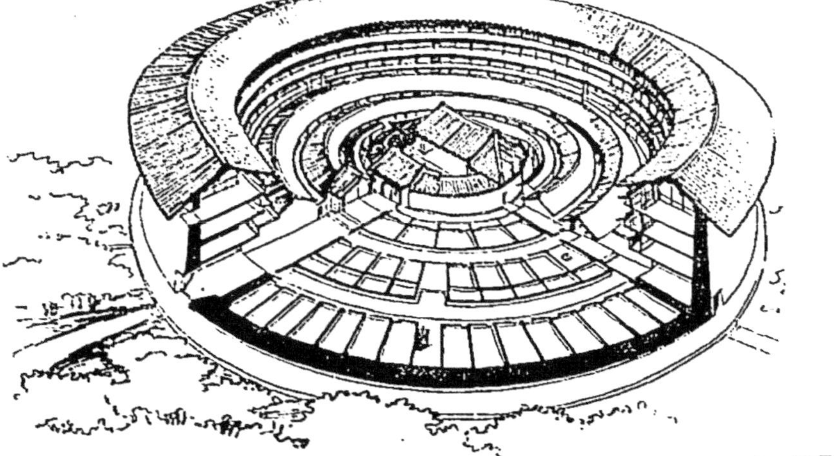

承启楼轴剖面图　林嘉书：《客家土楼与客家文化》，博远出版有限公司，1992

应该勤俭持家，不可骄奢淫逸。所谓“成由勤俭破由奢”，不论是国家还是家庭，只有勤奋才能积蓄财富，只有节俭才能守住财富。承启楼大门前的对联讲的也是这个道理。

在承启楼前，石砌的门坪敞亮开阔。土楼四圈房顶均铺设青瓦。深色的瓦片与土黄色的外墙相得益彰，给人以古朴庄重之感。推开承启楼的大门，第一圈为外圈，这是承启楼的主楼，楼外径有62.6米，有四层高，高耸的夯土外墙将楼内建筑团团围住，外墙厚实坚固，能有效抵御外来攻击。在主楼中，底层与第二层分别是厨房与粮仓，三、四两层为卧室。

承启楼的第二圈是单层环形的砖木结构建筑。在第二圈院落的后侧，设有杂物间等附属建筑。在第二圈和第三圈中间的东侧与西南侧，各有一口水井，供族人日常洗衣、做饭、沐浴及饮水之用。第三圈是砖木结构的单层环形土楼，这里是江氏家族的家塾。耕读传家是客家人的优良传统，江氏家族十分重视家中后代的教育。为了便于江氏子弟求学，江氏先祖在家中设立私塾，延聘塾师。承启楼中每日书声琅琅，形成了浓厚的读书氛围。

承启楼正面　王旭阳摄

从承启楼的匾额中，亦能看出承启楼中浓厚的读书氛围。承启楼中，有“兄弟选魁”“笔花世第”“世德书香”等匾额，道出江氏家族考取功名者甚多，族人崇文重教的家风。

第四圈是全楼的主厅。后侧歇山顶的厅堂与两侧半月形的回廊合成主厅，中间设有天井一座，厅堂的正门位于中轴线上。主厅大门的前柱上有楹联一副“承先祖嫡传，派衍无多，何必大分尔我；启后裔良训，同居相见，最好重法人伦”。这副对联告诫族中成员，应团结宗亲，秉承先祖美好品格。在内部空间的架构上，承启楼以八卦图作为布局，融合了太极、两仪、三元、四象、八卦、六十四卦等元素。

福建省龙岩市永定区的田野风光　何其乐摄

在承启楼中居住人数众多，虽都有亲缘关系，但因生活琐事而产生的小摩擦很难避免。楼中一副楹联这样写道：“一本所生，亲疏无多，何必太分你我；共楼居住，出入相见，最宜注重人伦”这副楹联说的是族人之间应保持和睦的相处之道。这副对联强调楼中百姓均出自一脉，平日应和谐相处，相互谦让，切不可因为一些鸡毛蒜皮的小事，伤害家族和睦。家族成员应做到兄友弟恭，尊老爱幼，这是所谓的“人伦之道”。在家族历代先祖的谆谆教诲之下，江氏家族成员重视人伦，成员之间保持和睦，家族十分团结。由此，江氏家族人丁兴旺，不断发展壮大。

历经朝代更迭，岁月洗礼，承启楼仍屹立在永定这块山清水秀、地灵人杰的地方。在 21 世纪初，承启楼的建筑与人文价值备受重视，它于 2001 年被列为全国文物保护单位，于 2008 年入选世界文化遗产名录。

（三）“方楼之王”遗经楼

在福建省龙岩市永定区高陂镇上洋村，有一座青瓦白墙、规模宏伟的连体方形土楼，名叫“遗经楼”，这是永定规模最为宏大的方形土楼。该楼于 2009 年被列为福建省文物保护单位。这座土楼由陈华升主持建造。遗经楼从选址动工到竣工，历经陈家三代人共 70 余年的时间。

楼主陈华兴的父亲陈永春以在广东经营烟丝生意发家，在清代嘉庆、道光之交时，他已在上洋村建起一座名为“庆宜楼”的方形土楼。陈华兴

遗经楼楼名与堂联

子承父业，将家中生意越做越大，积累下万贯家财。陈华兴觉得，父亲建起的庆宜楼固然坚挺耐用，且内部装饰精美，但其形制相对较小，与家中雄厚的实力并不相符，因此他决定重盖一座土楼，其规模须居方圆十里之冠。在庆宜楼的基础之上增建建筑，最终建成形制恢宏的遗经楼。

遗经楼由大门楼、学堂、侧楼、前楼、主楼等建筑组成，东西向宽达136米，南北向深有76米，占地总面积逾1万平方米，可见其形制之巨大。在大门之前，有一块面积达1300平方米的草坪。遗经楼的大门楼为单层建筑，“人”字形的屋顶上铺着青色薄瓦，走进大门便是宽阔的前院。前院以鹅卵石铺地，在前院两侧各有学堂，陈氏家族弟子均就学于此。学堂内单设厨房及卧室。

所谓“人遗子，金满籯；我教子，惟一经”（王应麟等编撰，黄秉泽校注：《三字经》，齐鲁书社，1998，第19页），以儒家经籍传家，有利于在家中形成浓厚的读书氛围，培育后辈良好品格。陈氏家族以“遗经”作为楼名，体现了尊经重道，重视教育的家族传统。在家中设立学堂，同样是陈氏家族重视后代教育的体现。在遗经楼人丁兴旺之时，有700余名陈氏子弟在楼中就读。学堂建筑与门楼相连，构成了遗经楼的第一部分，当地人将这种建筑形制称之为“厝包楼”。（廖冬，唐齐编著：《解读土楼》，黄山书社，2013）

再往里走便是遗经楼前楼的正门，上书“遗经楼”三个大字，大门两侧有对联：“笔岫屏山喜见文光万象，壕潭柳灞欣看浪级千层”，大门左右两侧有层高两层的护门楼，前楼大门内侧是一个门厅，内有四根立柱，故又被称作“四点金”厅。

前楼、两边的侧楼及主楼合围成一座“口”字形的方楼。其中，前楼是通廊式建筑，其余两边侧楼有四层楼，主楼有五层楼。前楼的大门由厚重的硬木板做成，外部钉有铁皮，内侧有三根巨大的木质门栓。楼中的梁柱全是粗壮的大圆木，木质上乘耐用，底层地面用三合土铺设，历经百年仍然平整如新。如此坚固的建筑，能有效抵御外敌入侵。前楼一至三层与两边的侧楼相通。

遗经楼第四层正中有一向外伸出的木质阁楼，名为“望花楼”。这个结构又被称作“楼斗”。站在望花楼上，楼内人员既可以将四周美景尽收眼底，在有外敌来犯之时，望花楼又可充瞭望台之用。楼中底层是厨房，二楼是仓库，三层及四层为卧室。前楼向内院的一侧有走马廊，上铺青砖，可预防火患。前楼的上下两层楼之间有供人躲藏的秘密空间。若遭遇匪患，躲藏不及，楼内百姓可以躲藏于此。

主楼左右两边的侧楼内各有房间及厅室。其中外间是厨房，内间则是膳厅。走过遗经楼的前楼来到内院，内院两旁设有廊道，中间是一个天井，天井与两侧廊道之间有镂空的矮墙。内院的尽头便是陈氏宗族祖堂所在。祖堂位于全楼的中轴线上，有两层，内有一堵巨型雕花木墙，两侧各有厢房。

祖堂是遗经楼中最为重要的空间，陈氏家族成员定期在此处祭拜祖先，婚丧嫁娶与年节庆典等活动均在此举行。穿过祖堂，便来到遗经楼的主楼。主楼有五层，由三个单元组成。三个单元互不连通，每单元仅在底楼各有一扇大门，楼中居民可从内院直接进入主楼。主楼向外开窗，其中厅堂窗户较大，两侧房屋的窗户相对窄小。越往高层窗户越小。

进入主楼内先是门厅，门厅后侧有横梯通往楼上，这里是陈氏家族长辈居住的地方。由前楼、侧楼与正楼合围成的“口”字形空间中还建有花园与鱼池，能美化空间，营造良好的人居环境。“口”字形空间中有水井、仓库、碓米房与厨房，能满足楼中居民的生活所需。

遗经楼的建筑构件无不体现出客家工匠的精湛工艺。在前楼靠内院一侧的走马廊上，有直棂窗围出的暖廊，暖廊窗上有圆形或方形的窗洞，这样一来，暖廊既能保暖，又可通风。楼中窗户有圆形、方形、“回”字形、“囍”字形等多种形状，兼具装饰与通风双重功能。为增强采光，遗经楼部分房顶铺设着透明的瓦片，楼中又设有多处天井。在陈氏祖堂上方有多个垂花柱，原本平直的木质梁柱末端被雕饰成花瓣状，两根垂花柱之间，夹有一块精美的木雕，上面刻有卷草形纹饰，木雕雕工细腻，栩栩如生。

（四）“外圆内方”在田楼

福建省诏安县的北部山区，包括官陂、秀篆及霞葛乡等地，客家土楼星罗棋布在崇山峻岭之间，其中最引人注目的便是在田楼，这座土楼位于诏安县官陂镇大边村。在田楼全楼坐东北朝西南，东西向逾 90 米，南北向约 86 米，占地约 7800 平方米。站在在田楼的大门前向远处望去，能看见一座名为陂头山的小山丘，山丘的顶部恰好正对大门。在山丘顶部，有一个人工修成的笔架形山峰。在田楼的楼主认为，山峰与大门相连的一线恰恰是此地的龙脉，这条龙脉能保佑楼中百姓运势亨通，家宅安宁。

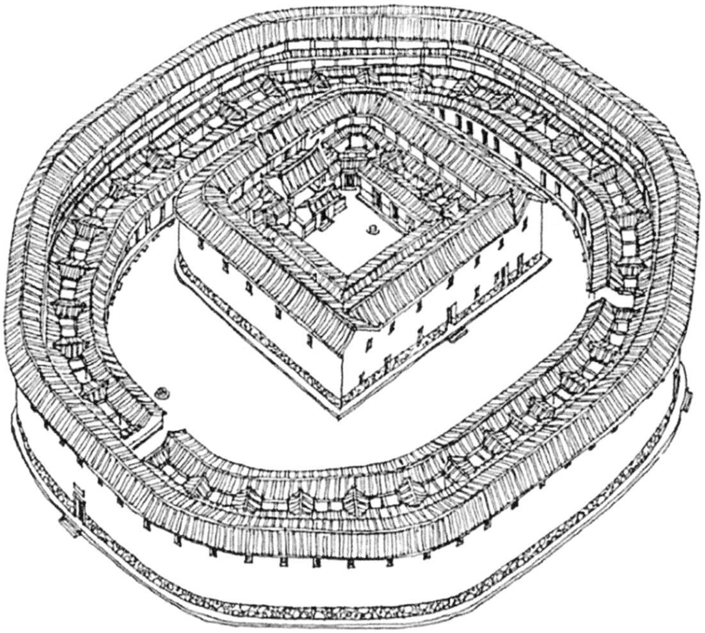

在田楼俯视图　林嘉书：《客家土楼与客家文化》，博远出版有限公司，1992

在田楼始建于清代顺治年间，由张廖氏第十一世祖张益垣主持兴建。这座形制奇异的土楼由外圈和内圈组成。从外形上看，外圈是一座略呈八角形的圆楼，内圈是一座前方后圆的土楼。在田楼正门高逾 2 米，宽有 1.5 米，有双层门框。为提升土楼的防御能力，在田楼的大门顶部设有水槽。如果来犯之敌以火攻门，楼内百姓则可往水槽中注水灭火。在田楼的大门两侧有一副堂联：

在昔经营孙曾九二初启宇
田庐居处兄弟四三始创楣

堂联暗含在田楼的楼名，其中“九二”与“四三”则有更深的含义。

《周易》中共有六十四卦，每一卦由六爻组成，《周易》乾卦九二爻为“见龙在田，利见大人”，其意为龙出现大地之上，王公贵族将获其利。在这里的“龙”指的是品德高尚且能坚守中正的君子。所谓“君子，德也”，君子在生活中能恪守诚信，谨言慎行，以高尚的德行垂范世人。所谓“见龙在田”，其意为有品德才学的君子即将出现。对联中的“九二”既呼应了在田楼的楼名，同时亦寄寓了楼主希望家中子弟能品行端正，有所作为。同时，九二两数相加等于十一，恰恰与楼主世系排位相一致。四三相加得七，暗示着张益垣有七个子嗣。在田楼初建之时仅有一座楼门，为了方便进出，后世又于在田楼的东侧旁开一门，在此处开门有紫气东来的寓意。

在近处看，在田楼的外圈大致是一座圆楼，而从远处登高俯瞰，外圈则略呈八角状，与《周易》中八卦的形状一一对应。外圈有三层楼，底层围墙有近两米厚。推开在田楼的大门，可见一条卦路通道。该楼每一角上有八个开间，每个开间则对应一个小卦。在外圈的内侧，有一圈低矮的平房与外圈相连。在建楼时，楼主张益垣共有七子，包括自身居住之所，正好能容纳整个家族居住。每家门上均有堂号与堂联，门上贴有“乐善”“德永”等字，门前常悬挂或张贴着八卦平安符。楼中雕工细致的窗花、典雅的门扇随处可见，处处体现着工匠的智慧与土楼百姓的审美情趣。

在外圈之内，还有一座两层的方楼。这座方楼的楼门开向南边，其中北侧的楼墙略带弧形。方形内圈又被称作“楼心”，其与圆形的外圈一道构成了“天圆地方”的形制。《周易》中有载：“乾为天，为圜。坤为地，为大舆。”外圈圆楼与内圈方楼，恰好构成了整个天地。据 1990 年 8 月 18 日《人民日报》（海外版）介绍，该楼为“国内仍住居民的最大直径的生土楼”。由此足见以在田楼为代表的客家土楼历经世事沧桑变幻而仍保有生机活力之态。

（五）承袭中原建筑形制的福裕楼

客家土楼中的五凤楼继承了非常之多的中原建筑特征，是客家建筑文化传承中原文化的典例。说到五凤楼，坐落于永定区湖坑镇洪坑村的福裕楼则不可不提。这座五凤楼由林仁山牵头修建。福裕楼始建于清光绪六年（1880），历经多年方才建成，耗资 20 万银圆。2001 年，该楼被确定为福建省文物保护单位，并于同年 6 月被确定为全国重点文物保护单位。

土楼坐西向东，占地面积将近 4000 平方米。这是一座三堂四进式的五凤楼，其中有房间 166 间、厅堂 22 个，在人丁最盛之时，共有 200 余人居住于此。从总体造型上看，这座土楼前低后高，院落层层递进，造型非常精巧。典雅庄重的九脊歇山顶，展现凤凰于飞之态，白色的墙面与深青色的屋瓦相得益彰。整座五凤楼建筑在花岗岩条石砌成的台基上，根基稳固，历经百年沧桑依然屹立不倒。

在福裕楼的楼旁，一条清澈见底的小溪潺潺流过。楼前有一块宽阔的禾坪，其上铺满了鹅卵石，禾坪靠近小溪一侧筑有一道砖砌的围墙，起着阻挡视线、划定边界的作用。

福裕楼的主体可分为南、中、北三个部分，每部分的前楼均有一扇大门。其中，正中的大门是全楼的大门。在大门的花岗岩门框上，镌刻着福裕楼的堂联“福田心地，裕后光前”，在门上有楹联“加冠，进禄”。堂联暗含楼名，表达楼主对后世子孙能有所作为、光宗耀祖的期望。

在门框上，雕刻着八条蟠龙以及五只小巧玲珑的蝙蝠。蟠龙象征着高贵与吉祥，五只蝙蝠则有五福临门之意。在门上还有对联“安堵岂云高百尺，爰庐惟幸辟三弓”，横批为“昭兹来许”。在门扇上面分别阴刻着“松茂”与“竹苞”。南侧与北侧的门称“仪门”，形制比大门稍小。北侧仪门的门楣上刻有“常棣”二字，两门扇上有“入孝，出悌”四字。在南侧仪门门楣上刻着“华萼”，门扇上刻着“由义，居仁”。南北两侧仪门的“常棣”“华萼”分别是绿叶与红花之意，寓意家族成员能像红花与绿叶一般和谐共生。门扇联则表达了楼主希望子孙后代能以孝悌为本，尊老爱幼，保持家族和睦。除了正面的三扇门外，在福裕楼的东南角还有一道小门，方便楼中居民出行。

福裕楼全貌

福裕楼的主体建筑为前堂、后堂与两侧横楼。一般来说，五凤楼的前楼为单层，后楼及横楼多为四层。林氏家族财力雄厚，福裕楼的主体建筑均比普通五凤楼高半层至一层，其前楼高两层，两横楼高五层，后楼高五层半。全楼底层的厅堂、过道与天井的地面均铺设三合土，经久耐磨。二层以上木质楼板上铺设有轻薄的青砖，这样既能隔音防火，又能防止上层的沙土掉落到楼下。为防止木质结构朽坏，福裕楼中的栏杆、扶手等木质构件均漆上了油漆，刷上油漆的木质构件不仅经久耐用，而且更加美观。

走进福裕楼内部，门楼厅的两侧各设厢房，后侧有三面隔扇，这既是全楼的中门，又是阻隔视线的照壁。隔扇之后是天井，其与中厅相连。在隔扇中两侧各有一道小门，连通天井两侧的通廊，通廊中开有小门，通向两侧横楼。福裕楼的中堂是林家人的祖堂，有两层高。在祖堂的两侧各有三开间的厢房。

在祖堂前部的左右两侧，各有两根巨大的圆柱。这四根圆柱非常精美，其下半部是泥塑，前侧塑有精美的花草图案，后侧雕有“福”“禄”二字。

圆柱的上半部分镶嵌着绿色琉璃瓦花格。祖堂是砖木结构，前有天井，楼高比两旁的建筑要高，这是福裕楼人家祭拜先祖之处。逢年过节，林氏宗族在此设宴，聚会亲朋。祖堂的后壁上，悬挂着一块玻璃匾额，其上书“树德务滋”，楼主告诫子孙后代应该秉持良好的品德，传承良好家风。后侧圆柱上悬挂着一副木质楹联，上书：“几百年人家无非积善，第一等好事还是读书”。这副对联劝诫后人应积德行善，勤学苦读。

在祖堂首层后侧有通向二层的楼梯。祖堂二层是供奉观音菩萨的“观音厅”。厅堂的梁柱均是醒目的朱红色，外檐为镶嵌有琉璃瓦的花格护栏，非常精致。这座观音厅形制宽敞明亮，正中供奉有观音大士的塑像。在神龛两侧，各设有一块镂空雕饰的木质隔屏，更烘托出神厅庄严的氛围。在神厅的顶部绘有巨大的八卦彩图，彩图正中央上书“太极”二字，金碧辉煌，非常精美。在中堂前后设有天井，这既能保证楼内空气流通，又能让内部空间更显宽阔。

越过中堂与天井，便来到后堂。后堂高五层半，全楼被分成了三个单元，每一单元各有一道楼梯供人通行。后堂是家族长辈居住的地方，后堂楼层高较高，这显示出家族长辈崇高的家族地位，也体现出林氏宗族尊老的传统。在后楼两侧各有一口水井，以满足楼中百姓的日常用水所需。

福裕楼的横楼将前堂与后堂连在一起。横楼层高两层，砖木结构，以中轴线为轴呈现对称状。这是族中各支脉晚辈居住的地方。在附属建筑方面，横楼之外各有一排平房，杂物房、磨坊等附属建筑设在此处。在福裕楼南侧的围墙之内，还有一座两层高的“雅言斋”，这是福裕楼的学堂。学堂由三个开间与一个厅室组成，居住在福裕楼中的林家子弟在此就学。

（六）梯田之中藏名楼：储贤堂

广东省大埔县大东镇的坪山村，重峦叠嶂，植被茂密。客家百姓迁居于此，为了获得更多的耕地面积，便在山中开出梯田。每年春耕时节，当地的客家百姓头戴斗笠，手拿农具，冒着绵绵春雨在梯田中插下秧苗。到了秋天，金灿灿的稻穗将梯田染成金黄色。一位名叫杨于广的武将看中了这块在梯田之中的风水宝地。他命工匠在此修起围龙屋，名叫储贤堂，杨氏家族在此繁衍生息。

杨于广任福建漳州副使。这位楼主身材魁梧，气度不凡。他身长八尺，膀阔腰圆，一看便是长期习武之人。传说杨于广年幼之时性格耿直，嫉恶如仇，颇有忠义之气。后来他投身行伍，身经百战，身上负伤无数。在康熙年间，东南沿海寇乱横行，老百姓苦不堪言。杨于广奉命率军到闽海之地平定寇乱。他凭借着多年的作战经验，率领精干兵力平定了闽疆海塞曾获颁“积著海疆”的匾额。

这座由杨于广所建的围龙屋形制恢宏，其占地面积逾2000平方米，足以容纳杨氏家族成员居住。全屋为二横二进式，有单圈围龙。其中上厅是在杨氏家族祭祖之处。围龙屋的大门上方上书“大夫第”三个大字。

储贤堂全景　图源自中共梅州市委宣传部编：《客家民居·大埔卷》，华南理工大学出版社，2012，第18页

围龙屋由十九个相对独立的单元组成，其名有“卫东居”“绍堂轩”“乐善轩”“图南处”“文明庐”“济美室”等，无不有文雅之气。储贤堂中的匾额与楹联，无不显示着这座围龙屋显赫的过往。

储贤堂中有“义同任恤”匾，说的是杨于广身经百战，战功卓著。而“父子书香”说的是杨门人才辈出，其后代多有功名，是一个书香门第。前面提到，客家民居的大门两旁总有堂联，储贤堂也不例外。只见大门两旁，“四知传古训，清白振家声”，黑字红底，刻于木板之上，再配上门楣上“大夫第”三个大字，好不气派。在内侧大门内有楹联“清白家风传自昔，总戎门第焕于今”，这写出了杨于广曾有赫赫武功，“清白家风”则教育家族后辈要秉承优良家风，不可做愧对良心，有辱门风之事。

在杨氏家庙的前柱上，有楹联“杨氏昌盛前辈功德，家庙发达后裔人杰”，道出了杨家先祖曾为朝廷立下汗马功劳，杨氏后代亦卓有成就。家庙中还有两副楹联，“储德丰功前人积，贤良孝道后代兴”，“前贤功德千秋在，后裔人杰百世隆”，这同样道出杨家先祖的丰功伟绩，希望后代能承传优良家风，不断为杨门争光。

（七）“大埔第一楼”泰安楼

在广东省大埔县湖寮镇龙岗村有一座建于清代乾隆年间的方形土楼，名叫“泰安楼”。这座方楼由蓝氏家族所建，主楼占地 2577 平方米，楼高三层 11 米，内有房间 200 余间，可见其形制之恢宏。该楼的第一、二层外墙由鹅卵石砌成，三层外墙用砖，故有“石楼”之称。相较夯土墙而言，

泰安楼的鹅卵石墙面　李伟燕摄

泰安楼祖祠前院与楼内鹅卵石路面　李伟燕摄

鹅卵石及砖墙造价高昂，这显示着建造者不俗的经济实力。

楼前禾坪与楼后花胎共占地 1325 平方米，禾坪之外有一口半月形的风水堂。楼两侧各有一书斋，分文、武两科，可见蓝氏家族崇文重教的家风。泰安楼大门两旁有对联“泰然一室，安往层楼”。为避免流寇袭扰，增强安全系数，泰安楼首层及第二层未开窗。第三层开窗并设有枪眼，还建有一圈防护走廊，以便楼内人观察外部情况。

大埔湖寮蓝氏在南宋时自福建龙海迁至粤东，泰安楼始祖为湖寮蓝氏二十世祖蓝少垣（1714—1774）。他在福建漳州以开烟行为业，积累下大笔财富。他返回家乡盖楼，乾隆三年（1738），泰安楼破土动工。泰安楼共有上、下两堂，由两进院落组成，四周是一圈三层的方形围楼。上堂中厅安置蓝氏家族列祖列宗牌位，其上高挂“祖功宗德”匾，这体现着客家百姓慎终追远、敬天法祖的思想传统。

如今，形态各异的土楼及围龙屋等客家民居建筑依旧矗立在赣闽粤边的崇山峻岭之间。这些民居是客家百姓的栖身之所，是客家百姓传承中原建筑文化的例证。客家民居建筑蕴含着独特的建筑文化，是客家文化的重要组成部分。其中的文化意蕴与历史价值，仍值得继续挖掘下去。

第七章 礼俗犹留三代前

方言足证中原韵，礼俗犹留三代前。

——黄遵宪《己亥杂诗》其四

百里不同风，千里不同俗。所谓风俗，指的是特定区域内特定人群沿革下来的风气、礼节、习惯等的总和，涵盖着人们生活的方方面面。客家风俗体现着客家人的生活方式与精神风貌，同时也是客家人的精神纽带。踏足客家腹地，最令人惊叹的便是客家人传统习俗的承传。

客家人历经千辛万苦自中原南迁至赣闽粤毗连区。在崇山峻岭间，客家人辛勤劳作，将蛮荒之地变成环境宜人的沃土，并将中原旧俗带到定居之地。客家风俗是中原文化在中华大地上开枝散叶的体现，在衣冠南渡的过程中，中原地区的民风民俗随着客家先民的流徙传播至南方地区，因此客家风俗保留着大量中原文化的印记。在周而复始的日常生活中，在热闹喜庆的岁时节日之中，在人生礼仪之中，客家人遵守祖宗定制，让中原故地的礼俗在赣闽粤边生根发芽。

身为清末外交家也是客家人的黄遵宪，在《己亥杂诗》一诗中称客家百姓的方言传承了中原古韵，礼节习俗则保留了尧、舜、禹三代之前的古礼。这两句诗虽有夸张的成分，但客家习俗确实保留着大量的中原元素。在承传中原习俗的同时，客家人因地制宜，将祖地风俗与迁入地土著风俗融合，最终形成了带有鲜明中原文化特征的客家习俗文化。中原文化是客家文化的思想资源，客家文化是中原文化的重要支脉。在这一章中，您将了解客家饮食、服饰等日常生活习俗及客家岁时节日与客家人的人生礼仪，并由此感受中原文化是如何在赣闽粤客家聚居地传播。

一、客家日常生活中的“礼”与“俗”

不论古今，人们的日常生活总是自觉或不自觉地受到社会风俗的影响。在客家腹地，自中原而来的客家人在传承中原文化的同时，因地制宜地对其加以改造，并吸收当地土著居民及少数民族习俗，进而创造出了带有鲜明中原风俗特征的客家风俗。下面我们以客家人的一日为例，了解客家人生活中的“礼”与“俗”。

清晨，客家山区云雾缭绕，阳光穿透层层雾霭，洒进客家围屋中。此时，天刚蒙蒙亮，年轻的客家妇女先起身为一家人烹煮早餐。她们迅速梳头洗脸，头上梳起整齐的发髻，并以深色的头帕将发髻包好，以免劳动时发髻散乱。她们身着蓝色粗布大襟衫，身前系一围裙，以免劳作时弄脏衣服。客家女子先从水井或附近的溪流中挑水到厨房中，随后生火做饭，煮水烹茶。客家人将吃早饭称作“食朝”，家境较好的人家，早饭与午饭以干饭为主食，晚饭吃粥，或是早饭及晚饭吃稀饭，午饭吃干饭。家境一般的客家人则一

传统时期的客家妇女装扮，图源自“《南方日报》南方 +”网站

客家蓝衫，图源自“《南方日报》南方 +”网站

日三餐以粥为主食，辅以杂粮。

早饭下锅后，客家妇女开始洒扫庭院。待到鸡鸣之时，围龙屋中逐渐热闹起来。此时早饭已经做好，唤家人起身。只见他们上身着由粗布做成的对襟衣衫，下身着深色长裤。一般来说，客家农人不论男女均赤足下田干活，并不着鞋履。

在祭祖、婚礼及丧礼等重要的场合中，客家人会着布鞋。布鞋由客家妇女手工制成。她们搜集家中的旧衣裤等废旧布料，用糨糊将旧布层层糊在一起，以木板作鞋底，做成布鞋。平日须出远门时，客家人着草鞋。每日干完农活，回家洗澡后，客家人会着木屐。木屐以木头作底，木头的前端包着用帆布、橡胶、棕绳或是牛皮做的履皮。

吃过早饭后，客家男子扛起锄头到田间劳作，或外出到市镇做佣工。有学可上的孩童也匆匆吃过早饭，向学堂走去。不一会儿，私塾、学堂里传来读书声。客家妇女或成群结队上山砍柴，或到菜园中浇水除草，或在

20 世纪初，田间劳作的客家妇女

家里手摇纺车纺线织布。妇女们要饲养猪、牛等家畜及鸡鸭鹅等家禽，还要为家人浆洗衣物。在客家地区，女性还是农业生产的主力，有相当部分的客家女性在农田与茶园中劳作。她们头戴草帽，挥动锄头，丝毫不比男子逊色。在客家地区流行着这样一首描述客家女性每日辛勤劳作的童谣：

勤俭姑娘，鸡鸣起床。梳头洗面，先煮茶汤。
灶头锅尾，光光昌昌。煮好早饭，刚刚天亮。
洒水扫地，挑水满缸。吃完早饭，洗净衣裳。
上山捡柴，急急忙忙。淋花种菜，炖汤熬姜。
纺纱织布，唔离房间。针头线尾，收拾柜箱。
唔说是非，唔取荒唐。爱惜子女，如肝如肠。
留心做米，无谷无糠。人客来到，细声商量。
欢欢喜喜，捡出家常。鸡蛋鸭卵，豆豉酸浆。
有米有麦，晓得留粮。粗茶淡饭，老实衣裳。
越有越俭，唔贪排场。就无米煮，耐雪经霜。
捡柴出卖，唔蓄私囊。唔偷唔窃，辛苦自当。
唔怪丈夫，唔怪爷娘。能够咁样，真好姑娘！

汉民族是一个农耕民族，自古以来形成了以农为本、耕读传家的悠久传统。客家先民迁入赣闽粤山区后，尽管这一区域层峦叠嶂，山岭纵横，并不是进行农耕生产的理想之地，但他们仍排除万难，开垦田地，将中原先进的农耕文化带到客家腹地。如前文所述，客家人的一日是围绕着耕作展开的。客家大本营地区的粮食作物主要是水稻，间有高粱等作物。

时至中午，外出做活的客家人回到家中，围龙屋再次热闹起来。客家妇女早已为一家人准备好了午饭。在平日，客家人一般以稻米、番薯、芋头等为主食，以咸菜下饭，可能会有些新鲜瓜菜。除非是条件极为优渥，平日里，肉类极少出现在客家人的饭桌上。总的来说，客家人的饭食十分简单，仅求果腹即可，不求奢华。

稻米是客家地区的主食。客家人制作米饭的办法很多，有用饭钵或饭甑蒸米饭、焖饭、捞饭等。糯米则会被做成糯米粉及粄食，或用以酿酒。但是只有家境优渥的客家人家才能够经常吃大米饭，普通的客家人家以米粥和杂粮作为主食。还有人家将眉豆、绿豆等豆类掺入米饭或粥中，以节省稻米。客家地区常见的杂粮有番薯、粟、玉米、高粱、木薯、芋头等。番薯是客家百姓常见的主食，穷人家甚至一日三餐均以番薯、芋头等杂粮为食。

在岭东山区，秋冬之交时，番薯与木薯等杂粮大量上市，聪明机智的客家人想了不少办法来长期贮存番薯及木薯等杂粮。他们将新鲜的番薯与木薯切成片状或切擦成丝状，随后将之晾干。这样一来，番薯与木薯便能长期储存了。客家人还会将薯类做成薯粉，这是年节时制作粄食和丸子的重要原料。在客家地区，稻米、番薯及绿豆等粮食还会被制成粉条。一般来说，由稻米及番薯做成的粉条可充主食，用绿豆做成的“细粉”一般是做菜的辅料。

平日里，客家人饮食简朴，仅求果腹而已，餐桌上的菜肴数量不多，但咸菜是必不可少的下饭菜。客家人口中的“梅菜”，就是盐渍干芥菜，口味奇咸，十分下饭。此外，盐渍萝卜、炒黄豆等也是客家人的下饭菜。豆腐、鸡鸭鱼肉等食物，中上人家方能经常食用，一般客家人仅在年节或有客上门时才有肉菜上桌。简朴的饮食习惯深深影响着客家地区的饮食文化。随着社会发展，客家地区的经济水平不断提升，客家人餐桌上的菜色不断丰富，主打客家菜的餐馆食肆在全国遍地开花。但总体而言，客家菜重视食物原味，制作方法简单，菜式粗放洒脱，极少雕饰。

客家名菜盐焗鸡　李伟燕摄

以客家名菜盐焗鸡为例，这道菜的制作步骤非常简单。

先择一口尺寸适合的锅，放入粗盐并加热。宰好洗净的鸡沥干水后裹于纸包，埋入盐中，盖上锅盖，等待约一小时便成。经如此烹饪，鸡肉咸香可口，让人垂涎三尺。这种做法既激发出了鸡肉的鲜香，又在最大程度上保留了鸡肉的原汁原味。如此简单的制作方法，与客家人不求奢华的饮食习惯不无关系。

粤东茶田 何其乐摄

让我们回到客家人的一天。中午时分，毒辣的烈日炙烤着大地。在吃过简单的午饭后，客家农人会在家中或田地附近的阴凉处稍事休息，恢复体力以便投入下午的劳作中。赣闽粤山区大致位于亚热带气候区，常年炎热，午后热辣的阳光照得人昏昏欲睡，这时，提神醒脑的酽茶派上了用场。客家山区盛产茶叶，福建漳平与永定盛产乌龙茶，上杭、长汀则盛产绿茶。粤东北地区，则有平远铁山嶂产锅㕦茶、兴宁龙北产官田茶等。客家地区饮茶成风，哪怕家中贫困，不能用茶叶泡茶，老百姓日常也会以茶叶头或茶籽壳泡水以祛除疲倦。

客家人的饮茶习俗传承着中原文化。陆羽《茶经》云：

茶之为饮，发乎神农氏，闻于鲁周公。齐有晏婴，汉有扬雄、司马相如，吴有韦曜，晋国有刘琨、张载、远祖纳、谢安、左思之徒，皆饮焉。滂时浸俗，盛于国朝。两都并荆俞间，以为比屋之饮。（陆羽著：《茶经》，浙江古籍出版社，2011）

传说在远古之时，黎民百姓以林间采集的蔬果为食，所食肉类多靠打猎与捕捞而来。由于觅食与烹煮的方式非常原始，百姓经常受疾病、毒伤之害。神农氏曾为解黎民疾病之苦，冒着生命危险遍尝林间百草。在遍尝百草的过程中，神农氏发现茶有提振精神，使人身心愉悦的功效。

据信史考证，我国的饮茶习俗起源于西南地区，其时间可以上溯至战国时期。西汉之时，西南之茶沿长江向东南扩展，并成为贡品进贡长安，饮茶之风逐渐在中原地区扩散开来。到了唐代，我国出现第一部茶学专著——陆羽的《茶经》。在这部茶学经典中，陆羽细述了饮茶习俗之源流，各产茶地区的特点，种茶、制茶之要领等。可见在唐代之时，饮茶已成风尚。

客家人尤其喜欢喝茶，为适应赣闽粤边的特殊自然环境，客家人在传承饮茶风俗的同时，亦有所发展，如客家擂茶便是例证。擂茶以客家山区土产茶叶为茶底，制作擂茶时，客家百姓将浸泡过的茶叶、花生、芝麻、

客家擂茶

客家竹壳茶

等放入陶制擂钵，加入食盐，经过反复捶捣方大功告成。客家地区气候湿热，百姓容易染上疫病。为祛疫强身，客家百姓在茶水中加入金银花、金不换、柏树叶等草药，创造出了多种草药茶。

为保证茶叶质量，客家百姓遵循着严格的制茶工序。如在制作绿茶时严格把控炒茶的温度，随后经特殊手法揉捻茶叶，使茶叶卷曲成粒状，最后再将已经成形的茶叶烘干或晒干。客家茶可按照制作方法不同，分为炒青茶、晒青茶、烘青茶及蒸青茶四种。如按照采摘时间，则可分春、夏、秋三季茶。甘香的茶汤抚慰着客家人的心灵，让他们更有勇气面对生活的艰辛。

在客家地区还流行可以预防疾病的草药茶。如在广东省河源市紫金县

江西名茶分布示意图，多种名茶产于赣南客家聚居区　窦禄军摄

有土产竹壳茶，这种茶中有葫芦茶、鸡骨草、鸭脚木叶、金银花、车前草、金不换等道地中草药。能解暑热、助消化，深受海内外客家同胞喜爱。竹壳茶传至海外，被海外侨胞称为“仙茶”。

看似细微琐碎的客家日常风俗，实则显示着客家人既传承中原传统，又因地制宜地将中原传统与迁入地自然环境与土著习俗相调适的生活智慧。今天的客家人习惯饮茶，客家茶田随处可见。

在客家腹地及广东中部、广西及四川地区，仍有相当部分的客家人从事农业生产，延续着祖辈日出而作、日落而息的生活节奏。客家人聚居的范围早已超越了客家腹地，但在他们的生活中，仍能发现客家人世代相传的日常生活习俗。这些日常生活习俗是客家人区别于其他人群的重要标志，同时也是客家人维系乡情与身份认同的纽带。于客家人的日常风俗中，我们不难发现中原风俗的痕迹。而在客家人的年节习俗中，中原文化的印记则更加明显。

二、客家地区的节庆风俗

所谓“风俗”，指的是经过历代长期积累，约定俗成的风尚、礼节与习惯的总和与行为规范。（秦永洲：《中国社会风俗史》，武汉大学出版社，2015，第 1 页）客家人以农耕为本，在客家腹地，绝大多数的客家人以务农为生。为庆祝喜获丰收，祈求来年风调雨顺，祭祀先祖与前贤，客家人在特定的时间节点庆祝节日。逢年过节，客家人总会杀猪宰鸡，拿出平日里不舍得吃的食物，制作各色美食。为庆贺节日，客家人还会开启窖藏多年的美酒，饮酒划拳助兴。风俗沟通着历史与当下，折射出中华文明的生机与活力。客家节庆风俗体现着中原文化传统对客家人的滋养，亦能看出客家人敬宗守族、敬天法祖的精神品格。

（一）春节

春节是华人世界最为重要的传统节日之一。春季是万物生长、万象更新之时，因此，这个季节对于农耕社会而言有着重要的意义。而作为年岁之首的“正月初一”，自然更为人所重视。为祈求来年风调雨顺、喜获丰收，人们会提前就准备好用以祭祀天地及先祖的祭品，清扫家里屋外，祭奠灶王，在门楣张贴对联。罗香林在《粤东之风》中记录下一首《齐昌节景歌》：

> 正月是新年，烧香奉祖先。劏鸡开老酒，三牲备一筵。
> 门前挂利市，门神贴两边。灯笼点蜡烛，纸炮响连天。
> 龙灯狮子舞，锣鼓闹铮铮。妇人转妹家，甜粄用油煎。

春节是客家人最为重视的传统节日，入冬以后，客家人便着手准备过年。年节期间要制作大量的节日食物，柴火的消耗量很大。在入冬后，客家主妇成群结队地上山砍柴，为家中准备充足的柴薪。为了应对年节期间的吃穿用度，客家男子还会在入冬后外出打短工以贴补家用。另有一件要事是准备好过年期间的粮食。所谓“不出正月不响碓”，按客家习俗，过年期间不舂米，年节间的粮食必须提前备好。

在腊月里，客家人为年节准备肉类食品。在传统时期，客家农家生活简单质朴，饮食仅以果腹为目的，肉食较少。平日饲养的家禽及家畜，或是被卖出换钱贴补家庭生计，或是留待过年时享用。在腊月里，客家百姓排干鱼塘，捕捞鲜鱼，并且杀鸡宰猪，储备过年期间祭祀及烹制年夜饭时所用的肉类。为了长期保存稀缺的肉类，客家百姓把鸡鸭鱼肉做成腊味。腊制食品须经过腌制入味、晾晒风干等步骤，制作周期很长，需要提前准备。

北风渐起，客家山间天气渐渐转凉，降水变少之时，正是制作腊鸭、腊鹅、腊肠及腊肉等腊味的好时机。冬季山间充足的阳光带走食物中的水分，肉类的香气混合着盐的滋味，构成腊味食品特殊的咸香。入冬后开始腌腊的肉类，是过年时客家人餐桌上的主角，或隔水蒸熟，或切片，切块后与蔬菜同炒，其滋味无不佳。

在每年冬至时，客家人用糯米酿制米酒。相较北方地区而言，客家地区酒风并不兴盛，但客家人会酿酒，能饮酒。在腊月二十日，客家人将入冬后开始酿造的酒浆倒入特制的瓮中，在瓮中填入酒曲，封好，埋入干稻草、谷壳堆中，引燃稻草、谷壳后用芭蕉叶覆盖，控制温度。随着阵阵青烟升起，迷人的酒香飘散开来。高温带走了酒浆中的水分，使得酒浆更加甘美醇厚。一坛坛美酒，是客家人年节期间待客的必备之品。

腊月二十日这天，客家人还会吃一种名为“甜粄”的糯米点心。“粄”在客家地区非常常见，而在这一天吃粄食的习俗与一个传说有关。相传，盘古开天辟地，女娲以土造人。奈何水神共工与火神祝融起了冲突，竟不顾苍生疾苦，大打出手，共工怒触不周山，导致天地崩坏，支撑苍穹的天柱被拦腰折断，系着大地的四根绳子也断了。天地向西南一侧倾斜，天穹也被击穿，天地间豪雨不断，黎民百姓苦不堪言。为修补苍天，救黎民于水火之中，女娲炼五色石头来修补苍天。在女娲的悉心修补下，苍穹恢复了原貌。客家人认为，腊月二十日是女娲补天的日子，也是她的生日。在这天，客家百姓一家围坐，分吃甜粄，以纪念女娲补天。客家人还会把几块甜粄扔向天穹，向女娲致谢，并祈求女娲娘娘保佑一家人身体康健，平安喜乐。

客家甜粄　李伟燕摄

酿造客家米酒

客家人自阴历腊月二十四日开始便停下手中的活计，紧锣密鼓地为庆祝春节做准备。在粤东客地，腊月二十四日被称作“小除夕”或“小年”。在这一天，客家人要祭祖与送灶神。清晨，客家人清扫先祖的坟茔，并在坟茔旁的树枝上挂一小纸，此举被称为“挂纸”。在祭祖之后，客家人返回家中，祭拜灶王。传说灶王管理着一家人的运势，定期向玉帝汇报各家人的情况。如灶王禀告这家人安分守己，勤于劳作，玉帝会保佑这家人平安幸福。如这家人精于算计，作恶多端，为人不善，玉帝便会降下祸事，以示惩罚。

灶王爷是上天派到各家各户的使者，在腊月二十四日这天，凡间的民众要将灶王送回上天。灶王爷会向玉皇大帝禀告各家情况，故各家祭灶时往往会奉上饴糖等甜食，希望灶王在玉帝面前多说好话。祭灶传统久已有之，如在南宋年间，百姓在祭灶时在灶头贴上供灶王骑行的纸马，并用酒糟涂抹灶门，让灶王爷喝得醉醺醺的，以免其上天说三道四。为送灶王爷平安上天，凡间老百姓们可谓不遗余力。他们会准备丰盛的祭品，猪头肉、鲜鱼与美酒自不待言，还有甜蜜黏稠的豆沙、糕饼等物。以甜食祭灶，让灶王爷口中有甜食，无暇开口，即使说出的话也是好话。

客家百姓很重视祭灶。在祭灶前，客家妇女将厨房灶头清理得干干净净。她们清理炉灶中的灰烬，将锅碗瓢盆归置整齐，抹净桌面。随后，客家百姓揭下旧的灶王像焚化，并张贴新灶王像。经济宽裕的客家人家会在灶台上放上猪肉、鲜鱼、鸡，以及蜜枣、花生等干货及茶水等祭品祭灶。寻常人家没有财力多设祭品，也会于焚化旧神像前在灶王嘴上抹上蜜糖，希望灶王大人能在玉帝面前替寻常人家美言几句。此外，在每年八月初三日灶王生日的时候，客家百姓会在灶王像前略设酒食，点燃香烛，敬贺灶王生日。在腊月二十四日这天，客家人还会将屋前屋后打扫干净，客家姑娘会成群结队地到河边或井边浆洗衣裳，让一家人干干净净地迎接新年。

客家人将腊月二十五日称作“入年界”（或称“入年假”），这一日后，新年的脚步更近了，客家主妇们开始为迎接春节准备节日食品。平日里，客家百姓饮食简朴，以粗茶淡饭果腹。平日里节省下来的大米、面粉等食物，在这一日派上了用场。心灵手巧的客家主妇还会为一家人制作在春节期间食用的糯米点心——粄。

粄的种类多种多样，有甜粄、煎粄子、发酵粄等。主妇们将平日里存下的糯米粉倒入大瓦盆中，加水调和，调成湿润的糯米团，随后淋上红糖，上屉蒸熟，制成甜粄。煎粄子同以糯米粉为原料，加水搓成糯米丸子，下油锅炸，炸好后淋上红糖浆，煎粄子便大功告成。发酵粄是用籼米粉加酵母制成的，蒸好后中间开口，客家人赋予其发家致富的美好寓意。

客家笋粄、粽子与油糍　李伟燕摄

油糍也是一种由糯米粉做成的年节点心，这种甜腻可口的点心在粤东客地又叫油果或煎堆。客家主妇把湿润的糯米团掺上白砂糖或是红糖，反复揉搓，再做成一个个小巧玲珑的糯米团，入油锅中炸至赭红色。炸好的油糍，油香混合着糖香，十分诱人。心灵手巧的客家主妇还会在油糍中包上豆沙等馅料，吃起来更加香甜，别具一番风味。浸透了油脂的油糍可耐保存，食用前上屉蒸软即可。

过年期间必吃的年糕也是由糯米制成的。在赣南客地，年糕又叫作黄元米果，其色淡黄。这淡黄的色泽来自制作过程中添加的黄栀。黄栀生长于长江以南的山区，果实具有清热解毒的功效。在制作黄元米果前，客家人先将黄栀的枝叶烧成草木灰，将之调成水。而后，客家人将草木灰水滤净杂质与糯米同蒸，待糯米蒸熟之后倒入石槽之内，反复揉搓捶捣，使糯米团变得紧致，富有韧性。蒸好的糯米团呈淡黄色，在搡捣之后，人们将糯米团切成块，黄元米果便大功告成了。黄元米果加热后可作为主食，亦可与菜、肉等同炒，作为菜肴。

除了米面食品，豆腐也是客家百姓新年餐桌上的常菜。我国百姓食用豆腐的历史十分悠久。相传，西汉淮南王刘安之母对黄豆情有独钟。一日，刘安的老母亲食不下咽，刘安便命人将黄豆泡软，磨成豆浆，点上盐卤让豆浆凝结，这便是豆腐的雏形。有关刘安发明豆腐的故事，自然是个传说，但这足以表明我国百姓食用豆腐的历史之长。

客家名菜酿豆腐　李伟燕摄

黄元米果

文人梁实秋在《人间食话》中曾如此回忆在异乡求学的日子："在海外留学的人，到唐人街杂碎馆打牙祭少不了要吃一盘烧豆腐，方才有家乡风味。"一道烧豆腐，足以解异乡游子的莼鲈之思。客家百姓也喜食豆腐。大豆种植简单，价格低廉，制作豆腐成本不高。豆腐略经油炸，便是一道好菜。油炸豆腐可长期保存，能一直吃到来年。条件尚可的家庭，会在豆腐里塞入肉馅，入油锅微炸，撒上葱花，客家名菜酿豆腐便出炉了。客家人忙忙碌碌，为年节准备食物，客家围龙屋里年味渐浓，新年的脚步也越来越近了。

腊月三十是除夕，客家百姓家家张灯结彩，迎接新年的到来。这天的活动可不少。一大清早，客家男丁成群结队到祠堂打扫卫生，修葺墙面，为随后进行的祭祀做准备。百姓们将几日大扫除产生的垃圾、平日里积攒下来的杂物堆在房前焚烧，焚化杂物的火堆被称作"猪牯火堆"。点燃火堆，其意在除旧迎新，并祈求来年猪肥牛壮，五谷丰登。一大清早，小伙子们还敲锣打鼓，朝天鸣土铳，村头巷尾一派锣鼓喧天的热闹景象。正午时分，客家男丁携带牛、羊、猪三牲，酒与茶等祭品来到祠堂祭祀祖先，向祖先行三跪九叩之礼，祈求祖先保佑一家人在新的一年中事事顺利。

客家百姓还要到村口大树下祭拜“大树伯公”“土地伯公”等神灵，感谢他们在过去一年中的庇护，并祈求他们在新的一年中继续守护围龙屋中的人家。在祭祖拜神时，客家百姓还会吹响唢呐，敲响大钹、小钹、小锣、堂鼓及皮鼓等打击乐器，场面十分热闹。随后，乡亲们开始贴春联，在家具、谷仓乃至猪圈与牲口栏上张贴用红纸书写的喜庆“福”字，祈求新的一年六畜兴旺，五谷丰登。

午后，厨房开始忙碌起来，客家主妇用年前准备好的食物烹煮年夜饭。小孩、老人、青年人则依次洗澡更衣，迎接新年。这洗澡水还有讲究。在粤东山区，客家乡亲在一大早采摘柚子叶煲水，煲出的洗澡水芳香四溢。粤东客家百姓认为这种洗澡水能彻底清除污秽，强身健体，并为来年带来好运。

日薄西山，天色渐暗，围龙屋中饭香四溢，越来越热闹，年夜饭就要上桌了。在开席之前，客家百姓把屋里屋外都点上灯，又把床上的被子摊开，围龙屋内外一片光明，这是为了让历代先祖们看见家中香火绵延，人丁兴旺。围龙年夜饭，客家人一定要家中人员齐整，绝不能有人缺席。人们还会在

当代客家人祭祖的祭品　窦禄军摄

饭桌上多放几副碗筷，并在酒杯里盛上美酒，邀请祖先共享年夜大餐。在动筷前，长辈将杯中美酒洒在地上，以告慰祖先的在天之灵，并向子孙们致以新年的期许。随后，年夜大餐正式开始。饭桌上，经客家主妇巧手烹制的鸡鸭鱼肉等大菜轮番上阵，再加上自酿美酒、甜美糕饼，一家人其乐融融。年夜饭吃鸡，寓意新年大吉大利，吃鱼则象征年年有余，阖家幸福。

酿豆腐是年夜饭的常客。传说客家人自北方迁来，仍不忘故地过年吃饺子的传统。但苦于南方不种小麦，面粉有限，没法包饺子，客家人便在豆腐里塞上肉馅，以充饺子。在吃酿豆腐时，长辈时常教导晚辈勿忘根在中原。饭后，勤劳的客家主妇将锅碗瓢盆清洗干净，并备下年初一吃的斋菜。家中长辈向幼童和长者派发“利是钱”，以期幼童健康成长，老人长命百岁。一家人围坐一堂，分食水果及糕饼，一同守岁。在守岁时，客家百姓会在特定的方位上摆供品，燃香烛，恭迎各路神仙。这个夜晚，客家村落灯火不绝，这种习俗名为“点年光”。待子夜一过，正月初一到来，客家人大开户门，点燃鞭炮，迎接新年。待鞭炮放完，大家才闭门休息。

正月初一大清早，急促的鼓点打破了客家山村的静谧，舞狮活动开始了。舞狮活动在我国历史悠久。汉代之时，狮子从西域传入我国，并被民间作为勇敢威猛，吉祥辟邪的象征。人们以道具仿造狮子的外形，并模仿狮子的体态动作，遂称“舞狮”。三国之时，孟康注《汉书·礼乐志》称“象人，若今戏鱼虾师子者也”，舞狮活动见诸史籍。至唐代，舞狮活动更为普遍。据唐人段安节《乐府杂录》“龟兹部”记载：

> 戏有五方狮子，觱篥、笛、拍板、四色鼓、揩羯鼓、鸡楼鼓。戏有《五方狮子》高丈余，各衣五色。每一狮子有十二人，戴红抹额，衣画衣，执红拂子，谓之“狮子郎”。舞《太平乐》曲。《破阵乐》曲亦属此部，秦王所制，舞人皆衣画甲，执旗旆；外藩镇春冬犒军亦舞此曲，兼马军引入场，尤甚壮观也。《万斯年》曲，是朱崖李太尉进此曲名，即《天仙子》是也。（曾献飞疏证：《〈乐府杂录〉疏证》，江西教育出版社，2015）

广东省兴宁市福兴街道五里村的舞狮表演 李海文摄

在客家地区，舞狮活动得到了很好的传承。舞狮是两人一组，一人擎狮头，一人摆狮尾，随着鼓点节奏舞狮。舞狮先来到围龙屋门口，锣鼓声声催促主人打开屋门。主人闻音启门，迎请醒狮进入家中。舞狮进入门厅戏耍一番，又到祠堂里向列祖列宗致意。最后，舞狮来到厨房，祝愿主人一家丰衣足食，年年有余。一番闹腾之后，舞狮向主人家致意，祝愿围龙屋人家在新年里事事顺遂。主人奉以红包，其中金额依家境而定，多少不拘，以答谢舞狮的祝福。家境富裕的客家人家还会在开门迎客时点燃鞭炮。声声鞭炮唤醒了男女老少，也提醒着大家新的一年来了。

这天早晨，第一要事是祭拜祖先及神灵。男丁携带提前准备的祭品，前往祠堂拜祭祖先及各路神仙，主妇们则留在家中准备吃食。客家人必吃年糕，寓意节节高升。这天，不少客家民众有吃素的传统。在客家话中，“斋”与“灾”同音，吃斋能禳邪避祸，保佑家人平安。在素菜中，芹菜、葱、蒜和韭菜是必不可少的。“芹”与“勤”同音，客家百姓希望借吃芹菜教导后辈、鞭策自己在新的一年里勤恳做事。“葱”与“聪”同音，人们希望后辈能耳聪目明，学业有成。“蒜”与“算”同音，客家百姓借此祝愿后辈能掐会算，经商人家生意兴隆。“韭”与“久”谐音，因此韭菜被赋予了“长长久久”的寓意。此外，韭菜生命力强盛，客家人认为多吃韭菜能强身健体，子孙满堂。在一些地区，客家百姓还要吃除夕夜的剩饭，寓意“年年有余”。

尊老爱幼是客家百姓的传统美德。这天，晚辈携一家到长辈家拜年，以示对长辈的尊敬。长辈会为晚辈斟上美酒，以示感谢，并祝愿家族和睦，晚辈茁壮成长。长辈还会在家中备下糖果、蜜饯、花生、瓜子等款待前来拜访的晚辈。所谓“独木不成林”，客家人向来讲究邻里和睦。正月初一这天，邻里之间相互拜年并举杯畅饮。这杯甘美清冽的“新年酒”向来为客家百姓所重视。

在异姓杂居的客家村落，客家汉子们相约带上酒水、吃食到村头聚会，吃“始发酒”，以增进村中各姓家族间的感情。为了确保新的一年事事顺遂，客家人在正月初一的讲究尤多。客家百姓讲究在这天要多说吉祥话，不能挑水扫地、丢弃杂物，不应动土，不许打骂小孩，更不许打碎锅碗杯盆。这些讲究虽然略显繁复，但都体现着客家人对新年的重视与对安宁生活的希冀。

正月初二，外嫁的客家姑娘回娘家省亲，新进门的女婿要在这天登门拜访岳父岳母。外嫁的女儿们把鸡蛋、稻米、玉米、腊味等装在箩里，挑着扁担，带着孩子们回娘家。在一路上，客家媳妇总是跟孩子们讲起童年趣事，并教导孩子们勿忘亲恩，长大后要孝顺父母，为人媳妇要尊敬公婆。新女婿跟随妻子回娘家，与岳父岳母畅聊家常，增进两家情谊。正月初二亦是拜访亲朋好友的日子，这日处处欢声笑语，大家举杯品茗，品尝早已备好的年节美食，享受难得的相聚时光。

正月初三是“送穷日”。这天，客家人把前两日积攒的垃圾杂物堆于一处，在屋外焚毁，同时点起鞭炮，此举谓之“送穷”。粤东客家人在这天清扫地面，扫除污秽。赣南与闽西客家人的洒扫工作则提前一天进行。“送穷”是件大事，一般来说，这日客家人不到别人家做客，以免被当作“穷鬼”送走。“送穷”之俗虽略显荒诞不经，但这体现着客家人对生活富足美满的希冀。

正月初四，客地的年味丝毫不减。在这天，正月初二因故没能回娘家的客家媳妇返回娘家探望父母，亲戚们相互拜访，共贺新年。在村口墟市，锣鼓声又响了起来，村中男女老幼齐聚村口，观看演出。热闹的舞龙、舞狮表演开始了。表演者技艺精湛，本领高强，将雄狮的威武之态与神龙上天入地的矫健之势淋漓尽致地展现在观众面前。

正月初五，“出年界”。不少客家人认为，到了这天春节就算过完了。在这天，客家人收起陈列在厅堂中的祖先画像。这天还是灶神回家的日子，百姓们略设酒食祭品，迎接灶神回家。这天以后，客家百姓逐渐恢复生活常态，外出务工的人们依依不舍地离开家乡。

正月初七是“人日”。这日又被称作人胜日、七元节。传说上古之时，天地初开之时，女娲花了八天时间，依次造出了鸡、犬、豕、羊、牛、马、人与五谷。晋人《问风俗》中记载：“正月一日为鸡，二日为狗，三日为猪，四日为羊，五日为牛，六日为马，七日为人。正旦画鸡于门，七日贴人于帐。”《太平御览》引《谈薮》记载：“一说云天地初开，以一日作鸡，七日作人也。”（常建华：《中国古代岁时节日》，中国工人出版社，2020）宋人洪迈所著《容斋随笔》中称，东方朔在《占书》中声称正月初一是鸡日，初二为犬日，初三为豕日，初四是羊日，初五是牛日，初六是马日，初七为人日，

客家舞龙　李海文摄

初八是谷日。（夏祖尧，周洪武点校：《容斋随笔》，岳麓书社，2006）

在这天，人们要吃七样菜以庆祝，用纸或金箔剪成人的形状，贴在屏风或戴在头上。妇女们制作精致华美的头饰相互赠送，人们登高作诗，庆祝节日。客家百姓保留着吃“七样菜”的传统，庆贺人的诞生，感谢老天的眷顾，并祈求新的一年万事胜意。这七样菜分别是芹菜、蒜头、葱、芥菜、韭菜、芫荽、鱼。其中芹菜寓意勤劳，蒜头寓意灵巧会算，葱寓意聪明伶俐，芥菜寓意足智多谋，韭菜寓意长长久久，芫荽寓意广结善缘，鱼则寓意年年有余。

在过年期间，客家百姓要祭祀本村的保护神——公王。公王信仰在闽西及粤东北客家聚居区十分普遍，各地区的公王来历不尽相同。如梅州客民信仰梅溪公王。相传，梅溪公王本名梅绢，曾协助汉高祖刘邦破秦。（清康熙《程乡县志》）在梅县水车镇的小桑村，则信奉小桑公王。相传在明清两代易变之际，小桑村突发时疫，村中染病者众，人丁骤减。有一位名叫明山国王的神仙托梦给该村的罗仙公，让他恭请明山国王庇护小桑村，罗仙公醒后立即照办。明山国王又邀请两位兄弟进村，襄助小桑百姓共克时艰。在三位神仙的帮助下，小桑村时疫渐弭，百姓日常生活恢复正常。由此，小桑村百姓每年祭祀三位神仙，明山国王的两位兄弟亦被村民们恭称为猎神公王和出巡公王。（陈弦章：《民间信仰与客家社会》，九州出版社，2018）

一般来说，公王庙或公王神坛位于村头或是水口，形制不大。小庙正面开口，内有石碑或牌位，正中间上书某伯公神位，两旁各有一行小字，分别写着“文班”和“武列”。在小庙或神坛之前有放置香炉和祭品的长桌。客家百姓认为，本村公王高大威猛，孔武有力，法力无边，能保佑全村免遭祸事，平安吉祥，五谷丰登，六畜兴旺，出行顺利。因此每年过年期间，客家百姓总要到公王庙或公王祭坛烧香祭拜，并奉上雄鸡、美酒等祭品。除了过年祭拜之外，每逢公王生日及重要的节庆时，百姓们也会到公王像前烧香。一些村落还成立了公王会，专司本村及邻近区域的公王祭拜仪式及出巡事宜。公王出巡仪式时间一般在正月初二及立秋前后。出巡时，村民扛着公王像到各姓围屋前巡游。先由村中长辈向公王敬香，再将公王像请至轿上，由四人抬起。轿子前后各有一人高擎帅旗，轿子两侧有人举着上书“回避”“肃静”的木牌，有人手提灯笼，还有吹鼓手沿途吹奏。公王出游队伍在各姓围屋前停驻，供屋中百姓祭拜。公王巡游一般持续三到四天，结束后，公王像被重新安放回祭坛或庙中。

（二）元宵节

正月十五是元宵节。这天，客家人举行“上新灯”仪式，舞龙灯，赏花灯。“上新灯”仪式一般在元宵节上午进行（一些客家地区在正月十二日进行）。凡是在新年前家中新添男丁的家庭，这天要在祠堂中高挂写有“添丁发财”的灯笼，昭告列祖列宗家中新添一丁，并祈求祖宗保佑幼儿茁壮成长。“丁”与“灯”谐音，在宗祠中新添一盏灯笼象征着家中新添人丁。除悬挂灯笼外，添有新丁的人家还要怀抱婴儿敬拜祖先牌位与家中耆老，以示对先祖与长辈的恭敬。在上灯仪式结束之后，主人会在祠堂中大宴宾客，这顿饭名为“上灯酒”。在进行上灯仪式后，新添的男丁算是正式加入家族，他被载入族谱，长大后有权参与家族事务。在元宵节的饭桌上，圆粄必不可少。圆粄由糯米粉和水搓成团，入锅煮熟即可，食用时佐以白糖。圆乎乎的圆粄象征着一家人和美团圆。圆粄里还能加入花生末、芝麻粉等馅料，其风味更为诱人。

已经成型的客家花灯　杨扬摄

傍晚时分，客家人点起盏盏花灯，将客家山村映得宛若白昼。花灯由灯笼演变而来，形制大小不一，但无一不精巧美观。“灯彩”谐音“丁财”，悬挂五彩缤纷的花灯，寄托了客家人添丁发财的美好愿望。专业的客家花灯手艺人在过年前两三个月便会接到四方民众定制花灯的订单。一般来说，客家花灯的骨架由竹篾扎成，呈六棱柱形，内置烛火作为光源。在骨架上，花灯艺人细致地糊上透光薄纸或薄绢，在其上绘制花鸟鱼虫、英雄人物肖像，或绘制“状元及第”“仙人送子”等吉祥图画。还有一种花灯，内置百叶转盘，转盘四围贴着绘有精美图画的薄纸，转盘之下放置烛火。点燃烛火后，徐徐上升的热气带动转盘，灯内的绘画来回转动，十分有趣。在夜间的灯会上，各色花灯形态各异，引得客家百姓驻足观看，流连忘返。

在灯会上，客家艺人们唱起灯歌，跳起欢快的舞蹈。灯歌《十二月花》在赣南广为流传，歌词唱道：“正月里来好看花，新做门楼新厅厦。上厅盖的琉璃瓦，下厅盖的牡丹花。”歌词活泼生动，充满生活气息。除了歌唱与舞蹈，吹打乐器也必不可少。吹鼓手们吹响唢呐，敲起锣鼓，为灯会助兴。除了灯会，在客家地区还流行“游灯”，花灯艺人带着花灯走街串巷，配以锣鼓伴奏和艺人说唱。用于“游灯”的花灯形制较大，其中的绘画多涉及古代英雄故事、神话传说等内容。游灯时，艺人以韵文说唱灯中的故事，生动活泼，唱词念白中多祈愿人丁兴旺、五谷丰登、阖家幸福安康之语，这种艺术形式为客家百姓所喜闻乐见。

正月十五这日，客家人还要舞龙。龙象征着活泼勇敢、坚韧不拔，是华夏民族的图腾象征之一。古人将龙、凤、龟、麒麟合称“四灵”，龙位居四灵之首，可见其在古人心目中的崇高地位。舞龙习俗由来已久。在古代，人们每逢大旱之时会举行祈雨仪式，法师乔装成龙，来回舞动，祈求上天普降甘霖。久而久之，这种扮龙祈雨的仪式演变成了舞龙风俗。为了祈求新年平安顺利，人们在过年时击鼓舞龙，模拟神龙降临凡间的场景。也有人认为舞龙与舞狮均是古代“乡人傩”的遗风。在古代，祛除疫病，祈求安泰的仪式被称为“傩”。人们扮成神将，击鼓起舞，行逐疫驱邪之礼。客家百姓亦喜在年节时舞龙。

在客家地区，依照舞龙所用的道具不同，舞龙表演可分为舞板凳龙、火龙、布龙、纸龙、花龙、焰火龙、扁担龙等类型。舞龙艺人个个身手敏捷，

国家级非物质文化遗产：丰顺县埔寨镇的火龙　何其乐摄

本领高强。在演出时，他们手持把竿，舞动长达数丈的龙形道具，忽而向上做神龙飞天之姿，忽而向下做神龙潜入深渊之态，又舞出翻滚、绞缠、跳跃等动作，看得乡亲们无不鼓掌喝彩，大呼过瘾。

广东省河源市是客家聚居区之一，该地的舞香火龙表演颇具特色。香火龙由稻草扎成，有数丈之长，以竹竿做把手，龙身遍插香火。舞动香火龙时，需青壮年男子九人组成一组，其中一人擎着龙首，把握方向，一人擎着龙尾，其余七人舞动龙身。香火龙舞动之时，龙身上的线香发出微微火光，仿佛天上的点点星辰，香火飘出袅袅青烟，在远处看，仿佛真有一条神龙腾云

被点燃的火龙　何其乐摄

驾雾而来。形制较大的香火龙，龙身上悬挂灯笼，舞动的龙身在灯笼的映照下熠熠生辉。客家百姓非常期待祥龙能在自家门口转上一圈，以求神龙保佑一家人平平安安，诸事顺遂。当舞龙队伍来到家门口时，客家人手持香火站在屋前，点燃鞭炮迎接神龙。在舞龙活动结束后，客家百姓将香火龙置于河中，让河水将其带走，是谓“回龙宫”。

（三）清明节

阴历四月，清明节。唐代诗人杜牧有诗作描绘了清明阴雨绵绵，路上行人匆匆之景：“清明时节雨纷纷，路上行人欲断魂。借问酒家何处有？牧童遥指杏花村。”在这一日，人们上坟扫墓，祭拜祖先，踏青郊游，登高望远。一年之计在于春，客家百姓多以农耕为业，所谓“春种夏长，秋收冬藏”，他们相信若要获得好收成，必须不惧艰苦，勤劳耕作。客家人素来慎终追远，他们认为，自己所掌握的耕田技术全靠先祖代代相传，先祖的在天之灵见到儿孙们辛勤劳动，于是保佑儿孙们获得好收成。因此在清明节时，客家百姓携家带口，前去清扫祖辈坟茔，并祭祀祖先。

清明上午，客家人先宰杀一只雄鸡，将鸡血滴在黄纸上。随后，人们扶老携幼，带上三牲、水果、甘茶、美酒、艾粄、镰刀、香火、纸钱或纸元宝、鞭炮等前往祖先的坟茔祭扫。是俗在粤东长乐（今五华）称“踏青”，据道光《长乐县志》记载：清明时当地百姓“同行谒墓，曰踏青”。程乡县（今梅县）则称扫墓为“打醮墓”。清明扫墓的习俗向来为客家人所重视。如今，不少客家人在远离家乡的外地工作生活，每逢清明节时，他们都会不远万里赶回故乡参与扫墓活动。

客家人一般聚族而居，聚族而葬，历代先祖的坟茔距离不远。客家百姓先用镰刀割除坟边杂草，清理尘土污秽，随后将沾有鸡血的黄纸放在坟头，用泥土块压好，并将十二张黄纸放置在坟茔四周。随后，客家百姓摆好祭品，手捻一线清香，以长幼为序向历代先祖敬香，追思先辈。一般来说，扫墓时先祭扫家族开基祖先与远祖，然后祭扫各房先祖，最后才祭扫各个小家庭的先辈。祭扫之后，族中长辈焚化黄纸，焚烧纸钱与纸元宝。客家百姓还在安葬逝者之后，会在墓穴之后立一块上书“后土”的石碑，恭请后土神庇护坟地安宁。在祭扫完祖宗坟茔后，客家人祭拜坟后的后土神，祈求他保佑坟地安宁。如上祭祀结束之后，大家在坟前分食祭品，或将祭品带回家分食，扫墓活动告一段落。

艾糍　李伟燕摄

在扫墓祭祖之后，客家人聚在祠堂吃“清明酒”，席间分吃祭扫时所用的祭品，并举杯畅饮，祝愿家人朋友平安顺遂。在饭桌上，艾粄必不可少。早春时节，客家山区的野地里艾草丛生。艾草又称艾蒿，是一种多年生草本植物，通体碧绿，气味芳香。中医认为，艾草能调理气血，温通经脉，祛除寒湿，遏制冷痛。晒干后的艾草能制成艾条和艾炷，外灸能驱寒止痛，温暖气血。艾草煎水洗浴，可以治疗肤疾。客家主妇在春天采摘鲜嫩的艾草，制作艾粄。她们将糯米粉和上水，揉成糯米团，又将艾草洗净捶捣，加入红糖水和入糯米团中。经艾草汁染色，原本洁白的糯米团变成暗绿色。糅和均匀之后，将糯米团上甑蒸熟。蒸熟之后，主妇们将糯米团分成小块，艾粄制作完成。艾粄清香可口，冷热皆可食用。客家人认为，含有艾草汁液的艾粄能祛湿解毒，非常适合春季食用。

在家族成员围坐一堂，追思祖先，祈求平安之际，一些客家家族会在这天将前一年诞生的男孩姓名添入族谱。清明时节，万物回春，四处生机盎然。韩愈有诗如是写道：“天街小雨润如酥，草色遥看近却无。最是一年春好处，绝胜烟柳满皇都。”春雨绵绵，芳草初长，生机勃勃，完成祭扫任务的客家人还会外出郊游，欣赏野外春色，享受美好的春日时光。

（四）端午节

五月初五日是端午节。这个节日又被称作端阳节、重午节等。客家人将端午、中秋和春节视作一年中最为重要的三个节日。客家人称这天为五月节，外嫁的闺女要回娘家省亲，远游的游子要回故乡与家人团聚。在这天，客家人吃粽子，饮雄黄酒，赛龙舟，祈求平安。关于这个节日，有这样一首客家民谣：

> 五月节，天气热，放下锄头歇一歇。
> 山上清风爽，杨梅红出血。
> 五月五，是端午，背个竹篓入山谷。
> 溪边百草香，最香是菖蒲。

百姓们认为，阴历五月是所谓的“毒月”。在这个月里，有“五毒”之称的蛇、蝎子、蜈蚣、壁虎和蟾蜍成群出没，让人苦不堪言。时值春末夏初之时，天气变化多端，稍有不慎便会患病。古时百姓多用艾草驱散毒虫，预防疾病。晋代《风土志》记载：“以艾为虎形，或剪彩为小虎，帖以艾叶，内人争相戴之。以后更加修饰菖蒲，或作人形，或肖剑状，名为蒲剑，以驱邪却鬼。”南朝梁人宗懔所著《荆楚岁时记》记载：“鸡未鸣时采艾，见似人处，揽而取之，用灸有验。是日采艾为人形，悬于户上，可禳毒气。”清代《端阳故事图·悬艾人》题：“荆楚风俗采艾以为人悬门户上，以禳毒气。”客家百姓继承了这一自中原而来的习俗，在端午时节在房前屋后悬挂艾草、桃叶、葛藤或菖蒲，以防止毒物进入屋内，并用艾草、佩兰、菖蒲等草药煎水沐浴或饮用，以防止患病。

在端午节前，客家主妇采摘菖蒲、艾叶、薄荷等带有浓郁芳香气息的中草药，洗净晒干后切成碎末，掺上雄黄，以布包裹，做成香囊，待端午时给孩子们随身携带。这天，细心的客家长辈们还会往儿孙们的额头抹上雄黄酒，并给他们系上象征长命百岁的长命缕。长辈们还让孩子们佩戴护身符“艾虎”，以防毒物侵扰，祈求他们平平安安，安然度过“毒月”。长辈们会叮嘱孩子们吃鸡蛋，并给他们缝一个小巧的口袋，里头装一枚鸡蛋，让孩子们随时携带，据传此举亦能保佑孩子免遭毒物侵袭。老人们还要到庙宇中为子孙后代祈福，为家中广延香火。为了祈求全家安然度夏，在端午这天，客家人以鸭肉祭祖。在祖先牌位前敬香并奉上鸭肉后，客家人以鸭肉入馔。客家人相信，鸭肉能清热解毒，以鸭肉煲冬瓜汤，解暑止渴，特别适合春夏之交食用。在五月节时，鸭子肉质鲜美，肥瘦正合适，片成鸭肉块后炒菜，滋味甚佳。粽子自然是客家百姓安度端午的必吃食物。在客地，粽子选用本地产的优质糯米制成，米香十足，外裹竹叶或箬叶。不加馅料的“白粽”、甜美的豆沙粽、裹着五花肉的鲜肉粽等，口感软糯，味道鲜美，可充主食。客家百姓相信，饮用浸有雄黄及菖蒲的烈酒能驱邪健体。在端午聚族宴饮时，客家人总要饮些雄黄酒或菖蒲酒。

赛龙舟是客家百姓的重要风俗。将舟楫造成龙形，自古有之。近代学者闻一多认为吴、越一带的民众向来有将“寻常舟船刻为龙形”之风俗。如在应场的《灵河赋》中有“龙艘白鲤，越艇蜀舲。溯游覆水，帆柁如林”之句。吴越百姓相信将舟楫造成龙形，绘上龙纹，能免受江中蛟龙的侵袭。南朝萧子显的《南征曲》写道：“棹歌来扬女，操舟惊越人。图蛟怯水伯，照鹢竦江神。”其中便提及绘有蛟龙纹饰的舟楫。在闻一多看来，龙舟竞渡是史前社会的遗风。隋唐之时，在端午时赛龙舟夺锦已成循例。据《隋书·地理志》记载：“屈原以五月望日赴汨罗，土人追到洞庭不见，湖大船小，莫得济者。乃歌曰：‘何由得渡湖！’因尔鼓棹争归，竞会亭上，习以相传，为竞渡之戏。”可见此时的端午竞渡之俗。

在赣闽粤边客家聚居区，有梅江、赣江与汀江等多条大河流经，在这些地区，端午时节，鼓声喧天，彩舟游河。在客地山区，崇山峻岭之间有

广东和平县客家百姓划龙船

河流流过，落差很大，水流湍急，河道较窄，水深不足。面对这种情况，客家人将龙舟形制稍加改易，制成形制较小的龙舟。在河道过于险峻，或根本没有河流流经的地区，客家人用竹子或茅草扎成龙舟模样，谓之“茅船”。端午时节，客家壮汉扛着茅船到各村游行，所到之处围观百姓甚众。在有大河流经之处，龙舟赛事热闹非凡。如在梅县松口，梅江奔流而过，江面开阔，水流平缓。每逢端午时，梅江上总有龙舟赛事。时人有诗云：“灯船过处万头攒，仕女排云两岸观。自恨生迟无眼福，节逢端午再求难。”在阴历五月初五及初六日，百姓们登船游河，并在游船上观赏龙舟赛。游船上，有纸扎的三层楼阁，神像安放其间，船身遍插彩旗。端午节时，河面游船能达十五六艘之多。夜里，游船上灯火通明，仿佛一座座亭台楼阁在梅江上游弋。梅江两岸人流如织，食肆商铺生意兴隆，一派热闹的景象。

（五）伯公生日

阴历六月初六是伯公生日。客家人以农为本，每日日出而作、日落而息，脚下的土地是客家人的衣食之源。客家百姓相信，土地长出庄稼果蔬，树木茁壮成长，屋宅常保安宁，道路平坦，沟渠畅通，均离不开土地神的保佑。对土地的崇拜自古便存。《左传通俗篇》言：“凡有社里，必有土地神，土地神为守护社里之主，谓之上公。”汉代应劭所著《风俗通义》引《孝经》

称“社者，土地之主，土地广博，不可遍敬，故封土为社而祀之，报功也”。到了清代，民间将社神称作土地神，已成循例。如在清人翟灏的《通俗编·鬼神》中有“今凡社神，俱呼土地”之言。在祭祀土地的过程中，土地神被人格化为土地公，成为人格神。

客家人将土地神称为“伯公”或“福德正神”，而伯公之名更为通行。祭祀伯公的伯公坛在客家乡间随处可见。山间、水口、大路旁边、村口树下，处处皆有供乡人礼敬伯公的小庙。在村口大树之下，常见一小小的神龛，龛前常有百姓祭拜，香火绵延不绝，这是客家人在祭祀村神伯公。每年播种之时，客家人要在田间向田头伯公烧香祈福，祈求田头伯公保佑作物茁壮成长。家中厅堂墙根或是灶王像旁，总贴着上书“本宅土神”或“福德伯公伯婆神位”的小字条，这是家中的“本宅伯公”。在客家人的观念里，屋宅内有本宅伯公，床栏边有床公床婆，水井旁边有井头伯公，大桥旁有桥伯公，树林里有大树伯公，池塘边有塘头伯公，总之，伯公无处不在。如遇到不顺之事，客家人总会先请伯公庇护。如孩子生病了，长辈们会先在床边喃喃地祈求床公床婆保佑孩子身体复原。伯公能保佑六畜兴旺，家宅安宁，是客家人极为崇敬的神祇。

每逢伯公生日，客家人要为伯公庆生。此时，早春插下的秧苗已经颗

广东省梅州市白渡镇嵩灵村的一处伯公庙　窦禄军摄

粒饱满，可以收割。用新米煮出的米饭，米香四溢，入口甘美。在田间地头，百姓以新米饭、糯米酒、茶及烧肉祭祀伯公，感谢伯公保佑田地丰收，并祈愿伯公继续保佑田地能有好收成。这天，树下、井边、路旁、桥头等处总是香火不断，客家百姓给伯公敬香，庆祝伯公的生日。客家百姓还要在伯公祭坛张灯结彩，吹响笙箫、唢呐等乐器。集市里，人头攒动，人们借着庆祝伯公生日的机会，到集市上游逛。在城里，士庶人家将家中所藏的字画、古玩、盆景等物悉数放置在伯公祭坛前供众人观赏，顺便借着好天气晾晒收藏。他们相信，在伯公生日这天晾晒物品，能有效地防止物品霉变虫蛀。

（六）立秋

每年立秋之日，客家百姓要“做秋”。所谓“田家少闲月，五月人倍忙”，以农耕为主要生计的客家百姓一年中少有休息的机会。农人在春耕夏收之后，马不停蹄地进行下一轮播种，到了立秋时节，手边的农活才稍微轻松一些。在立秋这天，百姓们停下手中的活计，稍事休整。据清道光《嘉应州志》记载：百姓在立秋时节“不操作，妇女不采园蔬”，这种风俗被称为“歇秋”。客家百姓认为，如果立秋之日不休息则会“触秋”，这会导致秋收之时收成欠佳。

这天，客家人要用新收的稻米做米粄。他们将新米浸泡一夜，使之膨胀。次日清晨，将新米捞出、沥净水并放在背阴处晾干。主妇们将晾干的新米磨成米浆，倒入锅中，慢慢加热，其间用锅铲不断翻动，让米浆受热均匀，待米浆凝固，米粄制作完成。用新米做成的米浆，香气四溢，软糯可口，广为客家百姓所喜爱。客家百姓还要在这天制作味酵粄，其原料也是新米。将新米磨后用水稍加稀释，掺入少量枧沙（即土碱），倒进小碗中，放入蒸锅中以旺火蒸熟。蒸好后的味酵粄，由于原料中掺了土碱，周围略鼓，中间凹陷，形状别致。味酵粄蒸好后可以直接切块食用，亦可切块以后裹上面糊，入油锅炸。味酵粄切块后还可与素菜、肉丝同炒，其味无不佳。在这天，家境尚可的客家人家还会炸肉丸，杀鸡宰鸭，邀集亲朋聚会，共享立秋之日的闲暇时刻。这天，一些客家村落会举行公王巡游，名曰“扛公王”，程序与过年时公王巡游差异不大。

（七）中元节

阴历七月十五日前后，客家人要祭祀祖先，施舍亡灵。在乡间，客家人将纸钱插在田垄、菜园附近，以迎接神明，驱赶毒虫。在城里，客家百姓举行醮会，又称“打醮”。所谓“打醮”，指的是道士开坛做避凶求福的法事。早在战国时，人们将祭神称为“醮”。道教兴起之后，“醮”便逐渐成为禳灾求福、超度亡魂的风俗。打醮由摆供、焚香、上章、迎驾、步虚、赞颂、宣词等步骤组成。仪式由道士主持，他们身披庄重的道袍，摆放贡品，点燃香烛，敲鼓诵经。在中元节这天举行的醮会，被称作“中元醮”。

客家百姓自阴历七月十三日至七月十五日过中元节。在这三日，客家人专门准备素食给先人享用。七月十三日，家家户户准备糍粑、芋头糕等糕饼，馈赠邻里。客家人相信：在七月十四日这一天，祖先的亡灵会回到家中。因此必须准备好牺牲、美酒和米饭等祭品，点燃香火，迎接祖先返家。在正午时分，客家人在家门口或天井中燃烧纸衣和装有纸钱与箔制金银锭、上书先辈姓名的纸包。这段时间，客家百姓还会举行法会超度亡灵，家境富裕的人家还会在河面上燃烧法船。在夜里，人们还会点起莲花灯，在河

世界客属第二十五次公祭客家母亲河汀江大典举行放河灯仪式，2019 年 10 月

边放河灯，点点烛光寄托着百姓们对先辈的思念。七月十五日，客家人在房屋四周点燃香火，并到野外点燃香烛，燃烧纸衣和纸钱，以周济无人祭拜的亡灵。在中元节，袅袅青烟将客家百姓对祖辈的思念与对幸福安宁的希冀带向远方。

（八）中秋节

八月十五日是中秋节。这日，皎洁的明月高挂在天空，百姓们阖家围坐在庭前，共赏明月，庆祝中秋。

人们中秋佳节时吃月饼，登楼赏月，观赏纷飞的野鹤，好不惬意。阴历八月恰是农家收获的季节，喜庆丰收、阖家团圆是中秋佳节永恒不变的主题，人们以新鲜蔬果及月饼拜月并分食之，以共贺佳节。

在中秋佳节，客家百姓家家团聚，庆祝中秋。月饼是客家人必备的中秋美食。闽西客地长汀的月饼颇具特色。与广式月饼不同，长汀月饼由白糯米粉和白糖做成，颜色洁白。客家百姓将糯米粉和上水，掺上白糖，填入饼模中，再将饼模倒扣，一块圆似满月的月饼便做好了。经饼模印轧之后，饼面上带有桂花、满月、灯笼等图案，赏月时享用，非常应景。中秋之时，客地柚子成熟。客家地处山地丘陵地带，特别适合柚树生长，所产柚子柚皮光洁，果肉甘甜，是中秋赏月时的必备果品。客家百姓认为，在中秋节这天分食柚子，能清肝明目，有益身心。除柚子外，花生、芋头等食物，也是客家人中秋佳节的应景食物。

除了生鲜食品，油炸芋圆也是客家人中秋节的特色食物。中秋之时，芋头个大味甜，滋味甘香，不论用淡盐水煮熟，还是制成油炸甜食，味道都非常不错。制作油炸芋圆前，巧手的客家主妇先将芋艿（客家人称为“芋子”）细细洗净，去掉外皮，用特制的刷子将芋头擦成丝状。随后，主妇们将芋丝与糯米粉、姜丝和食盐混合，调成糊状，下油锅炸熟。浸透油脂的芋圆口感爽脆，滋味甜美，与中秋庆团圆的和美气氛十分匹配。

明月将升而未升之时，客家主妇们开始准备拜月。她们将桌案搬到院中或户外，摆上柚子、柑橘、花生、芋艿、炸芋圆及月饼等食物，又将月饼与清茶放在案上。这日的晚饭比平日丰盛许多。客家富裕人家的饭桌上，

个大味美的客家柚子　李伟燕摄

有鸡、鸭、鱼及各色粄食，菜品种类繁多。普通人家也会烹煮荤菜，改善伙食。当明月高悬，清晖洒向大地之时，客地百姓燃起香火敬拜月光娘娘。客家百姓认为，月光娘娘能保佑家族人丁兴旺，幸福绵长。因此在阖家分享佳节美食之前，客家人家，尤其是新婚夫妇要进行拜月仪式，祈求在月光娘娘的庇护下多生子嗣。拜月之后，一家围坐，赏月品茶，分享美食。客家人认为，在中秋之时皎洁的月光意味着月光娘娘降临凡间。此时沐浴月光，能得到月光娘娘的庇护。故在中秋之时，客家男女老少无不坐在庭中赏月，孩子们手持灯笼四处玩耍。

中秋之日，客家青年间还流行“偷青”游戏。已婚未育的青年男女到人丁兴旺人家的菜园中偷摘蔬果，以求瓜瓞绵绵。他们尤其喜欢偷摘南瓜，因为南瓜中有大量的籽。“籽”与“子”同音，偷得南瓜则能使家中子孙满堂。让人意外的是，被偷菜的人家非但不气恼，反而非常欢迎有人在中秋之日来“偷青”，因为有人来偷菜，说明家族兴旺之态为坊间所认可。任人偷走菜园中的南瓜也表达出客家人关心邻里的美好品质。在传统时期，客家妇女还会进行扶乩请神活动，她们相信，在中秋之日扶乩，特别灵验。

（九）重阳节

阴历九月九日是重阳节。在古代，人们以“九”为阳数，日月均为“九”，两阳数重叠，故这一日名“重阳”。在客家地区，重阳节又叫重九节或九月节。

在闽西客地，由于重阳之时已是秋季，该地客家百姓又称这个节日为“兜尾节”。客家百姓习惯在此日登高插青。是日，一家人登高望远，与亲朋好友在山上饮酒作乐，谓之“作重阳会”。孩童趁着秋风渐起，放飞风筝。在这日，善男信女们还会到寺庙中烧香，祈求家庭幸福，老人健康长寿。

在赣南客地，百姓们在重阳这日要吃米果，故重阳节又被称作米果节。赣南山区，素有“八山一水一分田”之称，在山间开辟田地，其难度可想而知。因此，稻米等精粮在当地十分宝贵。在制作米果之前，赣南客家人将新收的大米磨成米粉，又到地里挖出番薯。百姓们将番薯洗净，去皮，将富含淀粉的块茎擦成薯泥。再将薯泥和新磨好的米粉掺在一起，团成小团，入锅煎炸至焦黄，米果便做好了。赣南还有一种“包米果”。该地百姓先将新米浸泡一夜，之后略加食盐，将浸泡过的大米磨成米浆。随后，百姓将米浆倒入底面较大的蒸锅中，摊成薄薄的一层，烧火加热。在高温蒸汽的作用下，米浆变成半透明状的米粉皮。百姓们将米粉皮切成小块，包入时令蔬菜、肉馅等馅料，包米果便做好了。

（十）冬至

时至岁末，客家人要庆祝冬至。是日，太阳直射南回归线，南半球白昼最长，黑夜最短；北半球白昼最短，黑夜最长。经历漫漫长夜之后，北半球的白昼逐渐变长。据《夏小正》传文记载，“日冬至，阳气至，始动，诸向生皆蒙蒙符矣，故麋角陨，记时焉尔”。（夏纬瑛校释：《夏小正经文校释》，农业出版社，1981，第 66 页）这句话的大意是冬至这天，阳气渐生，万物萌动，有生长的迹象。古人观察到了北半球白昼渐长的现象，认为“冬至一阳生”，在冬至日之后，阳气渐升，故应庆祝。冬至之时，天寒地冻，万物萧瑟，但在古人看来，这一片萧条肃杀却隐含着春的信息。据陈志岁《载敬堂集》载：“夏尽秋分日，春生冬至时”，“冬至，日南至，日短之至，日影长之至”。南朝之时，古人已经准确全面地概括出冬至日的时令意义：“冬至有三义：一者阴极之至，二者阳气始至，三者日行南至，故谓之冬至也。”

在汉代，朝廷在冬至之日举行仪式，帝王接受百官的朝拜，还要登坛祭天，行所谓的“郊祀”之礼，以此庆祝阳气开始渐长。西汉司马迁所著《史记》记载：“气始于冬至，周而复始。”《汉书》载：“冬至阳气起，君道长，故贺。”东汉崔寔所著《四民月令》称，时人以黍糕祭祀神明与先辈，向父母请安，拜访亲朋好友、师长前辈，并阖家宴饮，其热闹之状，不亚于除夕。《后汉书》称：“冬至前后，君子安身静体，百官绝事，不听政，择吉辰而省事。”《晋书》则言魏晋之时，“冬至日受方国及百僚称贺，因小会，其仪亚于献岁之旦。”在唐代，庆祝冬至已成惯习。唐代大诗人杜甫曾作《小至》一诗：

天时人事日相催，冬至阳生春又来。
刺绣五纹添弱线，吹葭六琯动浮灰。
岸容待腊将舒柳，山意冲寒欲放梅。
云物不殊乡国异，教儿且覆掌中杯。

在这首诗中作者感慨冬至之后白日渐长，万物经历寒冬之后呈现复苏之态。斗转星移之间，一年又过，而诗人却久居异乡，不免暗自神伤。至宋代，庆冬至之俗更为普遍。据《东京梦华录》记载：

十一月冬至。京师最重此节，虽至贫者，一年之间，积累假借，至此日更易新衣，备办饮食，享祀先祖，官放关扑，庆贺往来，一如年节。（《东京梦华录》卷十《冬至》，中华书局，2020）

在民间，冬至甚至比除夕更加重要。有民谚言：“冬至大如年，先生不放不给钱；冬至大似节，东家不放不肯歇。”在广府地区，亦有“冬至大过年”的说法，其意为冬至比过年还重要。

在客家地区，冬至又被称作“冬节”。祭祖是客家人在冬节期间的头等大事。在冬节之前，客家百姓做好米粄、味酵粄等各类粄食，又杀鸡宰鸭，准备祭品。在冬至当日清晨，客家男子携祭品到祠堂中祭拜祖先，客家主妇们则留在家中准备早饭。客家人的冬节早饭特别丰盛，各类粄食、米饭、各类杂粮不一而足，富裕人家的饭桌上还有鸡鸭鱼肉。尽管客家地区主要位于亚热带地区，但在冬至时节，气温也比往常下降不少。客家人认为，羊肉有滋补暖身、提神补血的功效，故在冬至之日，百姓们喜欢吃羊肉。他们或宰羊取肉，或入市购买羊肉，回家后加老姜、红枣、盐等作料炖煮，饮汤食肉，以求强身健体。客家人相信冬至日的水清冽澄澈，非常适合酿酒，所谓“冬至老酒”在粤东客地广受欢迎。在冬至时节，勤劳的客家主妇着手制作红曲酒。她们买来红曲米，将红曲米与圆糯米及二十度左右的米酒混合，放入瓦质的酒瓮或钵中，封存两周。两周后，红曲米便会变成质地柔软的红糟，将红糟滤净，所留下的酒液便是客家红曲酒。红曲酒甜美可口，度数不高，不胜酒力的人也能喝上几杯，可谓一种老少咸宜的酒品。滤出的红糟，可用来制作糟制食物。客家主妇在祭拜完成后，将鸡鸭鱼肉等祭品和上红糟，放入瓦缸中封存三五天，糟鸡等糟制食物便做好了。这些食物风味独特，深受客家百姓欢迎。

质优味美的客家娘酒

除了红曲酒，客家米酒滋味亦佳。客家米酒一般由客家主妇负责酿制，故又名“客家娘酒”。每到寒风乍起之时，客家主妇便着手酿酒。她们将平日存下的白糯米或黑糯米清洗干净，稍加浸泡，随后倒入竹木制的饭甑中蒸成“酒饭”。蒸好之后，主妇们待“酒饭”微凉后，向其中掺入酒曲，再将“酒饭”倒入酒缸中封缸发酵，酒缸之外要堆上稻草、谷壳或蓑衣保温。几天以后，“酒饭”

在酵母和合适温度的共同作用下变成“酒酿”，酒香四溢。此时，客家主妇们将酒缸中的杂质细细滤出，把酒液倒入酒瓮中，并加入干净的凉水或是米酒，再将酒瓮封好，用稻壳、木糠将酒瓮埋起，引火点燃，并盖以芭蕉叶，控制火温。在热力作用之下，酒液变成焦糖般的黄色，经贮藏之后，酒液甜美，让人不禁想要多喝两杯。客家人认为娘酒能祛湿暖身，解乏提神。除了逢年过节阖家畅饮之外，客家妇女诞下婴孩后，身体虚弱，客家阿妈用娘酒煮鸡和鸡蛋，做成“鸡酒”给产妇滋补身体。

冬至已近年关。此时，农忙之时已经过去，客家人稍事休整，准备迎接新的一年。在赣闽粤山区之中，客家人日出而作，日落而息，而一个个节日，则为客家人周而复始的生活增添了不少乐趣。客家人所过的节日，多承传中原旧习，并因地制宜加以改造。如在中原故地，节庆之时多吃面食。但在赣闽粤边，小麦生长不易，由小麦制成的面粉更是不容易获得。因此，客家百姓多以米为原料，制成各类粄食与米果等食物。又如，客家地区并非每地都有河流，端午河上竞渡之俗，便演变成了“跑旱船”。年节中的种种习俗，一同构成了多姿多彩的客家民俗文化。

三、客家人的人生礼仪

所谓人生礼仪，指的是人的一生中不同年龄段及生活场景之下践行的特殊仪式和礼俗。这是一种重要的民俗事项。一般来说，诞生礼、成人礼、婚礼及葬礼是华夏百姓公认的四大人生礼仪。在客家百姓的一生中，各种人生礼仪贯穿始终。在践行人生礼仪的过程中，客家既传承着中原旧俗，又因地制宜加以改造，创造出了一套独特而带有客家特征的人生礼俗。

（一）诞生礼

赣闽粤边有绵延不绝的崇山峻岭，开垦不易。客家先民经长途跋涉，最终驻足在赣闽粤边的山岭之间。从事农业垦殖需要大量人手，因此在客家地区，百姓们总是希望家中子孙绵延，人丁兴旺。因此，他们做好万全准备，迎接新生命的到来。

在新婚之时，客家夫妇会择一个吉利日子，请家庭和睦、身体健康、福寿满堂的妇人到家中铺床。他们相信，此举能保佑家庭幸福，添丁顺利。客家百姓相信，每张床上都有床神，谓之“床公”和“床婆”。迟至宋代，民间便有祭祀床神之俗，时人有谚：“买糖迎灶帝，酌水祀床公。”所言即是。到了清代，民间则称床神为床公、床婆。百姓定期用茶、酒、糕饼祭祀床神，“以求终岁安寝”。还有的地方用美酒祀床婆，以酽茶祭床公，谓之“男茶女酒”。客家百姓向床公、床婆祈祷，希望新婚夫妇能为家中添丁添财。

客家人称怀孕为“有身”或是“有好事”。在古代，“娠”即是“有身”之意。客家媳妇若怀有身孕，则立马变成全家重点关注的对象。我们知道，中国古代医疗条件有限，孕妇生产常遭不测。在客家地区，百姓平日里的物质生活条件本就有限，日常饮食仅能果腹而已，这样的营养条件对孕妇来说显然是不足的。客家妇女在怀有身孕后能享受相对较好的饮食。鸡蛋、鸡肉是客家百姓首选的补身食物，猪肚物美价廉，能暖胃健脾，亦为孕妇所喜。

一般来说，娘家人会在孕后三个月携带着鸡、鸭、鱼、肉及鸡蛋、米果等食品探望女儿，所带食物仅供怀有身孕的女儿享用。在怀孕期间，客家妇女不能干重活，不能缝补衣物，房内不能放置剪刀，不能目视不吉之物，以免动了胎气，惊扰胎神。如上禁忌虽然略显荒谬，但无一不体现出客家百姓祈求孕妇平安生产、婴儿健康成长的愿望。

十月怀胎，一朝分娩。传统时期，医疗条件有限，卫生观念相对匮乏，产婆仅凭经验助产，孕妇生产只能依靠产婆的帮助。产妇分娩是一件极为凶险的事情。整个家族，尤其是家中长辈及丈夫，在产妇分娩期间总是寝食难安。经历一番痛苦挣扎，孕妇终于诞下婴儿。产房内传来婴儿的声声啼哭，整个围龙屋都为之振奋。婴儿的胎衣被家人用纸细细包好，掩埋在屋旁。婴孩顺利降生之后，女婿要带上酒水、鸡、红鸡蛋和鞭炮到岳丈家报喜，此俗谓“报姜酒”。岳丈家随即大宴宾客，以示家中有喜事。在女婿返家时，娘家要回赠以鸡与鸡蛋，并托女婿为新出生的婴孩带去衣物。

古时，婴儿夭亡率高。如果婴儿活过三天，便要“贺三朝”，此俗自先秦时期便有。在这日，喜添新丁的人家宴请邻里和产妇的娘家人，还要为新生儿洗澡，谓之“洗三”。这个习俗在唐代已有。据《北齐书》载，东魏高欢的长子高澄有添丁之喜，“三日而孝静帝幸世子第，赠锦彩及布帛万匹”（《北齐书》卷九《文襄元后传》）。到了宋代，庆三朝之俗广为流传。三朝之时沐浴婴儿的水称“香汤”，水中有果子、葱、蒜等物。用香汤为婴儿沐浴，能保佑婴儿健康成长。客家百姓也认为，婴孩出生三日是一个门槛，如平安度过三日，婆家要大宴宾客，谓之“请姜酒”。在姜酒筵席上，女性宾客要坐上座，娘家长辈更是座上宾。这天，外婆要用益母草、艾草等中草药煎水，替外孙擦洗身体，并用一枚熟鸡蛋在外孙身上滚动，以求其健康长大。产后一个月内，产妇要卧床休息，俗称“坐月子”。民众习惯为产妇煮“鸡酒”，其做法并不复杂：将鸡切块，加入老酒、老姜同煮便成。客地百姓认为“鸡酒”能活血化瘀，滋补身体，特别适合女性产后食用。

婴儿出生后一个月，客家人要摆满月酒。旧时，每逢婴孩满月与幼童生日时，家中总要用汤煮面食，宴请亲朋好友，这个宴会俗称“汤饼会”。汤饼会在唐代已经存在。唐代诗人刘禹锡在《送张盥赴举》中言：“尔生始悬弧，我作座上宾。引箸举汤饼，祝词天麒麟。”其中“引箸举汤饼”指的便是汤饼会。唐人段公路所著《北户录》记载：

> 岭南俗，家富者产三日或足月洗儿。做团油饭，以煎鱼虾、鸡鹅、灌肠、蕉子、姜桂、盐豉为之。（段公路撰，崔龟图注，许逸民校笺：《北户录校笺》，中华书局，2023）

客家人在孩子满月时要摆满月酒。在客家人满月酒席上，新生的婴儿被父亲抱出，行祭祖之礼，并接受众人的祝贺。随后，族中长辈怀抱婴儿，让婴儿略尝荤腥，此俗名为“开荤”。每年阴历新年期间，有新生儿诞生的客家家庭会在祠堂中高高挂起灯笼，以昭告祖先家中喜添新丁。

（二）生辰礼仪

与其他一过性的人生礼仪不同，生日每年都会重复一次。孩童与老人是庆生的主力。据说，庆祝生日之俗起源于南朝。唐代玄宗朝，丞相源乾曜、张说上奏，定每年八月五日唐玄宗生日为千秋节，百官与民众共贺此节，为玄宗所允。唐天宝年间，千秋节改名为天长节。五代以后，称皇帝的生辰为万寿节，皇后、皇贵妃及太子的生辰为千秋节。此风传至民间，百姓们为孩子庆祝周岁生日，为长者“做寿”。青壮年人一般不过生日，否则有“夭寿”之虞。如父母健在，长者也不做寿，否则有唐突父母的意味。

在古代，因条件所限，幼童夭亡之事时有发生，故客家妇女常向神明祈愿，希望神明能保佑自家幼儿健康成长。每年观音娘娘、床公床婆生日的时候，母亲总要带着孩子在神明面前烧香跪拜。拜神之时，母亲用一根红绳串上铜钱，挂在孩子脖颈上，之后每年拜神时更换新的红绳。此俗直到孩子十六岁那年的七夕之日才告停止，在这日，客家妇女摘下孩子脖上的红绳，这意味着孩子已经长大。这种风俗在北方地区也有。与客地不同的是，北地民众每年往红绳里添一枚铜钱，直至十二岁时方才停止。

古时，人们非常重视孩子的一周岁生日。若孩子活过一岁，家人们要为其举行庆生宴会，并进行名曰“抓周”的占卜仪式。“抓周”风俗在魏晋南北朝时期已存在。《颜氏家训》中对抓周之俗有这样的记载：在江南

当代儿童的“抓周”仪式　陈梦婷摄

地区，孩子一周岁时，长辈们为其制作新衣，在小男孩面前放上弓、矢、纸、笔，在小女孩面前放上刀、尺、针、缕，看看他们会做何选择，这个活动叫作“试儿”。到了南宋，“抓周”之俗更盛。据《东京梦华录》记载，在婴孩一周岁时，长辈将果木、饮食、官诰、笔、砚、算盘、秤等物放在婴儿面前，任其抓取，以预测孩子以后的职业。如抓到果木，则预示着孩子以后能勤于农桑，勤恳做事；抓到饮食，意味着未来衣食无忧，常有口福；抓到官诰、笔、砚的孩子，长大成人后能通文墨，官运亨通；抓到算盘与秤，则意味着孩子将来能掐会算，是做生意的材料。这种预测孩子未来的仪式，被称作“试晬”，这个仪式饱含着家人对孩子未来的美好期待。

在孩子一周岁生日时，客家百姓举行宴会，邀集亲朋好友吃粄食，此俗名曰“吃岁粄”。在聚会上，长辈摆上笔墨、书籍、刀剑、钱币、算盘、铜钱等物，让小宝宝抓取，以预测孩子以后的志向。此俗在客家地区被称为“晬盘会”，“晬”就是婴儿满周岁的意思。这个习俗与“抓周”别无二致。往后每年生日，客家长辈总会为孩子煮上两个鸡蛋，希望孩子能健康成长。

在孩子虚岁十六即将成年之时，客家人要举行成人礼。这种成人礼被称为“出花园”。这种风俗的来历有两种说法。一说是古时大户人家总有一个花团锦簇的花园，出了花园，也就意味着孩子羽翼丰满，能独立面对生活中的风浪。另一说是在孩子年幼之时，一直生活在由神明庇佑的花园里。待孩子长大，身强体健，能抵挡风雨祸事后，便离开神明的保护，也就是“出花园”。

每年孟春时节，长辈们准备好纸扎的花篮、三牲及生鲜水果，带着要出花园的青少年到寺庙中敬谢神明，感谢神明在成长期间的保护，并祈求孩子未来的人生之路能顺顺利利。随后，客家百姓在家中设宴，款待街坊四邻，感谢大家对孩子的关爱。在席间，家中长辈往往要教导晚辈要安分守己，勤恳劳作。若晚辈仍在求学，长辈则教导晚辈应勤于学业，早成功名，为官后造福桑梓，勤政为民。在成人礼上，客家长辈向晚辈传递殷切期望与祝福。带着长辈们的嘱托，客家子弟挑起家庭重担，一路向前。

客家年轻人不过寿，但在新婚之后一年，岳丈会给新女婿做一次生日。在女婿三十一岁时，岳丈再次替女婿做寿，谓之“做三十一”。在这两次生日时，岳丈家送女婿衣服、日用品作为礼物，女婿则摆酒席感谢岳丈。

在做寿时，寿星要吃面条与鸡蛋，以祈愿长命百岁。长辈年过五十后，晚辈为长辈贺寿。一般来说，男性逢十做寿，女性逢十之后一年做寿。每逢寿辰，亲朋好友送来礼品，寿星设宴款待宾客。寿宴一般由晚辈或是学生张罗，寿辰之前，主事者向寿星的亲朋好友派发寿宴请帖，但一般不邀请年寿比寿星高者。寿宴当天，寿星端坐堂屋，屋中挂着绣有吉祥图案的锦幛。如寿星是男性，锦幛上有慈眉善目、鹤发童颜的“南极仙翁”；如寿星为女性，锦幛上则绣着“麻姑进酒”。亲友来贺时一般送寿桃、寿面等点心，并量力而行地奉上礼金，数额不拘。在寿宴上，客家百姓还会唱起祝寿歌，歌曰：

祝寿山歌唱起来，花甲团圆坐一堆，
满面春风颜带笑，看到心肝华华开。

还有歌道：

一拜爷爷添福寿，二拜爷爷寿年长，
三拜寿比南山竹，四拜福如东海洋，
五拜松龄千年寿，六拜寿如鹤发万古长，
七拜椿树春常在，八拜寿比翠柏叶凝香，
九拜寿高桃源境，十拜福禄寿满堂。

这首祝寿歌是儿孙们唱给祖辈听的。

“人生七十古来稀”，七十岁在古代已算是高寿。在庆祝七十岁生辰时，寿星家族中的男丁前往祠堂祭祖，并鸣放鞭炮。在贺寿前一日，寿星的至亲先为其举行小型宴会，谓之“暖寿酒”。贺寿当日，家中一派喜气洋洋的气氛，喜庆的彩灯，红火的“寿”字剪纸把家中烘托得一派喜庆。上午，家中晚辈按长幼顺序向寿星拜寿，随后，寿星接受亲朋好友的祝贺。在寿宴上，寿星要吃面条以求长寿，这碗面称作“寿面”。在席上，寿星的亲友为寿星添上面条，谓之“添寿”。

（三）婚礼

儒家经典《礼记》中说，婚礼为行两姓之好，以此礼上事宗庙，并为家族接续后代，可见此礼的重要。《中庸》中有云：“君子之道，造端乎夫妇，及其至也，察乎天地。”在《易经》中，对男婚女嫁有如是阐释：“天地氤氲，万物化醇；男女媾精，万物化生。人承天地，施阴阳，故设嫁娶之礼者，重人伦，广继嗣也。”古人将男女婚配与社会之顺利运行联系起来，由此足以见得古人对男女婚配的重视。

“婚姻”二字，在上古之时写作“昏因”。一般来说，古人在黄昏之时举行婚礼，男子迎娶女子。据汉儒孔颖达所言，男子在昏时迎娶女方，这就是“婚”，女子因男子而来，这便是“姻”。《说文十二下·女部》说：“婚，妇家也。礼，娶妇以昏时，妇人阴也，故曰婚。”东汉班固等所编撰《白虎通义》称：“婚姻者，何谓也？昏时行礼，故谓之婚也。”在农

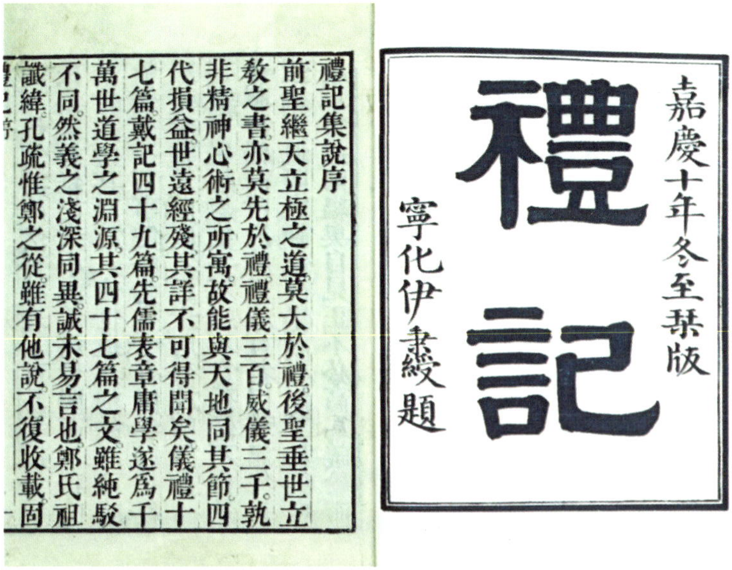
嘉慶十年冬至栞版
禮記
寧化伊秉綬題

禮記集說序
前聖繼天立極之道莫大於禮後聖垂世立教之書亦莫先於禮禮儀三百威儀三千孰非精神心術之所寓故能與天地同其節四代損益世遠經殘其詳不可得聞矣儀禮十七篇戴記四十九篇先儒表章庸學遂爲千萬世道學之淵源其四十七篇之文雖純駁不同然義之淺深同異誠未易言也鄭氏祖讖緯孔疏惟鄭之從雖有他說不復收載固

《礼记》书影

业社会，家族人丁兴旺往往意味着有充足的劳动力，能更好地进行农业生产，因此古人非常重视子孙绵延。结婚生子，能增加家族人丁的数量，为家中增加劳动力。婚姻是男女结合、共育后代的基础，因此婚嫁之事是一件大事。女性嫁入夫家后，个体生命便与夫家紧密地联系在了一起，丈夫的生命历程亦因此发生变化。为了确定婚姻关系，一套婚姻礼仪规范必不可少，这套规范就是婚礼。

一般来说，汉族的婚姻仪式可大致分为订婚仪式与结婚仪式两类，其中包含了纳采、问名、纳吉、纳征、请期和亲迎六个步骤，称作“六礼”。客家婚俗在很大程度上受到了中原古俗的影响。在“传宗接代”观念的影响之下，客家人对婚姻极为重视。在传统时期，客家百姓的婚姻仍在“父母之命，媒妁之言”之下完成。在谈婚论嫁的过程中，媒人发挥着非常重要的作用。所谓“媒人”，据《说文十二下·女部》言“媒，谋也，谋合二姓。”在《诗经》中有“伐柯如何？匪斧不克。娶妻如何？匪媒不得”，“匪我愆期，子无良媒。将子无怒，秋以为期”等句，可见媒人在婚嫁过程中的重要作用。客家民众称男性媒人为“媒人公”，女性媒人为“媒人婆”。所谓“说成一门亲，穿得一身新”，在媒人的牵线搭桥之下，客家青年男女迈入婚姻殿堂。

客家婚俗的第一步是议婚。如男女双方家庭早已认识，则托亲朋好友做媒，张罗婚嫁事宜。如男方或女方有婚嫁的意向，身边无合适的人选，则会托媒人说媒。在客家人家的成人礼上，媒人会替有意婚嫁的家庭物色合适人选。初步定下人选后，女方家长会到男方家，看看男方的模样与家庭状况，这个步骤称为“看婿”。当女方来到家中时，男方端出擂茶、干果等美食请女方家人享用，并留女方家人用膳。

如过了看婿这关，男方家长则会到女方家去查看未来儿媳的长相。如彼此属意，则双方经媒人之手，互换年庚八字。男方家长托人测算二人的生辰八字是否相合，此俗名为“排八字”。客家人家还会将写有双方年庚八字的纸帖压在家中神龛或香炉之下，如三日内未有祸事出现，则二人可以议婚。此俗与“纳吉”之俗类似，如双方的八字相合，则可以进入下一个环节。

下一个步骤为议婚。双方父母共坐一堂，商议聘金及聘礼。客家父母非常重视女儿出嫁，在女儿出嫁之时必会奉上一大笔陪嫁，以提升女儿在婆家中的地位。在订礼金与聘礼时，夫家也尽可能地大方，以显示诚意。双方父母相信，只有这样才能使得婚姻圆满，家庭和睦。“过年庚”与“纳征”之俗类似。女家将生辰八字写在红纸之上，交男方家，谓之换“年庚纸”。男方则交部分礼金与礼品给女方。是俗既成，则订婚完成。订下婚约后，女方宴请亲朋好友，以此告知亲友家中好事将近。

订婚完成后，男方托人算好到女方家迎新人的黄道吉日，此俗与“请期”之俗别无二致。不同之处在于，男方会选出两个吉日，供女方选择，由女方敲定完婚日期。选出日期后，男方遣人到女家去交完礼金，并将女方定下的日子带回男方家。紧接着，男方家庭紧锣密鼓地筹办喜宴，分发请帖，邀请亲朋参加婚礼。大婚之日前一日，男方的迎亲队伍便提前来到女方家，并带去鸡鸭鱼肉等食品。迎亲者一般是男方家中德高望重的年长妇女。次日清晨，女方家庭用男方家带来的食物宴请宾客。早饭之后，新娘换上新装，带上妆奁，在家中长辈的牵引下登轿。

在上轿子前，娘家长辈叮嘱外嫁女到了婆家要勤恳劳动，侍奉公婆，勤俭持家。临行前，亲人们还高喊“茶香酒香，子孙满堂”“今日嫁到好人家，等到明天添贵子，孃孃嫂嫂去你家”之类的祝福话。待轿子行至男方家门口时，轿门要朝向吉祥方位。男方家中的女性长辈引新娘落轿。随后，新娘与新郎一道到祠堂中叩拜历代先祖，随后拜男方父母及家中长辈，再入洞房行合卺礼。

是日中午，男方家宴请亲友及送亲的娘家亲人，筵席至午后方散。在新婚之夜，年轻一辈参与“闹洞房”活动，至午夜宣告结束。在大喜日后三天，新娘回娘家小住几日再返回夫家，谓之“三朝回门”，至此，婚礼宣告结束。婚礼之后，女性兼具“女儿”与“儿媳”的双重身份，她们侍奉长辈，抚养后代，挑起家庭的重担。在客家地区，女性地位尤高，这与其在夫家中承担的家庭重任密不可分。

（四）客家人的丧葬习俗

生老病死，是亘古不变的自然规律。所谓丧葬习俗，又可分为丧礼和葬礼两种。客家丧葬习俗中的丧礼由报丧、入殓、出殡、守丧四步组成。所谓报丧，就是将先人去世的消息告知亲友，亲友闻讯后前来吊唁。随后，至亲为逝者更衣，谓之“小殓”，将逝者置棺中，称为“大殓”。据《礼记·曲礼下》言：“在床曰尸，在棺曰柩。”大殓之后，棺木停于家中，等待合适的日子下葬。下葬之日，棺木从家中移至墓地，这叫作“出殡”。出殡之时，逝者的亲朋故交送逝者最后一程。在落葬之后，逝者的亲人们为逝者守丧。依照与逝者关系亲疏不同，守丧期由三个月至三年不等，逝者之子须守孝三年。总的来说，客家丧葬习俗传承着古代丧葬风俗。客家人素来有着慎终追远的观念，在略显复杂的丧葬习俗中，客家百姓表达着对逝者的哀思。

在客家地区，老人一旦进入弥留之际，家中亲人便通知在外地的家人赶紧回家，来见最后一面。在老人尚有气力之时，家中至亲将其扶起，以足触地，象征着辞别土地。而后，老人被移至厅堂专区，以便返家亲友探视。老人去世后，亲属悲痛万分。家人们在家内挂起白帘，点起香烛，设长明灯，并设饭食，上插筷子一双。白帘之前设一桌案放置亡者灵位，亡者至亲日夜守孝，并择日贴出讣告。

客家百姓还有买水浴尸之俗。逝者子孙结队在河边点燃香烛，敬拜河神，并向河中掷入铜钱三枚。随后，子孙们从河中汲水，用新瓦罐盛水回家以擦拭遗体，并为先人更衣。更衣完毕，亲朋在逝者的足边燃烧纸钱，纸钱的灰烬收入一小纸袋中，放在逝者身边。逝者左右手边分别放桃枝一根，米粄一串，白纸扇一把。逝者亲友穿上孝服，向逝者鞠躬或跪拜。

在先人过世之后，人们要为其定下谥号。据唐人张守节著的《谥法表》，一般来说，男性逝者的谥号由族中耆旧定出，女性逝者的谥号由母家定出。定好的谥号要写入悼词，并镌刻在墓碑之上。定好悼词之后，逝者亲属为逝者立灵牌，上书往生者的姓名、世辈、生卒年及谥号灵牌上的“主”字缺一笔，暂写作“王”，留待由族内耆旧补上。补笔之举称作“点主”，族内耆旧长老将“王”字补上一点，同时高声唱道：“天地开张，日吉辰良，点王为主，世代永昌”。自此，逝者加入家族祖先神灵的行列。如上程序完成后，逝者至亲开始张罗第一次祭奠仪式，即“家奠”。逝者的长子主持祭拜，逝者的直系子孙先叩拜，而后逝者的旁系亲属及生前友好等再上前祭拜。

在客家地区，老人早早为自己备下寿材。寿材一般由杉木制成，棺底依次铺着黄泥、香灰与灯草。大殓由长子主持，大殓时逝者至亲跪地痛哭，以示对亡者的不舍之情。灵柩先置于厅堂数日供人吊唁，待一合适时日落葬。此间，客家人常邀请僧尼念经超度，谓之“做佛事”“做斋”或“做香花佛事”。

下葬又称“还山”，至亲们送逝者最后一程。在领道人的带领之下，村中同姓宗亲抬棺至落葬之处，一路上鞭炮声不断，纸钱纷飞，逝者之长子或长孙手持香炉，一路青烟袅袅。灵柩落葬后，送葬队伍绝不能沿原路返回，而应另觅路线返家。返家后，送葬亲友要跨火堆，以辟邪禳灾。如依照旧制，自逝者去世之日起，每逢七日须祭拜一次，谓之“做七”。以七日为一个周期，须做七七四十九日。

客家人还有一种特殊的葬俗，名叫“二次葬”。首次下葬后若干年，亲人们将逝者的遗骸掘出重葬。一般认为，早期客家先民背井离乡，历经迁徙。由于不忍与先祖离别，在迁徙时，客家先民将先祖遗骸挖出，用金罂盛起，一同背往他乡。在后世，并不是每一个客家人家都会为先人进行二次葬。一般而言，原葬地有毁坏之虞，或家中流年不顺之时，客家家庭方会考虑为先人改易葬所。

日日年年，循环往复，客家人在闽粤赣边山区辛勤劳作，不懈耕耘，终于在崇山峻岭间扎下深根。他们将中原古风带到客家腹地，践行着自古传承的风俗传统的同时，又因地制宜加以改造，最终形成了别具一格的客家风俗。

第八章

山歌声声抒情怀

在赣闽粤边的崇山峻岭间，一声声清亮的“哎呀唻哎——”在山岭之间激荡出重重回音，绵延不绝，这是客家百姓唱起了悠扬的山歌。客家人尤爱唱山歌，除情人间互诉衷肠的情歌外，屋前屋后，田间地头，江边港口，无处不飘荡着客家百姓的歌声。山歌还是联系海内外客家同胞的文化纽带，自 2004 年开始，由茶阳大埔会馆发起，每年在八个客家宗乡社团中轮流举办的客家歌曲歌唱观摩会，到 2017 年已经连续成功举办了十一届。2006 年南洋客属总会成立客家山歌中央协调会秘书处，统筹协调各客家社团诸项与客家山歌相关工作。《客总会讯》显示，截至 2016 年底，已成立并登台演唱的客家山歌团体有：新加坡客总山歌班、茶阳客韵团、茶阳客家歌唱团、丰顺会馆客家班、应和会馆客家山歌团、客属黄氏公会客家山歌班、新加坡客属（宝树）谢氏公会、南洋五华同乡总会、嘉侨同乡会、兴宁同乡会、芳林联络所客家山歌班等。

客家山歌是客家文化的重要组成部分，其内容多含耕读传家、尊老爱亲、惩恶劝善等优秀文化。不少客家青年男女借山歌传达爱意，客家妇女通过山歌表达着对远行丈夫的思念。在艺术风格上，客家山歌在继承中原古韵的同时，吸收了闽粤赣边土著民族的音乐元素，使得客家山歌独具特色，别具一格。可以说，客家山歌体现着中原文化与闽粤赣边少数民族文化的交流融合之态。民众吟唱山歌的历史十分悠久，在我国的民歌之林中，客家山歌占了一席之地。那么，客家山歌从何而来？客家山歌与我国的民歌传统，与周边少数民族民歌有何关系？客家山歌中又能看出客家百姓什么样的生活样态呢？

一、唱我所思：歌与山歌

高山顶上唱山歌，歌声飞过淡水河。海外侨胞亲骨肉，介歌你听见么。五指山上唱山歌，五湖四海都来和，彩云翩翩来起舞，山欢水笑催人和。高山顶上唱山歌，飞过高山飞过河，唱到亲人来见面，唱到团圆共桌坐。曲曲山歌情更切，声声飞过淡水河。

——张振坤改编的山歌《歌声飞过淡水河》

在20世纪80年代，一首《歌声飞过淡水河》唱遍大江南北。这首歌曲由客家山歌旋律改编而来，曲调优美，歌词朗朗上口。歌词中，客家乡亲站在山岗上放声歌唱，悠扬的歌声传递着客家祖地对游子的呼唤。此曲一经面世，便广为流传，成为赣闽粤客地脍炙人口的歌曲。这首歌通过电波播送至海外，更是勾起了海外客家游子的思乡之情。在音乐领域，这种取材于传统客家山歌的客家方言歌曲还有很多，可见传统客家山歌对我国民族音乐的贡献。那么，何谓山歌？什么是客家山歌呢？这还得从歌与民歌说起。所谓“歌”，即是能被吟唱的文字。世界上任一民族，不论其生活在高原、山地、丘陵、平原或是低地、滨海，不论其生活在莽莽群山中，还是在广袤的草原上，不论他们是以农耕为生，还是以游牧渔猎为业，都有着独特的歌。在我国，歌与民歌亦具有悠久历史。南唐文字训诂学家徐锴提出：所谓“歌”，就是“长引其声以咏也”，拖长音调，引吭发声，便是歌唱。罗香林认为，“歌谣本为一种自然的产物。随便什么地方，只要有人在那里居住，便都有歌谣的发生。它的色彩，一方可以代表殊异的风俗，一方又可以代表特别的民俗。”可见歌谣是百姓日常生活的生动写照。

百姓在街头巷尾传唱的歌谣反映着他们的生活状态。《诗经》中有“十五国风”，大多是各地百姓口耳相传的民歌，其内容反映出民众日常生活的喜怒哀乐。东汉何休认为，民间歌谣多是因事而起，为抒发情感而生。男女之间多以歌相互倾诉；食不果腹的人，多哀叹饥肠辘辘之苦；终日劳作之人，多歌唱其每日劳作之态。因此通过民间歌谣，可以了解民情，观察风俗。（徐华龙：《中国文学民俗史》，上海交通大学出版社，2017，第 257 页）明清时期，市民阶层壮大，民间文学不断发展，民歌数量也与日俱增。明清之时记述民歌的著述甚多，冯梦龙的《山歌》、屈大均的《广东新语》、李调元的《粤风》等，均记载了流行于山野田间的民歌，可见民歌兴盛之态。源远流长的民歌文化，为客家山歌的产生与发展提供了丰富的养料，是客家山歌生根发芽、茁壮成长的土壤。

说到客家山歌，就不能不先说说山歌。那么，何谓山歌呢？山歌，顾名思义就是在山间所唱的歌曲。在远古时代，山间劳作的人们为让力气往同一处使，便以一定的节奏喊出号子，以便大家统一步调。随着语言能力的不断提升，中华大地上的百姓们以悠长高亢的山歌传递生活信息，青年男女之间以山歌互诉衷肠。在崇山峻岭之间，人们头顶烈日，脚踏土地，或开山种田，或采薪伐木，或种茶采茶，终日辛勤劳作。为了振奋精神，抒发内心所思所想，劳动人民在劳作或行路过程中，往往口哼小曲。久而久之这些小曲便成了山歌。所谓“饭养身，歌养心”，劳作中哼唱小曲能纾解烦闷，且有提神之效。在山间，农人若是孤身一人，难免心生胆怯，高声歌唱能有壮胆之效。在山岭之间，如有人高声歌唱，另一人心有同感，或一时兴起，便会引吭应和。青年男女羞于以言语表达爱意，便依托山歌咏物，借此传递彼此的爱慕之情。可以说，山歌是劳动人民长期生产生活实践的产物。山歌歌词多是即兴创作，其中多以地方风物作喻，节奏鲜明，曲调明亮轻快，朗朗上口，劳动与爱情是山歌的两大主题。山歌经文人整理，从口头文学变成了书面文学。在明清之时，已有文献记录了大批山歌。黄遵宪、钟敬文、顾颉刚等近代学人，有意识地在民间采集民歌，并将民歌视作重要的研究资料。总的来说，来自劳动人民的山歌，内容浅显易懂，历经代代口耳相传与文本流传，山歌流传至今。

在幅员辽阔的中华大地上，不论东西南北，到处可觅得山歌的身影。在我国西北地区，信天游伴着漫天的黄沙，悠悠传唱至今。青藏高原的“花儿”，新疆的“牧歌”，晋、陕、内蒙古西部的“信天游”“山曲”“爬山调”，宁夏、甘肃、青海的“花儿”等，都是西北大地流行的山歌。在川陕交界的秦巴山区，有“姐儿歌”“茅山歌”，在云贵交界之地有大定山歌，弥渡山歌，“晨歌”（又称“神歌”），在大别山区有“慢赶牛”，在长江中下游地区有“吴楚山歌”，各藏族、侗族、苗族等少数民族亦有山歌。总而言之，中华大地是孕育山歌的沃土，客家山歌便生长于这片沃土之中。（胡希张，王东，陈小明主编：《客家山歌大典》上卷，广东人民出版社，2021，第 4 页）

二、客家山歌的“源”与“流”

所谓客家山歌，就是流行于客家聚居区，以客家方言演唱的山歌。张元济曾说，“一字千回百折，哀厉而长，俗称山歌，惠、潮客籍尤甚。”此言基本概括了客家山歌的特点。据历史地理学者江金波、司徒尚纪的研究显示，客家山歌于明清时期定型于广东梅州。（江金波、司徒尚纪：《中原文化与土著文化在梅州的整合——以梅州客家山歌的形成为例》，《中国历史地理论丛》2002 年第 1 期）。对客家山歌较为确切的文献记载首见于明代。据明代嘉靖《惠州府志》载：惠州府属的长乐和兴宁等县，乡间村落之民，每当圆月升起之夜，青年男女均用当地方言在野外高声歌唱。但客家山歌的形成时间，自然要早于其见诸文献的时间。

客家山歌是我国民歌百花园中的一朵奇葩。黄遵宪曾言：在客家地区，山间水边，里巷之中无处不闻悠扬的山歌声。有客地农民每日挑担往返于屋舍与田垄之间，其歌声不绝，每日都不重样，可见客家百姓的歌唱才能。他还曾为客家山歌作诗：“一声声道妹相思，夜月哀猿和《竹枝》，欢是团圆悲是别，总应肠断妃呼豨。”这讲的是客家女子在情郎远行时所唱的送别之歌，由诗句中不难体会客家山歌扣人心弦的艺术魅力。那么，客家山歌从何而来呢？

（一）客家山歌的《诗经》之源

《诗经》是我国历史上第一部诗歌总集，其中收录了自西周初年至春秋中叶的诗歌。《诗经》由“风”“雅”“颂”三部分组成，其中“风”即是各地民歌，其分布地域大致相当于今天的河南、山西、陕西、河北、山东和湖北北部地区。从这些民歌中，我们能了解到周代的社会面貌与民众的思想情感。“雅”是周朝的正乐雅声，“颂”是王室及贵族祭祀之乐歌。

客家山歌多歌唱男女情爱，风格热烈奔放，这一特征传承自《诗经》传统。在20世纪30年代，朱希祖曾比较《国风·周南》与客家山歌。他认为，《国风·周南》中的诗句多是直白地表达出男女之间的倾慕之情。如《周南·汝坟》言：“遵彼汝坟，伐其条枚。未见君子，惄如调饥。遵彼汝坟，伐其条肄。既见君子，不我遐弃。”句中描绘了一位在汝河之滨砍伐薪柴的妇女日夜等候丈夫的归来，终于见到丈夫，女子便不愿丈夫再离去，而这种直接热烈的情感表达同样见于客家山歌之中。

客家山歌还继承了《诗经》的“赋”“比”“兴”手法。所谓“赋”，指的是直接铺陈。如在《豳风·七月》中有“七月流火，九月授衣。一之日觱发，二之日栗烈。无衣无褐，何以卒岁？”诗句所用的就是“赋”的手法。而在客家山歌中，歌词简单明快，意思直接，如有山歌唱道：“山歌唱到你屋背，叔伯大嫂你莫怪。山歌唱到开心思，唔係唱来引细妹。”同是直接表明意思，中间没有曲折隐微。所谓“比”即是比喻，如在《硕鼠》中有：“硕鼠硕鼠，无食我黍！三岁贯女，莫我肯顾。”此处即是以硕鼠比喻贪官污吏。在客家山歌中，比喻手法非常常见。如客家山歌唱道：“黄竹细细尾拖拖，嘱哥连妹莫连多；一个纽眼安个纽，一个秤杆一个砣。”歌词中用“纽眼配纽扣、秤杆配秤砣”比喻忠贞不渝的爱情。“兴”则是借他物引出所咏之词。在《氓》中有“桑之未落，其叶沃若。于嗟鸠兮，无食桑葚。于嗟女兮，无与士耽”。此句欲言女子不可耽于与男子的爱情，而先描述桑树枝叶茂盛之状。客家山歌在吟咏爱情时亦常用此法。如梅县客家山歌唱道：“榄子打花花揽花，阿哥揽上妹揽下。牵起衫尾等落榄，亲哥哥啊，等郎一揽就回家。”山歌先以橄榄果与橄榄花起兴，再写出男女采摘橄榄之景，以此表达出客家青年男女对彼此的爱恋。除了出现了《诗经》中常用的比兴手法外，山歌中“榄”字一语双关，一方面写出了橄榄树果实累累，橄榄果与橄榄花相拥相簇，另一方面以此借喻男女恋爱中，男子将女子揽入怀中的亲密之态。

在客家山歌中还常见《诗经》之重章叠句的特征。在《诗经·周南》中《芣苢》：

采采芣苢，薄言采之。采采芣苢，薄言有之。
采采芣苢，薄言掇之。采采芣苢，薄言捋之。
采采芣苢，薄言袺之。采采芣苢，薄言襭之。

在《周南·芣苢》中反复出现“采采芣苢”一句，这便是重章叠句。而在客家山歌中，重章叠句也很普遍。一首客家山歌这样唱道：“好牛耕田唔使牵，好马上阵唔使鞭，好刀磨刀唔使水，好妹连郎唔使钱。”歌中反复出现了“好”“唔使”等词，这是客家山歌重章叠句的表现。

由上不难发现，客家山歌与《诗经》存在着联系，可以说《诗经·国风》乃客家山歌的渊源。客家山歌继承了“国风”中“周南”与“召南”之韵，而“周南”与“召南”主要记载长江、汉水及汝水流域的楚地民歌，其地理范围包含今天的河南南阳，湖北襄阳、宜昌、江陵、武汉一带。这一地域，是春秋战国时期楚国的核心地带。那么由此可以推论，客家山歌主要传承了楚文化的传统。（谢重光：《客家民系与客家文化研究》，广东人民出版社，2018，第331页）

（二）客家山歌的吴楚之源

广东客家先贤黄遵宪曾在《人境庐诗草·山歌》的序言中述及客家山歌源头，“土俗好为歌，男女赠答，颇有《子夜》《读曲》遗意。”《子夜》《读曲》为六朝之时诞生于江南地区的民歌曲调之名。民国时期，朱自清在为罗香林所编《粤东之风》所作序言中称，客家山歌“谐音双关语极多，这两种都是六朝吴声歌曲的风格”。（罗可群：《广东客家文学史》，广东人民出版社，2000，第344—345页）。可见在国内客家研究初兴之时，吴楚民歌已被视作客家山歌的源头之一。

西晋“永嘉之乱”后，大量客家先民南迁，陆续进入安徽、河南、湖北、江苏等地，并长期停驻。古时，包括安徽、湖北、江西、浙江、江苏在内的长江南北地区为吴楚之地，大致上看，吴地位于江西鄱阳湖以东，楚地则在鄱阳湖以西。吴楚之地素来有歌唱之俗，作为客家先民的暂居之地，此地的民歌风俗对后来形成的客家山歌自然有着潜移默化的影响。早在明末清初之时，广东文人屈大均就留意到了包括客家山歌在内的粤地山歌与吴越之声的联系。在他看来，粤地山歌“柔而直”，这与吴越山歌相近，粤歌若用楚人之语解释，其意清晰准确。（屈大均：《广东新语》卷12《诗语》）而对比吴地山歌与客家山歌的内容与句式结构，亦能发现两者之间确有联系。如有吴地山歌：“郎有心来姐有心，二人相似线和针。针儿何曾离了线，线儿何曾离了针。”而客家山歌则有：“郎系有心妹有心，铁杆磨成绣花针。郎系针来妹系线，针行三步线来寻。”两相比较，不难发现词句、意蕴上的相似之处。“汉水情歌”流行于楚地，用西南官话歌唱。从其歌词内容中亦能看出其与客家山歌的关联：“山歌好唱难起头，木匠难造转角楼。石匠难打石狮子，铁匠难打铁绣球，情姐难绣花枕头。”而客家山歌则有“山歌好唱难起头，木匠难砌走马楼。石匠难刻石狮子，铁匠难打钓鱼钩。”（相关山歌参见胡希张，王东，陈小明主编：《客家山歌大典》上卷，广东人民出版社，2021）两地山歌在歌词结构、修辞风格上非常相似。鄂东地区属于“吴头楚尾”，该地为客家先民南迁的出发地之一。此地山歌多七言四句和七言五句，歌词中多用比喻与双关，这些同样是客家山歌的特征。

（三）客家山歌的畲、瑶之源

畲族、瑶族等少数民族民歌对客家山歌的影响不容小觑。畲山瑶寨是山歌的海洋，少数民族群众“以歌代言”，通过山歌讲述先祖故事，描述生产劳动之艰辛，传递农业生产经验，情人之间通过山歌互诉衷肠。据明代朱竹垞《明诗综》所述，闽粤之地的少数民族，素来有爱好唱歌的风俗，歌词多一语双关，虽未必文雅，但情真意切。（“粤俗多好歌，语多双关，词不必雅，然情必极致。”）畲族百姓还以山歌传唱祖先源流，只听畲族《祖源歌》唱道：

盘古置立三皇帝，造天造地造人世；
造出黄河九曲水，造出日月转东西。
话说古时高辛皇，皇后刘氏生耳疮；
请来郎中割肿物，割出金虫三寸长。
金虫外有蚕茧包，金盘装起盖上瓠；
忽然电光雷鸣闪，金虫变成犬一条。
龙犬降生吉祥兆，五色花斑尽炫耀；
满朝文武皆欢喜，皇帝圣旨命盘瓠。
盘瓠豢养兵营房，一年长成五尺长；
士兵巡逻常带出，巡营跑路本领强。
边疆作乱出番王，高辛皇帝心惊慌；
下令京城众兵将，调兵平番保边疆。

这首叙事山歌直白地道出畲族的“祖源”，可见畲瑶民歌意蕴之丰富。

畲族女歌手，图源自《福建非物质文化遗产名录》，福州：海峡文艺出版社，2008，第 234 页

畲瑶好歌之俗早就为人所留意。清代屈大均曾言，粤地多有好歌风俗，青年男女在田间地头，街头巷尾，兴致来了便一唱百和。他们的山歌都是七言一句，并不用韵，或三句，或十余句，其中多用比兴手法。（语见《广东新语》"东西两粤皆尚歌……瑶俗最尚歌,男女杂沓,一唱百和,其歌与"。）清末学人胡曦曾言，畲歌多有声"曲调颇异寻常，让人耳目一新。"民国学人张元济则说，每到圆月初升之时，瑶族村寨中歌声不断。青年男女隔着山岭相互对歌，互诉衷肠，其歌声宛若天籁，由上可见畲、瑶少数民族歌唱之风甚盛。客家先民长期与畲、瑶等少数民族共居一处，二者通婚颇为常见。在文化与社会风俗上,客家与少数民族相互影响,相互渗透。可以说,客家山歌是客家文化与周边少数民族文化互动的产物，在内容、音韵及山歌形式等方面，客家山歌受到了迁入地周边畲瑶少数民族山歌的影响。

在内容上，少数民族山歌多男女对唱的情歌，内容多简单直接，直抒胸臆。而客家山歌，男女之间互诉衷肠之词数不胜数。兴宁山歌《可惜没人做引头》唱道："满山竹子直溜溜，没条做得蚊帐钩；里只（这个）阿哥中意，可惜没人做引头。"直接表现出女子对男子的倾慕。

另一首客家情歌表达了客家男子对女子的思念：

食尽生果唔当梨，看尽妹子唔当你。
赤蘖打花千百朵，唔当蔷薇开一枝。
阿妹生来桃花面，眼拐丢来一条线。
妹子姻缘有偓份，身家畀你都甘愿。
妹子生得系苗条，河唇洗衫用棒敲。
十指尖尖如竹笋，害佢停桨又停篙。
又白又嫩又斯文，妹子人才盖一村。
芋荷腌生送烧酒，老实阿哥也会晕。
细妹生得系斯文，害偓企等看到晕。
害偓食茶食到酒，害偓食饭唔晓吞。

在这首山歌中，“梨”与“离”谐音，不吃生梨暗指不愿与女子分离。男子为博得女子的芳心，直言整副身家都能给对方，又说女子美貌让人头晕目眩，因思念女子而茶饭不思。如是种种，均简单直接而热烈地道出了男子对女子的爱恋之情。在热恋中男女双方因故不得相见，男子昼思夜想，期待与女子相见。又有山歌唱道：“许久唔曾见妹来，钝刀破竹想唔开。还生就爱搭口信，死里也爱托梦来。”这首山歌同样直白地表达了男子对女子的倾慕，这种简单热烈的情感表达显然受到了少数民族山歌的影响。

畲、客民歌在具体的词句上亦互相影响。如畲族山歌唱道：“翅子翕翕，脚子弯弯，行尽几多弯弯路，千里路头来担歌言。”而客家山歌有“一山过了又一山，路头弯滑路难行，行尽几多弯滑路，过尽几多万重山”。又如畲、客山歌中均有对郎婚之俗的声讨。如在畲族山歌中有“十九岁女子三岁郎，日日暝暝抱上床，勿是看你爹娘面，一脚踢死见阎王”。在客家山歌中，则有“十八姐嫁三岁郎，朝朝夜夜抱上床。惹得老妹心火起，脚尖一踢见阎王”，词句几无不同。此外，在山歌的演唱语言上，畲族百姓代代相传的《高皇歌》用客家话演唱，其中杂有些畲族词句，这同样体现出畲客民歌相互影响之态。

歌词及歌唱活动中亦能看出客家文化与少数民族文化的交融。比如客家山歌中的“咁久唔同妹聊”（意为“太久没有和阿妹对歌了”）、“有情阿妹过来聊”（意为“有情阿妹过来对歌了”）等句，均为客家男青年所唱，歌词表达了男子对女子的思恋之情。而“嫐歌”是畲族歌谣的形式之一。“嫐”有戏弄、对应的意思，所谓“嫐歌”，便是对歌，畲族百姓又称之为“唠歌”“聊歌”。而客家山歌中的“聊”，显然是受到了畲族文化中“嫐歌”的影响。又如在畲族山歌中，“溜”有对歌、应和之义，亦用“溜”指零散的歌谣。而粤东大埔县湖寮山歌号子中，亦有“溜前来”，其意为“上前来对歌”。又如在梅县松口有这样一首山歌：“噢嘿——阿叔有好山歌哇，你溜等来哟——”，其中“有好山歌溜等来”一句，其意为“你若是有好听的山歌，请上前来唱”，其中“溜”指上前对歌。（参见蓝雪霏：《畲族民歌与客

家民歌的比较研究》，《中国音乐》1999年第1期）

此外，“驳歌”在畲族民歌与客家山歌中均能见到。“驳”为“连接”的意思，畲族百姓口中的“驳歌”指的是对唱山歌。驳歌对歌手的才思要求极高，在驳歌时要能对答如流，方能称为驳歌好手。而在客家山歌中，亦常有“驳歌”之俗。一首广西博白客家山歌唱道：

会唱山歌歌驳歌，会织绫罗梭对梭。
种田能手多打粮，会写文章识字多。

另有广东丰顺山歌唱道：

会唱山歌歌驳歌，会织绫罗梭对梭。
会裁会剪驳绸缎，会弹会唱出来和。

显然，客家人唱山歌时也有“驳歌”之俗。在驳歌中，头一段的末句歌词必是下一段的最后一句歌词。如有客家驳歌唱道：

月缺自有月圆时，你爱偓来偓爱你。
交情好像长江水，只向东流不向西。
只向东流不向西，生未分开死莫离。
猪肝心肺煮一碗，全副心肝相待你。
全副心肝相待你，有心向也知。
桃树开花李结子，中间缺梅难成林。

又如一段驳歌唱道：

爱唱山歌行前来，难逢难遇做一堆。
好比鹞婆吊鸡仔，大家也爱哼等来。
大家也爱哼等来，听到山歌心花开。

金丝猫公唔怕鼠，树排下滩等溜来。
树排下滩等溜来，断断唔敢闪光开。
柑子来寻柑子嬲，两侪有缘趱前来。
两侪有缘趱前来，拈到柑子爱留在。
红皮白肉得人惜，样般*舍得拿来开。

（*样般：怎么）

在音律上，客家山歌同样受到了畲瑶少数民族音乐的影响。比如浙闽赣山区的畲族百姓的山歌音调多是由宫、商、角、徵、羽（唱名为do，re，mi，sol，la，简谱记作1=C，1 2 3 5 6）构成的五声调式。而粤北客家山歌的基本音调同样是五声调式。闽地畲族山歌是以宫调为主。所谓宫调山歌，指的是以宫音，即do为主音，山歌旋律以do，re，mi，sol为主干的山歌，具有这种特征的山歌，主要流行在闽东罗源、连江等地，故又被称作“罗连调”。而在仁化、曲江、翁源等客家聚居地的客家山歌，亦多用此调。闽北邵武地区客家山歌旋律中多往复do，mi，sol三音，属于宫调式，而该地畲族山歌亦有此特征。广东翁源客家山歌与闽西连城客家山歌多为三声或四声宫调，浙南畲族山歌中亦广为使用。

畲客山歌在音调上之所以呈现如此相似之处，是因为二者均源自唐代粤北畲民的山歌传统。除了宫调山歌外，徵调和羽调也常出现在客家山歌之中。其中，赣南与客家山歌多是徵调，主音为sol，基本旋律为sol，la，do，re四音，粤东客家山歌常见羽调，主音是la，基本旋律为la，do，re，mi。总的来说，从音律上看，客家山歌与畲族等少数民族山歌具有相当多的相似之处。经由上述比较不难得出结论，客家山歌是中原文化与少数民族文化交融的产物。（谢重光：《客家民系与客家文化研究》，广东人民出版社，2018，第330页）

三、山歌中的客家人生活

有客家山歌唱道:“胸脯不挺背会驼,大路不行草成窝。钢刀不磨黄锈起,山歌不唱愁闷多。”如果按山歌的内容划分,客家山歌可大致分为生产劳动歌、情歌、革命歌谣、童谣等几类。所谓“我口唱我心”,客家山歌来自客家百姓生产生活,直接反映出客家人日常生活与情感价值观念。那么,在客家山歌中客家人的日常生活与情感状态是怎么样的呢?

(一)辛勤的劳作

在客家山歌中,我们能看见客家人辛勤劳作,躬耕田垄。“落水又话落水天,天晴又话日头狠。一年三百六十日,哪有几多阴暗天”。客家百姓以农耕为本,每天面朝黄土背朝天,历经风吹日晒。为躲避白天毒辣的太阳,客家农人早早起身来到田地劳作,“五更天去赶割禾,偓担禾桶妹

福建省永定区下洋镇初溪村的农田与油菜花　何其乐摄

挑箩。俚打禾来妹扎秆，分工合作快得多，再苦再累笑呵呵”。这首山歌便是客家百姓忙于农活的写照。

趁着清晨凉爽之时，客家百姓挑着稻谷等农产品到集市上售卖。一首客家山歌这样唱道：“阿哥早出赶天凉，挑谷如同挑箩筐。老妹后尾慢慢等，转头俚顶你肩膊。回家还要去插禾。”丈夫挑担上集市，妻子相送一段后，还要回家插秧。客家地区的田地多在山间，客家百姓开挖水渠，用水车引水至田地中。“新开水渠弯又长，像条水带绕山岗。秧苗有水转青快，阿妹有情想阿郎，双双对对把家当”。这首山歌唱出了夫妻双方共同劳作，只为秧苗茁壮成长的心愿。“大旱天时日头凶，赤地生烟晒到爈。抗旱车水救禾仔，两人并挎横杆中，踏穿脚底心也雄”。天公并不总是作美，如果遇到大旱，久久没有降雨，客家农人只得踏起水车，将水引入田中。一首名为《农民阿哥系凄凉》的惠州客家山歌这样描绘农民劳作之艰辛：

农民阿哥系凄凉，一年到暗 * 无春光。
日头唔出做到暗 **，半饥半饱好冤枉。
朝晨食碗番薯粥，暗晡 *** 喝碗番薯汤。
搭起一间茅寮屋，七穿八漏水汪汪。
全家盖张烂被铺，长夜唔得到天光。

（* 一年到暗：一年到头。** 日头唔出做到暗：太阳没出来时开始干活，一直干到晚上。*** 暗晡：晚上。）

客家农人每天辛苦劳作，食不果腹，还要面对来自地主与官府苛捐杂税、繁重劳役的剥削压迫。还有山歌如是唱道：“讲起穷人苦情多，又无蚊帐又无锅。六月被蚊叮到死，蚊点还比麻子多。耕田人家实在穷，镰刀挂起米缸空。老鼠都爱搬家走，灶头底下睡猫公。”一首首山歌，唱出了客家农人的终年辛苦之态。这种“不平的歌声”，表达着客家农民对压迫的不满。客家山歌还反映了客家妇女参与农业生产的事实。罗香林在《粤东之风》中记下了一首名为《菱角子》的客家山歌：

菱角子，角弯弯，大姐嫁在菱角山。
老妹骑牛等大姐，大姐割禾唔得闲。
放落禾镰拜两拜，目汁*活活落衣带。
（*目汁：眼泪。）

这首山歌写出了客家妇女放牛割草割禾的劳动场景。另一首山歌《大娇娇》这样唱道："大娇娇来细娇娇，一阵娇娇去割烧。正二月天落春水，激到娇娇乒乓跳。"这首歌同样反映了客家女性参与田间劳作的场景。近代学人罗香林认为这些山歌反映了客家女子"须与男子一同力役"的风俗。

（二）恋人间甜蜜的爱情

在客家山歌中，有不少体现男女之间互诉衷肠、表达爱意的词句。在客家地区的山岭之间，常响起客家男青年向女子表达爱意的情歌，有山歌唱道："唱歌不是比声音，总要唱来情义深。恋妹不是论人貌，总要两人心贴心。"但这呼唤女子的山歌并不总能获得回应，这让男青年颇为惆怅，"深山大树好遮阴，只听山歌唔见人。妹若有情应一句，省得阿哥满岭寻。因为想妹想得凶，想了一冬又一冬。食饭拿起单支筷，请妹送支配一双。"这首山歌唱出了男子的惆怅心绪。一位客家男青年这样向心仪的女子表白：

食尽生果数荔枝，看尽妹仔唔当你。
玫瑰开花千万朵，唔当牡丹开一枝。
阿妹生来确斯文，看到口水拼命吞。
害倨食茶食到酒，害倨一夜发头晕。
阿妹生来桃花面，眉娇细眼身材健。
阿妹若系我缘分，身家被愚也甘愿。
因为无食割青禾，因为无船游过河。
因为无双想阿妹，问妹爱唔爱阿哥？

歌词鲜明地表达出男子对女子的爱慕之情。还有山歌唱道："阿哥廿三妹廿三，两人共紧四十零。只请媒人拉下线，就变芙蓉对牡丹。”这首山歌同样表现了客家男子对女子的爱慕。

在追求阶段，客家男青年将心上人比作各种可爱之物，以表达自己对女子的喜爱，“妹子好比一盆花，唔曾被人捧过家。天晴俚会担水淋，日辣俚会用衫遮”。男子自言会精心呵护花朵，实则表达以后一定好好照顾妻子，精心营造家庭的心思。男子又唱道：

一棵杜鹃叶晏浓，可惜生在簕蓬中。
若系生在园林处，阿哥栽培花更红。
哥系绿叶妹系花，哥系绫罗妹系纱。
哥系深山清泉水，妹系山中细嫩茶。

几句唱完，但心上人迟迟不回应，这让客家阿哥不免有些着急，只听他又唱道：“利凿唔怕楠树干，楠木晏硬会凿穿。妹子心肝唔系铁，讲得多来会心软。”客家男子急切地等待着回音。

在男青年的不断追求下，客家女子开始回应：“妹的山歌本是情，哪有豆子不缠藤？泼水也有回头浪，哪有情妹不恋人。”男青年唱道：“新搭竹棚种苦瓜，苦瓜结籽在棚下。妹要恋郎快开口，莫作杨梅暗开花。”女青年回应道：“一树杨梅半树红，你做男人胆要雄。只有男人先开口，女人开口脸会红。”客家阿哥又唱道：“新做长衫衫丫深，嘱妹转去爱勾针。嘱妹钩针爱引线，有针无线枉人工。衫袖脱节线来连，篓公穿笃蔑来缠。泥鳅上手爱捉稳，莫来溜到别人田。种竹最怕竹打花，黄麻最怕乱生杈。嘱妹连郎心爱定，莫听别人花舌嬷。”客家阿妹答道：“番番想行行唔前，搭信话哥一句言。系哥姻缘先注定，蜘蛛牵网慢慢缠。”这样一来二去，山间回响起客家男女互表钟情的对唱：

男：山路行多就会平，落得水多有天晴。
　　阿妹得闲爱来聊，日久唔行心就生。

女：行路莫行路中心，两边大树好遮阴。
　　阿哥做人要专一，莫做蜡烛假细芯。
男：阿妹有情哥有情，阿哥唔会恋别人。
　　心像山中介直树，爱你爱到上天庭。
女：阿哥千万要想开，莫愁心事一大堆。
　　钢线打成同心结，雷打火烧㩒唔开。

山歌中“晴”与“情”谐音，表达出了客家情郎对心上人的爱慕。前文已经提到，歌中“聊”与“嫐”同义，其意为男女之间聊天，闲谈。歌中直接表达出了男子对女子的爱恋之情。而女子希望追求者能保持情谊专一，不要三心二意：“送郎出门牵郎衣，嘱郎年节爱早归。燕子衔泥归本数，莫学蝴蝶满天飞。”

客家阿哥则以歌宽慰：“妹子嘱郎嘱得多，句句言语劝亲哥。妹个言语记落肚，唔怕别人来挑唆。”为了让心上人安心，客家阿哥唱道：“种树爱种松树秧，连郎爱连老实郎。松树正系常青树，老实阿哥情过长。”恋爱中的男子同样担心客家阿妹弃自己而去，山歌唱道：

米筛筛米米在心，嘱妹恋郎一条心。
莫学米筛千只眼，要学蜡烛一条芯。
一把秤杆配一砣，一个锅盖配一锅。
一针只有配一线，一针两线结头多。
灯芯点火一头光，以妹唔好恋两郎。
一皮竹壳包一节，阿妹名节也清香。

这些山歌唱出了客家阿哥对矢志不渝的爱情的期待。在歌中，客家男子以蜡烛只有一根烛芯，一把秤只配一个秤砣，一口锅只配一个锅盖等项作喻，暗示客家妹子不要三心二意，应专情于一人。

初定下恋爱关系，情侣二人不敢张扬，只好暗地里互诉衷情。他们巧妙地借助双关语传递着对彼此的爱慕之情：“新打茶壶锡鎏铅，妹话锡来哥话铅。妹话铅来哥话锡，总爱有锡正有铅。”其中，“锡”与“惜”谐音，“铅”与“缘”谐音。恋爱中的客家男女唯愿对方能珍惜这段姻缘，彼此爱惜。还有山歌唱道：“你爱交情只管交，切莫交到半中腰。洗衫就爱长流水，晒衫就爱长竹篙。”在这首歌中，客家妹子嘱咐追求者，情侣要长相厮守，不可三心二意。歌中“长篙”与“长交”谐音，暗喻情侣二人交往应长长久久，不要半途而废。情侣借着双关语向对方传递爱慕之情，二人的情感越来越笃定。

相恋的客家男女虽不敢将恋情张扬开来，但二人若是见不到彼此，必定黯然神伤，山歌唱道：“因为恋妹急到狂，看到山鸡变凤凰。石灰当作糯米屑，叔婆伯母笑断肠。”“天上乌云堆打堆，无阵大风吹唔开。阿哥心头十八结，无我老妹解唔开。”这是男子对心上人的思念。而女子则唱道：“几番上岭唔见郎，急得阿妹乱忙忙。好比花针吞落肚，日刺心肝夜刺肠。”“想郎想到头晕晕，火烟上天作为云。隔壁砻公雷公响，风吹门搭郎打门。”一日不见，如隔三秋。客家男女之间的爱恋势不可挡，只听山歌唱道：

你爱交情只管交，切莫交到半中腰。
洗衫就爱长流水，晒衫就爱长竹篙。
新打戒指九环连，一个环连交九年。
九九还归八十一，还爱同妹九十年。
斩竹爱砍硬头黄，一皮笏青一层囊。
一皮竹壳包一节，哪有一妹爱两郎。
三条大船过大江，一船胡椒两船姜。
莫嫌阿哥年纪小，胡椒细细辣过姜。

随着男女之间的爱恋之情逐渐加深，客家男女不再害怕旁人的流言蜚语，他们将恋情公开。只听他们唱道，“妹子同郎同赴墟，唔怕旁人讲是非。今下就作两亲戚，日后就系两夫妻”，“日头唔怕月争光，玉兰唔怕花比香。

交情唔怕大声讲，相好唔怕常来往”，“火辣唔怕生鲁萁，相好唔怕旁人知。男大当婚女当嫁，男女总爱结夫妻”。还有山歌唱道：“桂花开花满园香，菊花开在桂花旁。哥系桂花妹是菊，任人去讲也清香。”久而久之，客家山间传来情侣直白热烈的山歌对唱：

郎：河边唱歌两人来，要在河边搭歌台。
山歌唱到有情意，唱得老妹过河来。
妹：日有太阳夜点灯，山歌唱得心相连。
阿妹唱歌有情意，听到阿哥软绵绵。

听见山歌得到心上人的回应，客家阿哥大喜过望，赶忙回应：

郎：哥唱山歌一片情，妹比豆角缠竹身。
田里种豆唔怕草，哪有情哥唔恋人。
妹：堂前桃树无高低，春风一吹花齐开。
日唱山歌夜想哥，塘无清水鱼唔来。

在这里，情侣互诉爱恋之情。男女双方情真意切，心心相印。
谈婚论嫁之事出现在下一段对歌中：

郎：六月禾田谷似金，今年有系好收成。
禾黄谷熟要趁早，若要嫁哥快开声。
妹：山坡山坑茶树多，清香茶花开满坡。
怎得花儿结茶籽，怎得情妹嫁阿哥。

在这里，客家情郎热切地向心上人告白，并得到了心上人的回应。客家女子以茶树开花结籽作喻，比喻两人真心相恋，必能获得美好的姻缘。有情人终成眷属，他们相互叮嘱，希望对方忠贞不渝，珍惜这段美好的姻缘：

郎：同妹谈爱实在难，好比打水用竹篮。
　　老妹好比水中月，眼看容易捞就难。
妹：同哥交情唔会难，镜子拿来照心肝。
　　做人忠实情意好，千万莫学精奸懒。
合：千万莫学精奸懒，有情饮水也当闲。
　　收罢禾米就摆酒，鸳鸯戏水闹一番，有缘有分在心间。

（三）热闹的婚庆场景

经过坦诚交流，客家青年男女间的恋情逐渐加深，到了谈婚论嫁的时候。客家人黄遵宪曾写下《新嫁娘》一诗，详述了客家新妇从谈婚论嫁到正式迎娶，再到婚后生活的各个场景。在谈婚论嫁之时，女子含情脉脉又带着羞涩，心中充满对婚姻生活的忐忑与期待：

前生注定好姻缘，彩合欣将定贴传。
私看鸾庚偷一笑，个人与我是同年。
脉脉春情锁两眉，阿侬刚及破瓜时。
人来偶语郎家事，低绣红鞋佯不知。
屈指三春是嫁期，几多欢喜更猜疑。
闲情闲绪萦心曲，尽在停针倦绣时。
问娘添索嫁衣裳，只是含羞怕问娘。
翻道别家新娶妇，多多满叠镂金箱。
金钗宝髻新妆束，私喜阿侬今上头。
姊妹旧时嬉戏惯。相看霞脸转生羞。

女子听见别人谈起未婚夫的家事时，佯作并不在意，只是低下头绣婚鞋，实则内心忐忑，巴不得别人多说几句，以加深对未婚夫家庭状况的了解。

女子想要让家里添置婚礼时的嫁妆，但又心觉难为情，“问娘添索嫁衣裳，只是含羞怕问娘”二句写出了客家女子在婚前忐忑矛盾之态。到了婚礼之时，场面好不热闹：“烛影花光耀数行，香车宝马陌头忙。红裙一路人争看，问是谁家新嫁娘？”街坊四邻纷纷登门道贺，盛大的婚礼仪式更是引来了众人的围观。“洞房四壁沸笙歌，伯姊诸姑笑语多。都道一声恭喜也，明年先抱小哥哥。”这句说的是婚宴上亲朋好友祝贺男女佳人喜结连理。在夜晚的闹洞房活动中，“谁家年少看新娘？戏语谀词闹一房。恼煞总来捉人臂，要将香合捧槟榔”。场面同样是热闹非凡。尽管客家男女情真意切，双方家庭为新人结合颇为尽心，但女子嫁入夫家时，仍难免心生悲痛之情。如一首哭嫁山歌唱道：

天上星多月不明，阿爸为佢苦费心。
阿爸恩情说不尽，提起话头言难尽。
女儿错为菜籽命，枉自爷娘费苦心。
佢今离别爷娘去，内心难过泪淋淋。

这首山歌表达出父母对即将出嫁的女儿的不舍之情。还有哭嫁山歌唱道：

喇叭吹得嘀嗒响，一辆花轿放厅堂。
小姑帮偓来打扮，娭老*替偓换红装。
喇叭吹得嘀嗒响，只怪出世乱忙忙。
唔该变成黄花女，一上花轿到别乡。
喇叭吹得嘀嗒响，舅公牵偓到厅堂。
娭爷厅下拜三拜，屋中姐妹痛心肠。
（*娭老：家中的老年女性。）

婚礼之日，屋外喇叭声声，催促着外嫁女尽快动身，即将外嫁的女儿内心不禁生出对母家的留恋之情。在哭嫁歌中，女儿唱出对父母养育之恩的感谢，对兄弟姊妹的不舍。总而言之，客家哭嫁歌将客家女子即将出嫁之时的情态表现得淋漓尽致。借着歌声，客家女子抒发了内心婚前的不安与对娘家的依恋。

（四）夫妻间的甜蜜生活

客家男女青年结为夫妻之后，二人生活甜蜜，夫唱妇随，山歌唱道："满山荔枝满山花，蜜蜂采花佢锄畲。佢今好比蜜蜂样，结好蜜糖自为家。"妻子嘱托丈夫要多多顾家，不要拈花惹草，"哥爱结糖莫采花，家中已有朵靓花。此花千金难买得，伴你一生唔会差。"丈夫回应道：

佢知阿妹比花强，花容月貌盖一乡。
一生有妹心满足，一面担心唔使狂。
一片荔花一片香，片片花中有蜜糖。
阿妹同佢情意好，胜过蜜糖甜又香。
一片荔花一片情，似妹开口笑盈盈。
愿同老妹长相守，嫦娥找佢无得倾。
荔花谢了结果多，火红荔果映山坡。
如同阿妹结婚后，年生贵子乐呵呵。

客家男女喜结连理之后，常借客家山歌表达对彼此的情意。此时的歌词不像恋爱时那样奔放直白，而是更多了几分含情脉脉：

郎爱妹来妹爱郎，胜过伯虎点秋香。
胜过牛郎配织女，胜过陈三与五娘。
十五十六月最圆，有情老妹心相连。
有情老妹同到老，胜过上京中状元。
郎爱妹来妹爱郎，共只心肝共副肠。
日里落田同做事，夜里入房共张床。

四两猪肉煲碗汤，阿妹唔食俚唔尝。
阿妹唔眠俚唔眠，阿妹心痛唉断肠。

从这首山歌中，足以见得夫妻之间举案齐眉，相敬如宾的样子。夫妻双方对爱情坚贞不渝，两人长相厮守，直到地老天荒。山歌唱道：

生唔离来死唔丢，除非东江水倒流。
除非熟饭变生米，除非柑子变石榴。

（五）夫妇离别之苦

客家百姓历经辗转迁徙，最终落脚于赣闽粤边的山区之中。而迫于地力有限，战乱频仍，客家人不得不再次踏上迁徙之路。外出谋生的客家人绝大多数是男性，丈夫辞别妻子，少年辞别父母，带着简单的行囊，南下珠三角，或远渡重洋谋生。在他们辞别亲人之时，山间响起了女子依依不舍的歌声：

送郎送到井头边，保佑乌云遮暗天。
保佑大雨天留客，留得我郎住夜添。
送郎送到榕树下，眼泪双双衫袖遮。
擦干目汁问一句，俚郎几时能归家。
送郎送到船渡头，一条江水向东流。
哪有利剑能斩水，哪有利刀能斩愁。
送郎布鞋一片心，十重布料九重新。
步步钩针线连线，拗断几多勾线针。

客家山歌《送郎送到粤海关》唱道：“一送俚郎去过番，洋船等到粤海关。俚哥想去又想转。去就容易转时难。”寥寥数句，写出了妻子送郎过番的依依不舍之情。不舍之情在客家山歌《阿妹日夜盼郎归》中表露无遗：

月光出来真奔波，团圆较少缺较多。
十五十六光两夜，二十七八打暗摸。
黄昏想郎到天明，眼泪滴滴流唔停。
流到床下鞋冲走，流到门外浸死人。
大年三十唔见郎，有酒有肉唔想尝。
好比花针吞落肚，刺心刺肺刺断肠。
阿哥出洋漂大海，三年五载要转来。
灯草打结吞落肚，无人解得我心开。

这首山歌先以月圆时少、月缺时多起兴，暗喻人间聚少离多。在郎君离家之后，客家妻子在家中日夜思念丈夫，情到深处，眼泪便夺眶而出。丈夫远渡重洋到异邦谋生，春节之时也不能回家，女子见到家家户户张灯结彩，团团圆圆，心中思念之情更甚，连过年之时的好酒好菜也不想品尝，这种思念之情，只有丈夫归来方能得以消解。这首山歌唱出了客家女子对远去丈夫的思念。远行的丈夫对家中妻小也是依依不舍。迫于家中贫困，丈夫不得不远渡重洋到异地谋生。丈夫对妻子唱道："竹叶造船四四方，阿哥过番走外洋。屋家算来没挂吊，连只老妹挂心肠。"另有山歌唱道："阿哥出门去外洋，郎就孤单妹凄凉。赤水黄沙家门远，望妹唔到痛心肠。"可见丈夫对妻子亦是万分不舍。还有客家山歌唱道：

一心种竹望上天，谁知紧大尾紧弯。
一心同妹望偕老，唔奈家贫去过番。
漂洋过海唔单涯，随天吩咐命安排。
想起在家难过日，迫到过番担锡泥。
搭船下到白渡前，回头唔见嫩娇莲。
回头唔见妹踪迹，心里愁切几多层。

阿哥过番就离家，丢开妻子一枝花。
灯草跌落涌水角，这条心事放唔下。
郎在番邦妹在乡，郎就顶雪妹顶霜。
郎今好比灯盏样，无妹添油火无光。

客家百姓还以山歌道出异邦佣工之苦：

家中贫苦莫过番，过到番邦更加难。
若系同仁作新客，三年日子酿得满。
至嘱亲友莫过番，海浪抛起高过山。
晕船如同天地转，舱底相似下阴间。
昔日谋生到外洋，初到锡山苦难当。
公司事务唔相识，冷言冷语刺心肠。
讲起过番偓讨饶，挑担锡泥过浮桥。
千转过得千转好，一转失脚命会么*。
日头似火热难当，挑担锡泥上跳帮。
一身晒到黑底锅，心中苦处谁思量？

广东省梅州市松口镇今景，客家多由此赴外谋生　何其乐摄

苦劝叔侄莫过番，番邦吾得转唐山 **。
山高水远无依靠，辛苦日子唔得满。
郎在番邦妹在唐，两人共天各一方。
妹在唐山无双对，郎在番邦打流浪。
（* 命会么：会没命。** 唐山：大唐江山，意指故乡。）

在南洋，客家男子每日辛苦劳作，但收入微薄，难以存下钱财寄回家中。有山歌描述出洋佣工之苦：“半夜三更就起床，带工催促乱忙忙。三百六工足足做，总嫌夜短日子长。”“去到佛郎系锡矿，又爱锄来又爱担。一工算来做七点，七点做完命都冷。”望着天边明月，想起故乡的父母妻儿，客家男子的去国怀乡之情溢于言表。只听他唱道：“人在番邦心在家，年少妻子一枝花。家中父母年纪老，手中无钱难转家。”迫于家贫，丈夫离家到南洋的锡矿中做佣工。在异国他乡，丈夫思念家中妻小与乡亲父老，愁绪万千。漂泊在异乡的丈夫借着山歌唱出了离愁别绪，让人听了不禁肝肠寸断。

（六）反抗压迫与投身革命

客家地区，山多地少，自迁入赣闽粤边山区之后，客家百姓日夜劳作其间，其收成也仅能果腹而已，如果突遭天灾人祸，粮食歉收，则难免遭遇饥馑。在这种境况之下，客家百姓以山歌唱出对世道不公的嗟叹。如有一首山歌这样唱道：

想起当日耕田垄，黄连树下挂苦瓜。
黄连树下埋苦胆，从头苦到脚底下。
今个世界系唔平，三人讲话两人行。
前世祖宗作了恶，肩头准路给人行。
做人婢女真苦情，夜里无睡日无停。
食尽几多馊粥饭，常年着件烂衫襟。
大路弯弯像条龙，你就发财佢就穷。

> 俚就起床月对顶，你就睡到日头红。
> 你就有钱簇簇新，俚就无钱烂衫襟。
> 东出日头西落雨，样般天下唔公平*。
> （*样般天下唔公平：天下怎么这样不公平。）

这首山歌道出了婢女在大户人家当佣工之苦。大户人家巧取豪夺得到万贯家财，每天日上三竿方才起身，终日锦衣玉食，而贫苦人家当佣工于此，每天早早起身劳作，只能吃残羹剩饭，挨饿受冻，家庭境况十分窘迫。难怪百姓发出怨叹道“样般天下唔公平”。

20世纪20年代，赣闽粤边燃起了革命之火。工农红军进行根据地建设，农民翻身做主人。一首山歌唱道：“哎呀嘞哎，日头一出红彤彤，来了朱德毛泽东。千年铁树开鲜花，工农做了主人翁。”（林星：《中央苏区文艺研究论集》，长江文艺出版社，2017，第242页）在赣闽粤边，工农红军与客家百姓结下了深厚的鱼水情谊，当地百姓创作出大量的山歌，热烈歌颂工农红军的英雄事迹。如江西省兴国县有山歌唱道：“哎呀来——苏区干部好作风，自带干粮去办公。日着草鞋干革命，夜走山路打灯笼。”这首歌唱出了苏区干部勤俭节约，不拿群众一针一线的良好作风。在赣东北地区，还流传赞颂方志敏的山歌：“江西出了方志敏，两条半枪闹革命。打倒地主和恶霸，工农不再受欺凌。弋阳漆工湖塘村，共产党救了穷人。分田分地给我们，革命一定要成功。”（江西省上饶专署文教处编：《赣东北民歌选》第1集，赣东北人民出版社，1959，第18—19页）这些歌唱中国共产党，歌唱工农红军的山歌，既扩大了红色政权的影响力，又大大鼓舞了工农武装队伍的斗志。

在江西省兴国县，流传着“一首山歌三个师”的故事。1933年，中央苏区提出扩大百万红军的口号。在兴国县，苏区干部搭起山歌台，以山歌宣传革命精神，鼓励青年当红军，大大扩充了革命力量。在革命根据地，工农红军打土豪，分田地，废除封建剥削，进行土地革命，农民获得土地，喜上眉梢。山歌唱道：“黄竹篾子缠箩沿，搭帮红军平到田。这份田子平得好，保护红军万万年。”客家百姓支持工农红军闹革命，只闻山歌唱道：“哎呀嘞哎——斧头唔怕你细丝柴哟，红军不怕反动派。艰苦工农团结起，同志哥哟，红色江山打出来。”农民分得土地，在政治上翻了身，心情舒畅，喜出望外。客家百姓以山歌热情地歌颂中国共产党，“春风吹来嘞哎满山红哟，今日世界唔相同。工农当家自作主，满山红旗蛮威风”。还有山歌唱道：“口唱山歌心里爽，开口就唱共产党。共产党是好领导，领导人民得解放。共产党是大恩人，指出前进好方向。全国人民一条心，永远跟着共产党。”可见中国共产党深受根据地人民群众爱戴，在客家地区有着深厚的群众基础。工农红军的良好作风赢得了广大人民群众的拥戴。在根据地，百姓支持革命，客家子弟奋勇参军。一首山歌唱道：

当兵就要当红军，处处工农来欢迎。
官长士兵都一样，没有人来压迫人。
当兵就要当红军，工农配合杀敌人。
买办豪绅和地主，坚决打他不留情。
当兵就要当红军，退伍下来不愁贫。

江西瑞金，中华苏维埃共和国第二次全国代表大会会址

会做工的有工作，会种田的有人种。
当兵就要当红军，冲锋陷阵打敌人。
消灭反动国民党，民权革命快完成。

红军官兵一致，同甘共苦，红军战士帮助农民从事生产活动，反抗国民党反动统治。一首名为《哥哥出门当红军》的山歌这样唱道："哥哥出门当红军，笠嫲（斗笠）挂在背中心。天天唤起就打胜仗，打掉土豪有田分。"还有一首山歌这样唱道："十句唱来句句真，句句唱来鼓动人。唔会错哟是当真。大家同志留心听，歌子就叫当红军。唔会错哟是当真。"这些山歌在百姓中口耳相传。在红军优良作风的感召下，客家子弟纷纷拿起武器当红军，工农红军的军事实力大幅提升。儿子辞别父母，情郎辞别恋人，丈夫告别妻儿，内心自然十分不舍。山歌《情郎当红军》唱道：

月亮渐渐亮，照在杨柳上。
小妹妹在绣房，想呀么想情郎。
情郎当红军，离家三年整。
杀白匪报仇恨，最称妹的心。
荷花满堂香，小妹盼情郎。
情郎哥哥捎信归，誓言响叮当。
不打倒国民党，永远不回乡。

还有客家女子借山歌叮嘱参军的丈夫不要挂念家中之事，待到推翻国民党反动统治，再回来与家人团聚：

送郎当红军，革命要认清，地主恶霸剥削侄穷人。
送郎当红军，坚决杀敌人，消灭反动派穷人有田分。
送郎当红军，切莫想家庭，分到田地政府会派人耕。
送郎当红军，切莫把妹挂在心，家中事情妹妹会担承。

送郎当红军，革命要认真，上前线杀敌人，杀敌不留情。
哎嗨哎嗨哟我的郎。

尽管心中对情郎有万般思念，但客家妹子深知情郎上前线杀敌的意义所在，便将不舍藏在心中。待情郎走后，客家妇女便将心中的无限思念诉诸山歌，仍坚定支持情郎上前线杀敌，打倒国民党反动派。再如一首山歌这样唱道："我的郎啊去当兵，小妹来送行。手挽手并郎肩，细语来叮咛。我的夫上前线，处处要小心。我的郎，上前线杀敌人，万万莫留情。"还有山歌唱道：

红军阿哥你慢慢走嘞，小心路上就有石头。
碰到阿哥脚趾头，疼在老妹心那头。
红军阿哥你慢慢走嘞，走到天边有七星头。
老妹等你又长相守，老妹等你又到白头。
红军阿哥你慢慢走，革命胜利呦你回头。
老妹等你呦长相守，老妹等你哟又到白头。

客家妇女内心中纵然有万般不舍，但她们知道支持工农红军的重要性，故毅然决然地支持丈夫投身革命。

客家妇女不仅支持男子上前线，不少客家妇女还剪掉发辫，参加红军，到前线杀敌，"妇女剪发真是好事情，越梳越结越发火，赶快剪了。剪了头发好去当红军。免得梳，免得夹，打仗更有劲。剪了发，拿起枪，冲锋向前。妇女们，快剪发，剪了头发去参军"。一首号召客家妇女投身革命的山歌这样唱道：

妇女同志们，大家来革命，脱离家庭投红军。
草鞋穿得紧，梭镖拿得稳，参加暴动好革命。
枪林弹雨中，现出真本领。消灭反动不留情。

百战百胜利，世界真大同。自由平等乐融融。

这些诞生于革命年代的客家山歌，直白地表达出客家百姓对中国革命的支持。在红军战略转移之后，客家百姓以山歌表达出对红军的思念：“哎呀嘞，豌豆开花心里红，就盼红军回家中，朝朝起来就往北看。你又见同志哥，看得心里就暖烘烘。”在长征的队伍中，有大量客家子弟，他们带着对革命的热忱与不屈的信念踏上征途，是革命力量中不可忽视的一部分。

在苏区，男女平等、自由婚姻的观念备受推崇。广大妇女参与生产劳动，摆脱了包办婚姻的束缚，能自主谋求幸福的生活。客家妇女们这样唱道：“桐子开花球是球，红军世界好自由。保护红军万万年，自由结婚较风流。”客家妇女积极参与农业劳动生产，干劲十足。她们以山歌唱出自己舒畅的心情：“哎呀嘞——都苏区新开一枝花，长冈妇女学犁耙，盘古开天第一次。介同志哥，织女下机种庄稼哟。”

客家山歌不仅唱出了客家百姓对革命队伍的爱戴，还深深影响了红色文艺作品创作。如在赣南地区流传着客家山歌“送郎调”，共有十二段歌词，其中第一段歌词为：

一送里格表哥，介支个柜子边，双手里格拿到，介支个两吊钱。
格吊里格拿到，表哥零星用，格吊里格拿到，表哥做盘缠。
表哥哥听妹哇，出门里格郎子，都要爱惜钱。

随后各段均以数字打头，“二送”至“五送”分别为二送房门边，三送天井边，四送门楼下，五送大门口。经革命根据地人民改编后的首段为：

一送红军下南山，秋风细雨缠绵绵，
山里野猫哀号叫，树树梧桐叶落完。
红军啊，几时人马再回山。

随后各段为二送大道旁，三送上大道，四送过高山，五送上了坡，六

1961 年《革命表演唱》中《十送红军》片段

送兔儿崖，七送七里湾，八送八角湾，九送到通江，其中“血肉感情抛不开，红军啊，山里红花永不败”，“十万百姓泪汪汪”等歌词，直接展现了苏区人民对红军的深厚情谊。第十段歌词“十送红军转回来”则表达了客家乡亲对红军早日回还的殷殷期盼。（中共汉中地委宣传部搜集，《民间文学》1958 年第 5 期）经朱正本、张士燮整理后的《十送红军》中的第一段歌词为：

一送里格红军，介支个下了山。秋风里格细雨，介支个缠绵绵。
山上里格野鹿声声哀号，树树里格梧桐，叶呀叶落光。
问一声亲人红军啊，几时里格人马，介支个再回山。

整理和再创作的《十送红军》由六段歌词组成，基本采用了赣南客家长歌送郎调的音乐特征，整首歌鲜明表现了红军即将开拔之时，根据地人民对红军战士依依不舍的惜别之情。

（七）客家山歌传唱海内外

“高山顶上唱山歌，五湖四海都来和”，客家山歌代代相传。悠扬的客家山歌飞过百年，讲述着客家百姓的日常生活与喜怒哀乐，同时维系着海内外客家人的情感纽带。客家山歌不仅在赣闽粤边的崇山峻岭间传唱，更随着客家人漂洋过海，走向世界。一声绵长悠扬的“哎呀啸哎——”，总能引起海外客属对故乡的思念。国内客家音乐工作者与海外客家社团一道，以山歌为媒，搭建起联系乡情，增进客属团结的舞台。在此过程中，以山歌文化为代表的客家文化传播至世界各地。客家山歌传唱于寰宇之内，正是中华文脉在世界各处落地生根的真实写照。

20 世纪 80 年代起，中国大陆的客家音乐工作者与演出团体陆续赴海外演出交流，引发海内外客家乡亲对家乡文艺，尤其是客家山歌的关注。如 1988 年 10 月在旧金山举行的第 9 届世界客属恳亲大会，中国大陆的客属知名人士和梅州市梅县区山歌剧团首次参加，世界客属总会与祖籍地的联系越加紧密，以至 1994 年 12 月在梅州市举行第 12 届世界客属恳亲大会。大会对联反映出客家人的源远流长的历史与精诚团结的精神气质：

千年梅树树根深，天下客家骨肉亲。
水远山长人万里，五洲四海共条心。

对联对仗工整，生动展现了客家乡亲分布在世界各处的情景。有“客家山歌王”之称的广东兴宁籍歌唱家张振坤（1936—1996）多次到美国、新加坡、泰国、印尼等国家，以及中国香港、澳门及台湾等地区演出。他的歌声唤起了海外客家游子对故土的思念，他以客家山歌搭建起联系海内外客家乡亲的桥梁，加强了海内外客家乡亲的联系。1978 年，广东省梅州客家山歌团到泰国演出，曲曲乡音引得在座观众热烈喝彩。一位泰国客家侨领挥毫作诗，其一为：

梅州远隔万重山，久放根深几复还。
海角椰林天气热，长年渴望故乡泉。

其二为：

春光明媚艺人来，日日湄滨盛宴开。
一片情心联远谊，乡音嘹亮倍思梅。

1989 年，广东省梅州市四大山歌手在新加坡联唱山歌。自右起为汤明哲、张振坤、徐秋菊、萧建兰

由此可见，客家山歌将海外客家游子的心与祖国连在一起。

享有“山歌汤”美名的广东梅州籍歌唱家汤明哲（1934—2022）曾赴法属留尼汪演出，歌声刚起便引来台下观众的阵阵喝彩：

来到留尼汪笑哈哈，台上台下亲一家。
唱首客家五句板，好比山水泡山茶。

又听汤明哲唱道：

人人称我山歌汤，山歌唱出七洲洋。
山歌相伴五十载，童年唱到头发光。

山歌唱罢，台下掌声不断。在 20 世纪 80~90 年代，汤明哲曾出国访问二十余次，先后到访美国、法国、新加坡等地。在汤明哲的歌声中，海外客家游子了解了祖国日新月异的变化，对故乡的思念愈发强烈，这促使他们回乡投资设厂，兴办企业，促进了粤东地区的经济发展。

2004年，由新加坡茶阳（大埔）会馆发起客家歌曲歌唱观摩会，并成立客家歌曲推广委员会。客家歌曲歌唱观摩会每年在新加坡客家宗乡社团中轮流举办的，到2017年已经连续成功举办了十一届。首届观摩会在茶阳（大埔）会馆二楼小礼堂举行，共有二十六所客属会馆受邀参加此次活动，茶阳（大埔）会馆、南洋客属总会、茶阳（大埔）励志社、应和会馆、丰顺会馆、永定会馆、惠州会馆、武吉班让客属公会等客属社团派出演出团体。除传统山歌外，观摩会中的歌曲类型还包括客家文艺歌曲、客家童谣、流行歌曲等。该观摩会后更名为新加坡客家歌谣节。2023年5月，由新加坡丰顺会馆主办、南洋客属总会主推的新加坡第十三届客家歌谣节顺利举办，协办单位有新加坡永定会馆、茶阳（大埔）会馆、永定会馆、应和会馆、武吉班让客家公会、河婆集团、客属黄氏公会、客家宝树谢氏公会、客属张氏公会、嘉应五属公会。武吉班让客家公会将于2014年承办第十四届客家歌谣节。

为培育客家山歌演唱人才，宣传普及山歌文化，新加坡茶阳（大埔）会馆自2003年起开办客家歌曲班，新加坡应和会馆则于2003年起开办客家山歌班。2006年，新加坡南洋客属总会成立客家山歌中央协调会秘书处，统筹协调各客家社团诸项与客家山歌相关工作。据该会会刊统计，截至2016年底，新加坡已成立并登台演唱的客家山歌团体有：新加坡客属总会山歌班、茶阳客韵团、茶阳客家歌唱团、丰顺会馆客家班、应和会馆客家山歌团、客属黄氏公会客家山歌班、新加坡客属（宝树）谢氏公会、南洋五华同乡总会、嘉侨同乡会、兴宁同乡会、芳林联络所客家山歌班等。新加坡客家社致力于将客家山歌推向海外，相关活动已经成为新加坡客家社群跨国文化活动中的一项重要内容。除了不定期的外出演出之外，新加坡客属社团还组团参加“马来西亚客家歌乐节”“梅州国际山歌节”“两岸四地客家山歌凤岗邀请赛”以及马来西亚新山柔佛古庙众神行宫山歌演出等各类山歌比赛与会演。在美国，加利福尼亚州客家联合会设有文化学会，其作用主要是宣传弘扬客家文化，举办客家方言及山歌的研学与比赛活动，发行客家杂志、发扬客家的悠久文化传统。美国中西部客家同乡会设有山歌队，休斯敦客家会则设有山歌研习小组。

综上可见，客家山歌确为联结海内外客家同胞的文化纽带，以山歌为代表的客家文化，不仅在客家祖地世代承传，更在海外落地生根。客家山歌文化是客家文化的艺术体现，而客家文化则是中华文脉的重要组成部分。客家山歌在世界范围内的传播，体现着中华文脉生生不息，历久弥新的精神特质。

结　语

客家人根在中原。在长期的历史发展过程中，或者由于天灾，或者由于战祸，或者为求得更好的发展机会，他们的先人由中原地区辗转南迁，最后定居到赣南、闽西和粤东北毗邻的十万大山之间。他们以中原地区的农耕技术为基础，胝手胼足，筚路蓝缕，耕山种山，经之营之。数百年来，一代又一代的客家人，几乎是用人类最原始的力量——血肉之躯，来驱逐层层瘴气，开山辟田，建立家园。经过他们漫长而又艰辛的拓殖，原先荒芜的山岭变成了层层梯田，一条条羊肠小道连接着家园、田野和墟市。在这块长期被视为“化外之地”的十万大山之间，升起了一缕缕炊烟，还有炊烟之下的鳞次栉比的村落……

明清以降，为突破“山多田少”的现实生存环境，很多客家人又像他们的先辈那样，再次踏上“迁徙—发展”的人生旅途。他们把家族祖辈从遥远的中原地区辗转迁徙的历史内化为“向外而生”的存在智慧和价值取向，从而掀起了长达数个世纪的“走上川，下南洋，离乡井，背父母”的对外迁徙大潮。经过近三百年的对外大迁徙，客家人在传统的赣闽粤毗邻区域之外，还广泛分布到广西、湖南、四川、浙江、台湾等地，从而成为汉语各方言群中在国内分布范围最广的人群之一。从全球范围来看，由客家移民及其后裔所构成的海外华人，也和“福建人”“广东人”一起，并称为海外华人中的三大群体。

在这种“迁徙——发展——再迁徙——再发展”的过程中，一代又一代的客家人，不仅续写了令人回肠荡气的生命传奇，而且还以“迁移——调适——创造”的勇气与担当，在不断改造客观世界的同时，主动地、积极地创新其文化和精神生活。对任何一个个体或群体来说，每一次迁移，都意味着从熟悉到陌生，都意味着从确定性走向不确定性。然而，对客家人来说，陌生则意味着机会，不确定性的背后往往就是可能性。之所以如此，是因为在他们的精神世界里，经验性的知识、思想和生活，都会随着流徙而延伸、而变化、而再生。唯一不变的，就在从一个陌生到另一个陌生的切换中，人对环境的调适、改造和创造性转换。“日久他乡即故乡”的豪迈，既道出了他们敢为人先、奋发前行的勇毅，又折射出他们百折不挠、痴心不改的坚韧。

正是基于这种勇毅而又坚韧的禀赋，客家先民及其后裔，不仅把中原文化带到赣闽粤边的崇山峻岭之间，而且还因地制宜，不断吐故纳新，最终涵化出别具一格的客家文化。客家方言既蕴含着中州古语的独特韵味，又显示出客家先民与周边人群的交流、互动与融合，是客家人在长期徙流过程中维系乡情的重要纽带，更是承载客家文化的语言载体。为了团结宗族，他们建起了堪称建筑史上奇迹的客家土楼、围龙屋等民居建筑。客家民居的建筑工艺与设计无不体现着客家人对中原建筑文化的承传，以及因地制宜营建居住环境的智慧。在日常生活中，无论是年节庆典，还是生命礼俗，客家人一方面延续着中原汉民族的古老习俗，另一方面又根据生存环境加以改造，从而创造出独特的客家风俗。客家山歌悠扬动听，是客家人抒发内心的情感管道，更是海外客家人久久不能忘怀的“思乡曲”。客家山歌既传承《诗经》之韵，又吸收吴越之风、畲瑶之调，是客家文化的重要体现，总而言之，客家人自古绵延至今的生活习俗，无不继承着中州大地的文化基因。客家人一路辗转迁徙的历程，也就是汉民族向南方拓展、中原文化不断向南传播的历程。在客家人走向世界的进程中，客家方言、客家山歌、客家风俗随之传到异国他乡，它们和其他华人群体传播的中华文化一起，相互辉映，彼此交织，在五洲四海落地生根，开枝散叶，从而共同谱写出中华文化在海外传播的雄伟乐章。